MÉMOIRES

DU

VICOMTE DE TURENNE

DEPUIS DUC DE BOUILLON.

IMPRIMERIE DAUPELEY-GOUVERNEUR

A NOGENT-LE-ROTROU.

MÉMOIRES

DU

VICOMTE DE TURENNE

DEPUIS DUC DE BOUILLON

1565-1586

SUIVIS DE TRENTE-TROIS LETTRES DU ROI DE NAVARRE

(HENRI IV)

ET D'AUTRES DOCUMENTS INÉDITS

PUBLIÉS POUR LA SOCIÉTÉ DE L'HISTOIRE DE FRANCE

PAR

LE COMTE BAGUENAULT DE PUCHESSE

A PARIS

LIBRAIRIE RENOUARD

H. LAURENS, SUCCESSEUR

LIBRAIRE DE LA SOCIÉTÉ DE L'HISTOIRE DE FRANCE

RUE DE TOURNON, Nº 6

—

MDCCCCI

AVERTISSEMENT

Les *Mémoires du vicomte de Turenne*, connus sous le nom de *Mémoires de Bouillon*, sont un des plus importants et véridiques documents historiques sur la période des guerres de religion. Pourtant, nous n'aurions jamais songé à les réimprimer s'il en eût existé une édition vraiment critique et accompagnée de notes indispensables à l'étude de souvenirs composés, comme on faisait autrefois, sans dates précises et sans pièces à l'appui. De, plus, ayant retrouvé nombre de précieuses justifications contemporaines, nous voulons dire des lettres adressées à Turenne par les grands personnages avec lesquels sa vie fut intimement mêlée, et particulièrement toute une série de correspondances de son compagnon de luttes de chaque jour, de son maître et son ami le jeune roi de Navarre, notre futur Henri IV, ainsi que quelques lettres du vicomte lui-même, il nous a semblé que l'occasion était favorable de réunir dans un court volume tout un ensemble de renseignements un peu épars, très propres à éclairer l'histoire des guerres civiles du xvie siècle, particulièrement dans ce Midi gascon, où manœuvra pendant dix ans si habilement celui qu'on appelait « le Béarnais. »

Mais, avant de dire en quelques pages ce que fut le vicomte de Turenne, nous devons indiquer exactement les diverses reproductions des *Mémoires,* tant imprimées que manuscrites, qui existent en grand nombre et qui ont été la base de notre travail de revision d'un texte souvent très imparfaitement reproduit.

Imprimés.

Les Mémoires de Henry de la Tour d'Auvergne, souverain duc de Bouillon, adressés à son fils le prince de Sedan. A Paris, en la boutique de Langelier, 1666. In-12, 359 p.

Collection universelle des Mémoires particuliers relatifs à l'histoire de France. A Londres, 1788. In-8°. T. XLII, 2e partie; t. XLVIII et XLIX, 1re partie.

Panthéon littéraire de J.-A.-C. Buchon. 1 vol. grand in-8°, à deux colonnes, 58 p.

Collection Petitot. T. XXXV, 1823. In-8°, 174 p.

Collection Michaud et Poujoulat. T. XI, 1838. In-8°, à deux colonnes, 54 p.

MANUSCRITS DE LA BIBLIOTHÈQUE NATIONALE.

Collection Dupuy, n° 82. Petit in-8° de 54 ff. de la main de P. Dupuy, signé et daté par lui en 1627, quatre années seulement après la mort du duc de Bouillon.

Fonds français, n° 4040. In-fol. Anc. 9032. Relié aux armes de Béthune. 132 fol. Très bonne copie.

F. fr., n° 5767. Petit in-4° de 381 fol. xvIII° siècle.

— 10293. In-fol. de 192 fol. Anc. suppl. fr. Copie du xvII° siècle.

— 11454. Copie sans intérêt, allant de la p. 65 à la p. 210.

— 15614. In-fol. de 137 fol. Anc. Saint-Germain, collection Coislin.

— 15664. In-fol. de 498 fol., contenant une histoire du duc de Bouillon, rédigée, d'après ses *Mémoires,* par l'abbé J. de La Barrière, abbé de Saint-Seré, près Bordeaux.

— 17325. In-fol. de 45 fol. de la collection Coislin; s'arrêtant en 1581.

— 18626. Copie du xvII° siècle, fol. 47 à 243.

— 23233. In-fol., du fol. 163 à 261. Anc. Saint-Victor, 1098.

— 23238. Fol. 7 à 95, appartenant, en 1643, aux Minimes de Paris, une des plus anciennes et plus correctes copies.

— 23391. Fol. 219 à 322. Copie mauvaise et incomplète.

Il faut ajouter un ms. de 109 ff., intitulé : *Mémoires de feu M. le duc de Bouillon,* provenant sans doute de l'abbaye de Saint-Germain-des-Prés, qui faisait partie de la collection Dubrowski, et est aujourd'hui à la Bibliothèque impériale de Saint-Pétersbourg.

Signalons encore le ms. 4119 de la Bibliothèque de l'Arsenal (Recueil Conrart, t. XIV), qui nous donne, p. 265, une copie du xvII° siècle des *Mémoires de Bouillon.*

Enfin, il existe à la Bibliothèque du ministère de la Guerre un manuscrit du xviie siècle de 254 feuillets, coté A. 11. h. 73, qui renferme le « Discours de Monsieur le duc de Bouillon, contenant l'histoire de sa vie, à Monsieur son fils. » La copie est bonne, mais s'arrête, comme celle de P. Dupuy, à l'année 1580.

Quant aux lettres de Henri IV adressées au vicomte de Turenne, elles sont au nombre de trente-trois et complètent heureusement les *Mémoires,* se rapportant aux mêmes faits et aux mêmes personnages. C'est dans un volume dépareillé des mss. fr. (Nouv. acquisitions, n° 4533) que nous les avons trouvées. Ce sont des copies faites au siècle dernier, sans doute sur les archives mêmes de Bouillon. Les originaux dispersés se rencontrent dans quelques collections d'autographes, une entre autres, dont la richesse est connue, celle de feu M. Alfred Morrison, de Londres. Notre collègue, M. L. de Kermaingant, qui connaît si bien les sources historiques de cette époque, ayant pu faire faire des copies de toute la série de la collection relative à Turenne, a eu l'extrême obligeance de nous les communiquer, ce qui a permis de comparer le texte autographe avec la version assez médiocre du ms. 4533. Au reste, le catalogue Morrison a été imprimé (1883-1888) et contient le plus grand nombre de ces lettres du roi de Navarre; mais on sait qu'il a été strictement *printed for private circulation* et qu'il est à peu près aussi rare qu'un manuscrit. D'ailleurs, quelques-uns de ces billets ne se trouvent que dans la copie de la Bibliothèque nationale. Nous avons indiqué en note pour chaque lettre l'origine exacte, et nous avons essayé de rétablir l'ordre chronologique, assez difficile à fixer en l'absence des dates.

Cette suite, très vivante et très primesautière, comblera une des nombreuses lacunes des *Lettres missives,* le recueil de MM. Berger de Xivrey et Guadet contenant à peine deux ou trois lettres adressées au vicomte de Turenne par Henri IV.

Les autres pièces inédites proviennent soit des Archives nationales, soit des archives de Genève, soit des manuscrits de la Bibliothèque nationale. On en trouvera la nomenclature à la table.

LE VICOMTE DE TURENNE

Héritier d'une vieille et noble race, de bonne heure maître de ses destinées, gâté souvent par la fortune, le vicomte de Turenne semble avoir toujours rêvé ce qu'il ne pouvait obtenir et mal supporté le second rang. Il commença à intriguer dès quinze ans, ne cessa presque point toute sa vie; et, prince souverain, maréchal de France, d'une intelligence peu commune, l'un des plus riches et plus puissants seigneurs de son temps, il courut, sous quatre rois, des aventures peu glorieuses et finit par mourir dans l'isolement, presque dans l'exil, sans laisser autour de lui ni sympathies ni regrets.

C'est de sa jeunesse particulièrement qu'il est utile de rappeler les phases principales, puisqu'il est alors un personnage fort en vue, très mêlé aux luttes religieuses de la fin du XVIe siècle, dont tous les historiens du temps prononcent souvent le nom, et que les *Mémoires* qu'il a écrits à l'âge de cinquante-quatre ans s'arrêtent avant l'avènement de Henri IV, avant que, devenu, par la grâce de son roi et de son ami, duc de Bouillon et prince de Sedan, il ne soit pour la France un voisin peu commode, parfois presque un ennemi.

Henry de la Tour d'Auvergne naquit en 1555, au château de Joze près Clermont, et perdit presque aussitôt sa mère, qui était la fille aînée du connétable de Montmorency.

Son père, blessé mortellement à Saint-Quentin, le laissa orphelin deux ans plus tard. Élevé à Chantilly ou à la cour par son aïeul, il n'avait que douze ans quand il le vit succomber le surlendemain de la bataille de Saint-Denis, après avoir fait, à ses côtés, l'épée à la main, cette fameuse retraite de Meaux qui exaspéra à tel point Charles IX contre les huguenots que, sans ce souvenir toujours présent, le jeune roi n'aurait jamais donné son consentement à la Saint-Barthélemy.

Son éducation fut des plus soignées ; on le verra plus tard adoucissant sa captivité aux Pays-Bas par la lecture des auteurs grecs et latins. Élégant, beau diseur, ayant eu dès son enfance une sorte de maison princière, allié à la noblesse la plus brillante et la mieux pourvue, il accompagna son oncle, le maréchal de Montmorency, dans une ambassade en Angleterre et sut plaire à Élisabeth qui ne dédaignait pas les plus imprévus et les plus tendres hommages ; en même temps, il se mettait dans les bonnes grâces du dernier fils de Catherine de Médicis, le duc d'Alençon, et tentait de partager sa fortune en prenant une part importante à la conspiration de 1574, dans laquelle La Mole paya de sa vie son dévouement inconsidéré aux jeunes princes rebelles. Par une singulière contradiction, il embrasse alors la religion nouvelle, par horreur, prétend-il, des persécutions ; ce qui ne l'empêche pas de participer, avec l'armée royale, au siège de la Rochelle et de rester le fidèle ami de ce François de Valois, dont ni le caractère ni les mœurs n'auraient dû satisfaire sa rigidité huguenote. Il est vrai qu'il n'avait aucun penchant pour Henri III et qu'il n'hésita pas à suivre son autre oncle Damville, se mettant à la tête de tous les mécontents du Languedoc, guerroyant dans le Quercy et donnant la main au duc d'Alençon quand il s'échappa de la cour. Mal récompensé par le nouveau duc d'Anjou de ses services, il passa au roi de Navarre, et lui apporta à Périgueux, à Agen, dans le Limousin et dans la Gascogne, un bon appoint de troupes, lors de la guerre qui aboutit, en septembre 1577, à la paix de Bergerac.

Plus jeune de deux ans que le Béarnais, il n'en prend pas moins une influence très grande sur celui qui l'avait gratifié de sa plus intime confiance; et il semble affecter, à son égard, une supériorité quelque peu dédaigneuse, que dénotent beaucoup de traits de ses *Mémoires*. Les contemporains ne s'y trompèrent point. Lors des délicates entrevues et des discussions animées qu'occasionna le voyage de la reine mère dans le Midi pour les conférences de Nérac, dans l'hiver de 1578-1579, c'est toujours le vicomte de Turenne qui parle au nom du parti protestant, qui commande aux gens de guerre, comme aux ministres de la Religion, qui affiche des exigences au-dessus de son âge; et quand, plus tard, Catherine de Médicis négociera avec le cardinal de Bourbon et le duc de Guise le fameux traité de Nemours, elle écrira spirituellement à Henri III : « Monsieur de Guise est comme le maistre d'escole et fait tout ainsy du cardinal ce que faisoit en Guyenne, quand j'y estois, le viconte de Turenne du roy de Navarre. »

La paix conclue, c'est Turenne qui est le commissaire chargé d'arranger toutes les querelles; son pouvoir grandit chaque jour, ayant revendiqué en outre les fonctions de lieutenant-général du gouvernement du Haut-Languedoc, pour avoir seul l'honneur et la responsabilité qu'il partageait auparavant en Guyenne avec le roi de Navarre. Mais cette tâche pacifique ne suffisait ni à son ambition ni à son activité. Son ancien compagnon d'intrigues, le duc d'Anjou, ayant brigué la souveraineté des Pays-Bas et organisé, contre la puissance de l'Espagne dans les Flandres, une véritable expédition à laquelle toute la noblesse française prenait part, le vicomte leva à ses frais une petite armée et voulut courir l'aventure. Au premier pas, sa présomption le fit échouer devant Cambrai, et il resta trois ans prisonnier du prince de Parme.

Rendu à la liberté après la mort de François de Valois, il revient au roi de Navarre et le pousse à reprendre la guerre civile. Sa lutte en Guyenne contre le duc de Mayenne est racontée par lui avec de nombreux détails ; et il ne dissimule pas que, sans sa vigueur, la résistance n'aurait jamais été aussi efficacement organisée ; mais il interrompt ses souvenirs à la veille de Coutras, où il faisait l'office de sergent de bataille et où il aurait perdu la partie s'il n'avait pas pu compter sur l'habile et brillante intervention du Béarnais.

Turenne avait trente-deux ans à peine. Sa vie était déjà assez remplie pour pouvoir être donnée en exemple à son fils le prince de Sedan ; c'est le motif, nous dit-il, vingt ans plus tard, en 1609, qui l'a fait écrire. Avait-il poussé plus loin son récit ? Le P. Lelong semblait le croire au siècle dernier, quand il réclamait la publication de la seconde partie des *Mémoires*. Mais tous les manuscrits s'arrêtent au même point ; et les papiers de Bouillon, qui sont arrivés aux Archives nationales, ne donnent aucune indication, ni aucune pièce pouvant faire supposer que le travail ait jamais été achevé. Peut-être le vicomte, devenu duc de Bouillon, aurait-il été fort embarrassé d'expliquer sa conduite sous Henri IV.

Toujours est-il qu'il suffira de résumer en quelques mots la fin de sa carrière. Le roi de Navarre, devenu roi de France, voulut récompenser le concours que Turenne, en dépit de son caractère ombrageux, lui avait prêté, dans les camps comme dans les négociations à l'étranger, par sa vaillance et son esprit fécond en ressources. Il lui fit obtenir, en 1591, la plus riche héritière du temps, Charlotte de La Mark ; il le créa maréchal en 1592. Sa femme étant morte deux ans plus tard, en lui laissant tous ses biens, il épousa bientôt une fille du Taciturne, Élisabeth de Nassau ; et, dès lors, de sa principauté de Sedan, il essaya de se mêler en Europe à toutes les combinaisons politiques qui, en servant les intérêts protestants, pouvaient accroître sa maison. Plus diplomate qu'homme de guerre, il ne servait Henri IV qu'autant que celui-ci pouvait être utile à ses parents et à ses coreligionnaires de Hollande, et il ne tarda pas à se brouiller entièrement avec lui. Au moment de la conspiration de Biron, alla-t-il jusqu'à la trahison? C'est probable ; mais le roi aima mieux pardonner ; et le duc de Bouillon, au lieu de l'en remercier, avoua en quelque sorte sa faute, en se retirant à Heidelberg, chez son beau-frère l'Électeur palatin. Henri IV perdit patience et fit une énergique démonstration militaire contre Sedan. Bouillon, abandonné de ses alliés, fut obligé de traiter, consentant à recevoir chez lui, pendant quatre ans, une garnison française. Toujours généreux, le Béarnais se contenta d'une prise de possession solennelle, et, au bout d'un mois, retira ses troupes. L'affection qu'il portait à Louise de Coligny, belle-mère de la duchesse de Bouillon, le disposa sans doute à l'indulgence ; et puis, il n'était pas fâché d'éloigner du Périgord et des provinces protestantes du Midi l'ancien vicomte de Turenne qui y avait conservé beaucoup d'influence.

Bouillon se garda sagement de toute compromission jusqu'à la mort de Henri IV. Sous la régence de Marie de Médicis, il recommença ses intrigues, se déclara l'adversaire acharné de Sully, qui était aussi bon huguenot pourtant que lui, et osa bien s'allier à Concini et flatter l'ambition du favori de la reine, combattant même ses coreligionnaires à l'assemblée de Saumur. Puis, il se retourna, jaloux du duc de Rohan, contre le pouvoir royal, et essaya de soulever le Parlement, se joignant au parti des princes et méritant comme eux d'être traité en rebelle. Après l'assassinat du maréchal d'Ancre, il essaya sans succès de donner des conseils au jeune Louis XIII; mais, rendu prudent par l'âge, il se confina bientôt à Sedan, se livrant avec faste à l'encouragement des lettres et des arts dans sa petite principauté, protégée par sa situation même entre la France, les Pays-Bas et l'Allemagne. Tandis que Luynes assiégeait Montauban, il laissait les protestants de sa vicomté aux prises avec la guerre, écrivant au roi pour l'assurer de sa fidélité. Deux mois après la signature de la paix, il mourait à Sedan, le 25 mars 1623, à près de quatre-vingts ans.

Des deux fils qu'il laissa, l'un prit tous ses défauts et mérita d'être appelé comme son père « l'homme le plus remuant et le plus inquiet de son temps; » l'autre hérita de ses qualités, en y joignant une science militaire incomparable, et aurait suffi seul à illustrer le nom de Turenne.

MÉMOIRES

DE

HENRY DE LA TOUR D'AUVERGNE,

VICOMTE DE TURENNE, ET DEPUIS DUC DE BOUILLON,

ADRESSÉS A SON FILS, LE PRINCE DE SEDAN[1].

Mon fils,

J'ay creu n'avoir pas assés faict pour vous en vous mettant au monde par la bénédiction de Dieu, mais que mon amour vers vous et l'honneste desir de perpétuer l'honneur et la vertu en nostre race, et plus que tout cela la reconnoissance que je doibs rendre à Dieu de nous avoir faicts de rien et m'avoir conservé

---

1. La première édition, publiée en 1766, à Paris, « en la boutique de Langelier, » était précédée d'un avertissement qu'il est intéressant de reproduire :

Le libraire au lecteur.

« Ce livre, pour estre escrit il y a quelque temps, ne laisse pas d'estre dans la pureté du langage autant que l'on l'y peut souhaitter; il y a pourtant quelques mots qui ne manqueront pas de choquer l'oreille à quelques délicats. Mais, pour le tour de la phrase et la façon de l'énoncer, elle y est aussi belle que celle dont on se sert aujourd'huy. C'est pour cela qu'il auroit esté très facile, changeant quelques mots, de le mettre

1

et gardé comme la prunelle de son œil; ces choses,
dis-je, me convient d'ajouter trois bienfaits à celui de
la naissance : en premier lieu, de vous faire soigneusement instruire en la vraye religion et rendre capable
de cognoistre les fausses et erronées opinions, et cela
par la science des Sainctes Lettres, dans lesquelles
seulement Dieu nous a donné la règle et le formulaire
comment il veut estre servy et honoré de nous, vous
exhortant à vous rendre désireux et diligent aux
leçons qui vous en seront faictes, comme celles qui
peuvent vous faire jouir des biens et honneurs que

dans la politesse de nostre temps, et je n'ay pas trouvé à propos de le faire, à moins que de m'exposer à corrompre l'exemplaire; et si je l'avois fait autant de fois que la nécessité sembloit
le requérir, l'original sur quoy ce livre est imprimé n'auroit
plus semblé qu'une coppie fort corrompüe. Il y a néantmoins quelques mots de changez; mais ce sont ceux dont on
n'entend plus parler aujourd'huy, comme « entregent, cuider, »
etc., qui sont pourtant très significatifs et dont je n'ay pû en
trouver d'une si forte expression; aussi n'y en a-t-il pas une
douzaine de changés.

« Je me persuade d'autant plus que ces Mémoires seront
bien receus des personnes de condition, que chacun sçait que
Monsieur le duc de Bouillon estoit un homme très capable
d'en faire; et, en effet, je crois qu'on les estimera plus que
ceux que nous avons veu paroistre depuis quelque temps,
parce qu'il n'y a rien de trop long et qui puisse ennuyer, et
néantmoins il enseigne; et il n'est pas besoin de sçavoir une
histoire entière pour y pouvoir comprendre quelque chose,
comme sont ceux de la Régence de la Reyne Marie de Médicis.

« Il n'y a rien aussi de bas et de peu de conséquence (ce qui
devroit estre absolument horz de ces sortes de Mémoires). Il
ne parle point, comme fait un autre, qu'on luy a donné une
fois à disner, une autre fois la collation; et enfin, il n'entre-
tiendra point le lecteur d'une chienne ou d'un autre semblable
animal. »

reçoivent ceux qui craignent Dieu; ensuite de mettre l'estat de vos biens au meilleur et plus assuré terme que la vicissitude des choses humaines le peut désirer; pour le dernier, c'est de vous rendre capable, si Dieu vous continue en ce monde un bon aage, que vous puissiez estre instruit aux vertus morales et politiques.

De cecy il y a quantité de livres faits par toutes sortes de personnes, où les instructions sont en trés-grand nombre, desquelles vous serez aydé en apprenant la langue latine, aux heures que ceux qui auront charge de votre instruction vous donneront pour la lecture de ces mesmes livres. Mais d'autant que souvent les préceptes ne peuvent pas tant sur nous que les exemples, mesmement de ceux qui nous sont proches et familiers, j'ay voulu vous tracer icy le cours de ma vie, qui a esté accompagnée de plusieurs contrariétés, de bonheur et de malheur, d'actions louables et d'autres blasmables.

Elle commença sous le règne de Henry II, et est maintenant avancée à cinquante-quatre ans et six mois, sous le règne de Henry IV.

Nostre maison tient de celle des anciens comtes d'Auvergne[1]; mon père mourut en la bataille dicte de

1. Les renseignements généalogiques sur la maison de la Tour d'Auvergne se trouvent partout. Nous ne donnerons que les dates indispensables. François II, vicomte de Turenne, était lieutenant-général de l'Ile-de-France; il fut ambassadeur à Rome en 1528. Son fils, François III, épousa, en 1545, Éléonore de Montmorency, fille aînée du connétable; il en eut deux enfants, Madeleine de la Tour, dite Mademoiselle de Montgascon, née le 25 août 1556, mariée en 1572 à Honoré de Savoie,

Saint-Quentin, m'ayant laissé en l'aage de près de trois ans avec fort peu de support et faveur[1]. Une sœur que j'avois et moy fusmes menés, à l'aage d'un peu plus de trois ans, à Chantilly, où estoit Anne de Montmorency, connestable de France, et Magdelaine de Savoye sa femme, nos grands père et mère : là, ceux qui faisoient mes affaires convinrent d'une légère pension annuelle pour nostre entretenement. Sur les six ans de mon aage, on me donna un gouverneur nommé Ville-montée, un précepteur, un valet de chambre et un page ; ledict Ville-montée se trouva d'humeur colère et bizarre, qui fut occasion qu'il demeura peu de temps près de moy : mon précepteur

comte de Tende, veuve l'année même, et Henri de la Tour, plus âgé d'une année seulement, qu'elle aimait particulièrement et auquel elle laissa, en 1580, tous ses biens.

1. Henri naquit au château de Joze, en Auvergne, le 28 septembre 1555. Il avait deux ans quand il perdit son père, veuf depuis un an. C'est entre 1609 et 1610 qu'il s'occupa de la rédaction de ses *Mémoires;* il était alors âgé de cinquante-cinq ans et ne mourut qu'en 1623, mais sans avoir jamais repris la suite de ses souvenirs, qui s'arrêtent à 1586. Marié en 1591 par Henri IV à Charlotte de la Marck, héritière du duc de Bouillon, il la perdit en 1594 sans en avoir eu d'enfants ; mais elle lui laissa ses biens considérables et son titre ; et le roi négocia pour lui un second mariage avec Élisabeth de Nassau, fille du prince d'Orange et de Charlotte de Bourbon. Il en eut deux fils et six filles ; et c'est à l'aîné Frédéric-Maurice, prince de Sedan, né en 1605, qu'il adressa ses *Mémoires.* Le second fut l'illustre Turenne. — Le P. Anselme fait ainsi l'énumération des titres de Henri de la Tour jusqu'à ce qu'il devînt duc de Bouillon : « Vicomte de Turenne, de Castillon, de Lanquais, comte de Montfort et de Méréglisse, seigneur de Montgascon, d'Olliergues, de Limeuil, de Fay, de Sevissac, de Saint-Bonnet, de Novatelles, le Croc et Ferrières. »

commença à m'enseigner la langue latine et les premiers rudimens de la sphère et des cartes, à quoy je profitois beaucoup en l'un et l'autre, et avec plaisir.

Madame la connestable, une des superstitieuses de son temps, prit fantaisie que les sciences me feroient estre de la religion en laquelle Dieu m'a appellé en son temps, qui fut cause, à mon grand mal, de me faire oster mon précepteur, et par là le moyen d'apprendre les langues et la philosophie; qui m'a esté un grand deffaut pour les charges que j'ay eues, ainsi que le pourrez apprendre par la continuation de mon discours.

Lors, la maison de Montmorency n'avoit plus de faveur, et estoit suspecte à la Reyne mère du Roy, pour la proximité qu'il y avoit entre ceux de Chastillon et elle : ma nourriture prise et reçue là dedans, et leur estant si proche, m'enveloppa, quoyque jeune, dans les occurrences familières de cette maison ; je demeuray audict Chantilly jusqu'à dix ans, où, pour bonheur, j'eus la bonne grace de mon grand-père. Mon esprit assez prompt, mais soigneux d'ouyr et retenir les choses bien dictes, me fit, dès mon jeune aage, admirer la vertu et sagesse de mondict sieur le connestable, et avoir réservé tout le temps de ma vie des propos et façons que je remarquois en luy, qui m'ont esté d'une incroyable utilité.

A dix ans, je fus mené à la cour du règne du roy Charles IX, où je reçus du Roy, de la Reyne sa mère, et de Messieurs d'Anjou et d'Alençon, fort bon visage, la cour ayant le Roy en minorité, la Reyne sa mère qui se vouloit maintenir au gouvernement de l'estat de son fils, les factions de Monsr de Guyse qui se for-

moient; ceux de la Religion, se défians et recognoissans
la faute qu'ils avoient faite d'avoir quitté la cour dès
les premiers troubles, essayoient de s'y restablir. Le
roy Charles, d'un beau et excellent esprit, fut par sa
nourriture conduit à divers vices, comme à la cruauté
et aux juremens. D'autant que mon aage approchoit
plus de celuy de Monsr d'Alençon, je me mis à le
suivre plus que le Roy et Monsr d'Anjou; j'allois et
venois avec Monsr le connestable à la cour, où on
m'avoit donné un gouverneur nommé Rofignac[1], qui
avoit esté nourry page de mon père, un très-honneste
et sage gentilhomme, qui avoit un grand soin de moy
et de mes mœurs, et lequel j'aymois, honorois et
craignois bien fort; j'eus un escuyer, nommé La
Boissière[2], qui, en l'absence de Monsr de Rofignac,
me servoit de gouverneur, deux pages, un fourrier,
un cuisinier, un sommelier, deux laquais et un argentier; mon tuteur, qui estoit Monsr de Chavigny[3], me

1. Le s^r de Rofignac ou Rafignac était d'une ancienne
famille du Limousin; on le qualifie de chancelier de l'ordre du
roi et de gentilhomme de la chambre du duc d'Anjou.

2. Peut-être Jean de Chambord et de la Boissière, seigneur
de Gisors, serviteur de six rois en qualité de maître d'hôtel,
et qui ne mourut qu'en 1614 à quatre-vingt-onze ans. Deux
de ses fils furent tués à la bataille d'Ivry.

3. François Le Roy, sieur de Chavigny, plus tard comte de
Clinchamp, capitaine des gardes, était un protégé de la maison de Montmorency. Il devint ensuite ligueur, fut capitaine
des cent gentilshommes de la maison du roi, puis lieutenant-
général du gouvernement d'Anjou, de Touraine et du Maine.
Il avait épousé Antoinette de la Tour, tante du vicomte de
Turenne. En 1585, il voulut le dissuader de faire la guerre au
roi, lui promettant que Mayenne épargnerait ses domaines. Le
curateur de Turenne était Marcellin de Champetières.

donnoit 12,000 liv. par an pour toute ma dépense. Je
demeuray ainsi depuis la dixiesme année jusques à la
douziesme ou environ, prenant ma nourriture à la
manière de la cour, conduit et observé par mon gouverneur pour me faire voir les plus grands de la cour
et y observer les choses honnestes, me cachant les
vicieuses ; et où elles estoient remarquées de moy, il
ne manquoit pas de m'en dire les dangers, pour les
éviter.

Avec cette induction et mon esprit, qui estoit assez
relevé, j'observois non-seulement ce qui convenoit à
mon aage et aux occupations convenables, mais aux
plus sérieuses affaires : ce que je pouvois facilement
faire, n'y ayant aucune porte fermée, ny conseil où je
n'entrasse, comme un enfant qui avoit bien de la bien-
vueillance du Roy, de la Reyne et de Messieurs.

Lors se disposèrent les seconds troubles par la levée
de six mille Suisses que fit le Roy, sur le soupçon
qu'on disoit avoir que le duc d'Alve venant aux Pays-
Bas pour assujétir les dix-sept provinces en leur ostant
leurs privilèges, ayant des forces, n'entreprist contre
la France, ainsi qu'on tient pour maxime d'Estat que
les roys et républiques souveraines se doivent armer
toutefois et quantes que leurs voisins s'arment plus
que de coustume. Ceux de la Religion ne crurent pas
cela, mais que c'estoit un conseil pris à Bayonne lors
que la reyne d'Espagne, accompagnée du duc d'Alve,
y vint voir le Roy et la Reyne sa mère, de ruiner ceux
de la Religion en France et aux Pays-Bas ; ce qui leur
donna sujet de faire l'entreprise de Meaux, laquelle
estoit d'oster Messieurs de Guyse d'auprès du Roy, et
de changer quelques-uns du Conseil.

Les soupçons de part et d'autre croissans, le Roy

envoya vers Monsr l'admiral de Chastillon diverses personnes pour entendre la cause des mescontentemens de ceux de la Religion ; ledict admiral n'en advouoit rien, et donnoit l'estat où il estoit pour preuve, estant à sa maison de Chastillon avec son train, soignant à son mesnage et faisant travailler à ses vignes[1]. La cour vint à Monceaux environ le 22 ou le 23 septembre, où il me souvient qu'il fut tenu un conseil où la Reyne mère proposa les occasions que ceux de la Religion donnoient de prendre garde à eux et de pourvoir à la seureté du Roy et du royaume, que les recherches d'hommes et d'armes, qu'on sçavoit qu'ils faisoient secrètement partout le royaume, monstroient assez que ce n'estoit pas à ceux de la maison de Guyse à qui ils en vouloient, mais au Roy et à l'Estat ; que si ce n'estoit qu'à ceux de Guyse à qui ils en vouloient, que le Roy adviseroit de les contenter. Il est à remarquer que tous ceux de ladicte maison s'estoient retirés de la cour, afin d'oster l'occasion à ceux de la Religion de se servir d'eux pour prétexte de leurs entreprises. Monsr le chancelier de L'Hospital prit la parole, et dict qu'il y avoit trop long-temps qu'on voyoit naistre ces mescontentemens sans y avoir cherché les remèdes ; qu'il falloit pourvoir à la seureté du Roy, mais, s'il se pouvoit, que ce fust sans les armes, d'autant qu'elles donneroient sujet à ceux de la Religion d'en faire autant[2], et que, les uns et les autres proches et armés, il seroit malaisé qu'on n'en vinst aux mains ; que

1. Pasquier dit qu'on le trouva « habillé en mesnagier et faisant ses vendanges. »

2. Cette attitude du chancelier a été sévèrement jugée par M. Dupré-Lasalle dans son *Michel de L'Hospital*, 2e partie, 1899, in-8°, p. 210.

l'acheminement des Suisses estoit la cause de ces méfiances ; qu'il jugeoit à propos qu'on envoyast vers Monsr l'admiral luy offrir de ne faire avancer les Suisses, et que le Roy vouloit pourvoir à son conseil et administration de ses affaires, et y donner à luy et aux autres de la Religion le lieu qu'ils y pourroient tenir, et de mesme vers Monsr le prince de Condé, se promettant que, si de bonne foy on tenoit ce procédé, que les malheurs qui menaçoient cet estat s'appaiseroient, estimant et croyant que ceux de la Religion ne désiroient autre chose que de servir le Roy. La Reyne mère reprit la parole, et dit : « Monsieur le chancelier, voulez-vous répondre qu'ils n'ont autre but que de servir le Roy? — Ouy, madame, repliqua-t-il, si on m'assure qu'on ne les veuille pas tromper. » Sur cela, le conseil se leva, et fut résolu qu'on iroit à Meaux, et qu'on y feroit avancer les Suisses.

La cour y arriva le 26 septembre : le lendemain y arrivèrent les Suisses ; le Roy et toute la cour monta à cheval, où j'estois, pour les aller voir : c'estoient les premiers que j'avois veus. Les advis croissoient des armes de ceux de la Religion, et qu'ils estoient à cheval. Le soir du 28, on fit entrer trois compagnies de Suisses en garde, et on fit loger au Neuf-Marché[1] tout le reste. On sceut que Monsr le prince, l'admiral[2], d'Andelot et de Mouy[3] estoient avec quelque nombre

1. Au marché neuf de Meaux.

2. Coligny, le cardinal de Châtillon et d'Andelot étaient ses cousins-germains, comme fils de Louise de Montmorency, sœur de son père.

3. Louis de Vaudray, seigneur de Mouy, puîné de la maison de Saint-Phalle. Il était déterminé huguenot et fut assassiné à Niort, en 1569, par Maurevert, celui-là même qui devait, à la

d'hommes à cinq ou six lieues de Meaux. Soudain on y envoya Monsr le mareschal de Montmorency[1] vers eux pour entendre la cause de leurs armes ; mais il y alloit principalement pour faire le service qu'il fit, et que nul autre que luy ne pouvoit faire, estant ce seigneur très sage et aimant l'Estat, qui luy avoit fait tousjours avoir des mal-veillans, estant lors soupçonné de s'entendre avec Monsr l'admiral, parce qu'il avoit tousjours ses conseils portés à ne donner tant d'autorité à la maison de Guyse, qu'il croyoit avoir le but de son accroissement en la ruine de l'Estat.

Il trouva ces messieurs prests de monter à cheval pour se trouver le 29, qui estoit le lendemain, avant le jour, à l'ouverture des portes de Meaux, et là, avec leurs armes, représenter au Roy les moyens d'asseurer son Estat en réformant son Conseil, et n'y admettant point ceux de la maison de Lorraine. Ledict sieur de Montmorency les arreste, et leur demande temps de conférer, estimant qu'il leur feroit des ouvertures pour leur donner satisfaction. Aussitost il dépesche au Roy et à Monsr le connestable, son père, l'advertissant de l'estat où estoient les affaires, qu'il se promettoit de les retenir là jusques sur les huict heures, pour donner loisir au Roy de s'en aller à Paris.

Cet advis receu, soudain on se résout de partir, et commença-t-on dès le soir à charger le bagage. J'eus ce jour-là douze ans ; j'avisois ces choses comme bien nouvelles, et ne laissois pas de remarquer qu'elles se faisoient avec grande précipitation, et ay trouvé depuis,

veille de la Saint-Barthélemy, blesser l'amiral dans le guet-apens du Louvre.

1. Fils aîné du connétable.

selon les expériences que j'ay eues, cela étrange d'avoir de la crainte, considéré que tout ce qui parut le lendemain de forces avec Monsr le prince ne fut pas de deux cents chevaux, harassés et assez mal armés, et le Roy avec six mille Suisses, les quatre compagnies du corps, les cent Suisses de sa garde, et plus de trois cents gentilshommes : néantmoins il est à croire que si lesdicts de la Religion n'eussent esté arrestés, et qu'avant de sortir de Meaux ils se fussent trouvés sur la porte, qu'on eust eu difficulté de la fermer. Ce qui cause telles perplexités sont les meffiances qu'on a ordinairement des factions intestines, qui empeschent de suivre les meilleurs advis, pour la croyance qu'on a qu'ils seront traversés par ceux mesmes avec qui on les doit exécuter.

Les portes de Meaux sont fermées, sauf celle qui va vers Paris, par où tous les bagages sortoient dès minuit, avec l'ordre qu'on voit ordinairement à la cour, et la peur faisoit bien voir divers embarras. A quatre heures, dix enseignes suisses commencèrent à marcher et se mettre en bataille sur le haut, et après elles le Roy, la Reyne, Messieurs et la cour, et après, les autres dix enseignes. Monsr le connestable estoit devant les dix premières enseignes, qui commença à les faire marcher, et fismes environ une lieue au plus en cet ordre. Monsr de Montmorency arrive sur les huict heures, et dict qu'ils estoient à cheval, mais non avec tout ce qu'ils avoient, ayans quelques troupes qui ne s'estoient encore trouvées au rendez-vous qui leur avoit esté donné. Monsr le connestable fit venir tous les Suisses, et mit le Roy et toute sa suite sur la main droite, et luy, avec ce qu'il y avoit de gens de fait[1], se tenoit derrière et sur la main gauche, d'où ceux de la Religion pouvoient venir. Sur les onze heures, ils commencèrent à paroistre, et feu Monsr de Brissac[2], le tant valeureux gentilhomme, avec ce qui estoit de plus gaillard, les recognut, et y fut donné quelques coups, nous marchans toujours, et eux sur nostre aisle gauche, et derrière firent oster ce qu'il avoit de cavalerie devant les Suisses, et firent mine de vouloir donner dans les bataillons.

Les Suisses, quoyque nouveau levés et de peu d'expérience, firent fort bonne mine, jettans leurs fardeaux, baisans la terre, et tournans la teste du bataillon les picques baissées : cela arresta les autres, et commença-t-on à marcher droit à Claye[3] : ayant fait une demie-lieue, ceux de la Religion se préparent de venir aux mains, assaillans les Suisses en queue, s'estans séparés en quatre escadrons pour pouvoir donner par le flanc. Le Roy lors, avec ce qui estoit auprès de luy, mit l'espée à la main, et se jette à la teste du bataillon qu'il avoit retourné, où il avoit la queue, pour se mesler avec le plus prochain escadron des ennemis.

Je fis comme les autres sans estonnement, me tenant le plus près du Roy que je pouvois, mon espée à la main, pouvant asseurer que mon courage m'estoit aussi certain pour me porter dans le péril que d'aucun autre, estimant qu'outre qu'aux personnes bien nées

1. Presque tous les manuscrits portent : « gens d'effect; » mais c'est bien « gens de fait » qu'il faut dire. Cette locution du xve siècle, souvent employée par Froissart, désignait des troupes d'élite.

2. Timoléon de Cossé-Brissac, fils du maréchal de ce nom.

3. Claye-Souilly (Seine-et-Marne), à 15 kil. de Meaux.

et de bonne race les courages sont avec eux dès leur
enfance pour leur faire mépriser la vie lorsqu'ils sont
appellés par l'honneur de la mettre en péril, la personne de mon Roy, son danger, attiroit de moy le
desir de le servir, ainsi que la nature oblige le sujet à
aimer et vouloir servir son prince, et mesme lorsqu'il
est en péril, ce que j'eusse fait dès lors en donnant
ma vie pour garantir la sienne. Monsr le connestable
courut et s'avança près du Roy, qui faisoit cette esca-
pade de son propre mouvement et sans conseil; il luy
prit la bride, et l'arrestant, luy dit ces mots que
ouys : « Sire, ce n'est pas ainsi que Vostre Majesté
hazarde sa personne; elle nous est trop chère pour la
commettre à moindre troupe pour vous accompagner
que dix mille chevaux françois. » Tout ainsi que la
première fois ceux de la Religion s'arrestans, trouvans
la teste et non la queue du bataillon, et les Suisses
avec une bonne résolution, on continua à marcher
jusqu'à Mitry; là, Monsr le connestable fit ferme avec
les Suisses et fit avancer le Roy et toute la cour pour
se retirer à Paris; et demeurèrent avec Monsr le connestable tous ceux qui vouloient voir l'événement de
ce jour.

J'y demeuray, d'autant que mon gouverneur estoit
allé à Mitry[1] faire accommoder le passage et mettre
quelques pièces de vin sur le chemin pour rafraischir
les Suisses. Comme il fut revenu, Monsr le connestable
me vit et me renvoya avec d'aigres et douces menaces,
me montrant que, d'un costé, je n'estois pas capable
d'un tel travail et danger, mais aussi qu'il estimoit
de me voir en cet aage désireux d'apprendre et ne

1. Mitry-Mory, cant. de Claye, à 22 kil. de Meaux.

craindre le danger. Le sieur de Rofignac, mon gouverneur, demeura, et le sieur de La Boissière, mon escuyer, s'en vint avec moy, qui rattrapa le Roy avant qu'il fust à Paris, d'où Monsr d'Aumale[1], avec toute la noblesse, le chevalier du guet et autres qui purent monter à cheval, estoient sortis pour venir à la rencontre du Roy, qui y arriva sur les sept heures du soir avec une grande acclamation de tout le peuple, qui estoit accouru de tous les endroits de la ville pour voir leur Roy réchappé du grand danger où l'on l'estimoit.

Monsr le connestable coucha à Claye avec les Suisses, et le lendemain arriva au Bourget. Ceux de la Religion se logèrent à Sainct-Denis, où depuis, jusques à l'onziesme de novembre, que se donna la bataille de Sainct-Denis, se passèrent diverses occurrences de guerre où je n'avois aucune part, sinon que mon gouverneur m'invitoit d'écouter et retenir ce qui s'en disoit, remarquer les louanges qu'on donnoit à ceux qui faisoient quelque acte de courage, et au contraire le blasme de ceux qui faisoient peu vaillamment : « Afin, ce me disoit-il, qu'estant en aage vous puissiez faire vostre profit de ce qu'aurez à cette heure appris. » J'estois assez prompt à cela, et recevois un grand profit des devoirs que me rendoit ce sage gentilhomme ; mon esprit néantmoins ne manquoit en un défaut naturel qu'il a eu, c'est de ne l'avoir pu arrester qu'avec peine, pour se rendre du tout attentif à une seule chose où il auroit à s'occuper ; le délaissement

1. Charles de Lorraine, duc d'Aumale, cousin germain des Guise, dont la fille unique épousera, en 1618, Henri de Savoie, duc de Nemours.

de l'étude avoit bien aidé, d'autant que les leçons m'eussent servy, ou de gré ou de crainte, à l'arrester pour les retenir, et cela m'eust habitué à le pouvoir arrester; mais n'ayant nulles heures destinées à cela, me trouvant tout le long du jour parmy le monde, voyant et oyant tousjours choses nouvelles, cela convenant à mon naturel, je dévorois la pluspart des choses sans les digérer. Cela m'a, et en ce temps-là et depuis, fait paroistre le profit que je pouvois faire des choses que j'ay veues et ouyes, si j'eusse pu arrester mon esprit pour les comprendre.

La bataille de Saint-Denis[1] se donna sur l'occasion que voulut prendre Monsr le connestable, qui ayant sçeu que Monsr d'Andelot estoit allé vers Estampes, ayant passé la rivière de Seine, et qu'il avoit mené avec luy plus du tiers de la cavalerie, de quoy Monsr le prince se trouvant affoibly, on pourroit le contraindre de venir au combat avec ce désavantage : ce qui arriva. L'événement de la bataille fut tel, que ceux de la Religion perdirent le camp le premier soir, Monsr le connestable[2] blessé, dont il mourut le deu-

1. La bataille de Saint-Denis est du 10 novembre 1567; elle commença à trois heures, et presque aussitôt les huguenots furent mis en déroute.

2. Le connétable mourut à Paris le 12 novembre. Rappelons qu'il laissait de Madeleine de Savoie, sa femme, qui ne mourut qu'en 1586, cinq fils et sept filles, qui furent : François de Montmorency, né en 1530, maréchal de France, gouverneur de Paris, mort en 1579; Henri, né en 1534, duc de Danville, puis de Montmorency, amiral, maréchal, puis connétable; Charles, né en 1536, seigneur de Méru, puis duc de Danville en 1610, colonel général des Suisses dès 1568, marié à la fille du maréchal de Cossé; Gabriel, baron de Montberon, tué à la bataille de Dreux en 1562; Guillaume, seigneur de Thoré

xième jour. Monsr d'Andelot, ayant ouy nouvelles du combat, marcha toute la nuit, et vint joindre Monsr le prince, et se vinrent représenter sur le lieu du combat, bruslèrent quelques moulins à la veue de Paris.

Monsr le connestable mort, sa compagnie de cent hommes d'armes fut séparée en trois, de quoy le Roy, à la prière de mes oncles, Messieurs de Montmorency, m'en donna un tiers et quarante-cinq archers, et fis ma première monstre dans le cloistre Saint-Honoré, armé, et fis mon premier serment au Roy.

Ceux de la Religion deslogèrent, et s'en vinrent vers la Lorraine pour joindre les forces qui leur venoient d'Allemagne ; Monsieur eut lors le commandement de l'armée par la mort de Monsr le connestable : il partit de Paris avec l'armée du Roy, pour suivre l'armée de ceux de la Religion.

Je demeuray à Paris près de Madame la connestable, allant quelquesfois au Louvre ; mais cette année se passa en plusieurs cérémonies superstitieuses qui se firent pour mondict sieur le connestable, où il me falloit assister. Je n'avois, ainsi que j'ay dit, nulles estudes que la lecture de quelques histoires que mon gouverneur me faisoit lire ; mais ses honnestes admonitions m'estoient de très-bonnes leçons. J'estois des

et de Dangu, capitaine de cinquante hommes d'armes, mort en 1593, qui avait épousé Anne, fille du comte de Lalaing, d'une maison bien connue de la Flandre ; Éléonore, mariée à François, vicomte de Turenne, en 1546, morte en 1557 ; Jeanne, mariée à Louis de la Trémoïlle, duc de Thouars ; Catherine, femme de Gilbert de Lévis, premier duc de Vantadour ; Marie, femme de Henri de Foix, comte de Candale, mort en 1573, et trois religieuses.

plus grands de mon aage, d'une belle stature, le visage blanc et un peu pasle, d'une disposition médiocre, et faisant les exercices du corps assez agréablement. Je passay deux années commençant de monter à cheval, tirer des armes et danser. Lors qu'il se faisoit quelque partie à la cour de combattre à la barrière, j'en estois, opposé aux princes, qui n'estoient plus avancés que moy, le Roy me faisant cet honneur de me choisir pour cela beaucoup plustost que plusieurs autres.

L'on avoit de ce temps-là une coustume, qu'il estoit messéant aux jeunes gens de bonne maison s'ils n'avoient une maistresse, laquelle ne se choisissoit par eux et moins par leur affection, mais, ou elles estoient données par quelques parens ou supérieurs, ou elles-mesmes choisissoient ceux de qui elles vouloient estre servies.

Peu après je fus à la cour ; Monsr le mareschal d'Amville, qui est à présent connestable de France, me donna mademoiselle de Chasteau-Neuf[1] pour maistresse, laquelle je servois fort soigneusement, autant que ma liberté et mon aage me le pouvoient permettre. J'estois soigneux de luy complaire et de la faire servir, autant que mon gouverneur me le permettoit, de mes pages et laquais. Elle se rendit très-soigneuse de moy, me reprenant de tout ce qui luy sembloit que je faisois de mal-séant, d'indiscret ou d'incivil, et cela avec une gravité naturelle qui estoit née avec elle, que nulle autre personne ne m'a tant aidé à m'introduire

---

1. Renée de Rieux, demoiselle de Châteauneuf, née en 1550, maîtresse aussi de Henri III, qui la maria à Philippe Altoviti, capitaine de galères, créé comte de Castellane, assassiné, en 1586, par Henri d'Angoulême, grand prieur de France.

dans le monde et à me faire prendre l'air de la cour
que cette demoiselle, l'ayant servie jusques à la Saint-
Barthélemy, et toujours fort honorée. Je ne sçaurois
désapprouver cette coustume, d'autant qu'il ne s'y
voyoit, oyoit ny faisoit que choses honnestes, la jeunesse plus désireuse lors qu'en cette saison de ne faire
rien de messéant. Cette coustume avoit telle force, que
ceux qui ne la suivoient estoient regardés comme mal
appris, et n'ayans l'esprit capable d'honneste conversation; depuis on n'a eu que l'effronterie, les médi-
sances et saletés pour ornement, qui fait que la vertu
est mésestimée et la modestie blasmée, et rend la
jeunesse moins capable de parvenir qu'elle ne l'a esté
de long-temps.

La paix se fit. Incontinent après, les troisièmes
troubles recommencèrent. Feu Monsr d'Alençon[1]
demeura à Paris, où je m'arrestay; il me prit en une
singulière amitié et moy luy, l'aymant et affectionnant,
non comme frère de mon Roy, mais autant ou plus
que personne qui fust. D'autant que j'ay passé plusieurs
années près de luy, et en divers aages et en diverses
saisons, je vous veux dépeindre ce qui estoit de son
naturel lors; et, par la suitte de ce discours, vous
verrez comme il avoit changé, et je vous induiray à
remarquer combien les mauvais exemples et l'appro-
chement des personnes vicieuses ont de pouvoir à corrompre un bon naturel tel qu'il avoit.

1. François, duc d'Alençon, et plus tard duc d'Anjou, était né
à Fontainebleau le 18 mars 1554. Il avait dix-huit mois de plus
que Turenne. On le baptisa sous le nom d'Hercule, que la reine
mère changea plus tard en celui de François, après la mort de
son fils aîné.

Ce prince estoit de six mois plus vieux que moy, d'une stature moyenne, noir, le teint vif, les traits du visage beaux et fort agréables; son esprit doux, haïssant le mal et les mauvais, aymant la cause de la Religion; la conception fort bonne, d'une conversation familière, ne luy paroissant aucune colère. L'amitié qu'il me portoit commença à me faire ressentir les traverses communes dans la cour, par l'envie que Monsr de Saint-Sulpice[1] conçeut contre moy, d'autant que l'amitié que Monsieur me portoit empeschoit qu'il n'aymast tant deux fils qu'il avoit près de luy, et commença à faire entendre à la Reine sa mère qu'il voyoit que je servois à former de petites intelligences de Monsieur avec Monsr de Montmorency; qui fit que la Reine écrivit à son fils, lui défendant de souffrir cela, et qu'on m'éloigneroit de lui si on entendoit plus telles choses.

Monsieur soudain me montra la lettre, ainsi qu'il me communiquoit toutes choses : nous résolusmes la réponse, et qu'il en parleroit à Monsr de Saint-Sulpice, se plaignant de ceux qui faisoient tels rapports à la Reine pour le mettre en sa mauvaise grace et pour m'éloigner de luy; que je ne parlois jamais de telles choses, priant ledict sieur de Saint-Sulpice d'asseurer la Reine du contraire, et du désir qu'il avoit de luy estre fort obéissant. Cela servit jusques à ce que Monsieur eut la petite vérolle, en telle malignité qu'elle le changea du tout, l'ayant rendu mescognoissable, le

1. Jean Ébrard ou Évrard, baron de Saint-Sulpice, chevalier de l'Ordre, capitaine de cinquante hommes d'armes, gouverneur du duc d'Alençon, qui avait été ambassadeur en Espagne de 1562 à 1565.

visage luy estant demeuré tout creusé, le nez grossi
avec difformité, les yeux appetissés et rouges, de sorte
que d'agréable et beau qu'il estoit, il devint un des
plus laids hommes qui se voyoit; et son esprit n'estoit
plus si relevé qu'il estoit auparavant.

L'envie du sieur de Saint-Sulpice se servit de cette
occasion, disant que Monsieur avoit pris cela allant
en quelques compagnies de la ville où il y avoit de la
petite vérolle dans la maison. Durant tout son mal,
contagieux à moy qui ne l'avois point eue lors, cela
nonobstant ne m'éloigna de luy, faisant mes exercices
souvent avec luy, qui commençoit d'estre en considération à la Reine sa mère, qui ne s'estudioit qu'à pos-
séder ses enfans, et luy sembloit ne le pouvoir si bien
faire qu'en les tenant en jalousie avec leurs frères, et
en méfiance avec leurs serviteurs. Elle luy écrivoit
souvent, et en une lettre l'avertissoit de ne se fier du
tout à son gouverneur, ny autres qui avoient charge
de luy; mais qu'à elle seule il mandast ses conceptions :
mauvaise procédure, en ce qu'elle devoit estimer qu'il
pratiqueroit aussi bien cette leçon vers elle que contre
les autres, et puis, qu'au lieu de donner à son gouverneur le moyen de cognoistre ses humeurs et actions,
pour aider et fortifier les bonnes et corriger les mauvaises, elle faisoit qu'il les payoit d'hypocrisie et dis-
simulation, vices dangereux et bien éloignés de la
prudence qui est propre pour converser parmi le
monde.

Durant ce temps-là se donnèrent les batailles de
Jarnac et Montcontour, et plusieurs grandes occasions.
Il y avoit près de Monsieur huict ou dix jeunes
hommes de bonne maison, entre lesquels estoit le

puisné de Crèvecœur[1], deux de Bressieux[2] et le cadet de Saint-Sulpice[3], qui depuis fut tué au siége de la Rochelle, lesquels m'aimoient. Un jour, devisant ensemble, nous parlions des actions de Monsr de Brissac[4] et de la grande réputation qu'il avoit, et combien estoient heureux ceux qui estoient près de luy; nous vinsmes à plaindre nostre malheur de ne faire rien, que nous estions assez d'aage (qui n'atteignoit quinze ans au plus vieux), et prismes la résolution d'aller le trouver : la proposition nous sembloit tellement aisée, que nous croyons qu'elle estoit desjà exécutée. Quand nous vinsmes au combat, ce fut alors que les difficultés se présentèrent, les pères et gouverneurs qu'il falloit tromper et pour diverses heures; vint au soin d'un chacun d'avoir des chevaux, que nos gens n'alloient faire seller, ny les laquais les amener que par le commandement des gouverneurs; d'argent

1. Les Bonnivet étaient seigneurs de Crèvecœur.

2. Le marquisat de Bressieux appartenait à la maison de Menillon de Grolée; il passa ensuite par les femmes à celle de la Baume de la Suse.

3. Armand Ébrard de Saint-Sulpice, tué le 8 août 1573 à l'un des assauts de la Rochelle, était le fils de Jean, l'ambassadeur; son frère aîné, Bertrand, fut tué à Coutras; un autre était évêque de Cahors. — Voir l'*Histoire du Quercy* de Cathala-Coture, t. II, p. 53.

4. Le comte de Brissac, dont il est parlé plus haut, p. 12. C'était un gentilhomme accompli, dont les rares qualités ont été magnifiquement célébrées par Brantôme (t. VI, p. 124). Très jeune encore, il avait fait ses premières armes sous les ducs de Guise et de Nemours et était devenu, grâce à son père, colonel général des bandes du Piémont. Il combattit à Saint-Denis près du connétable, à Jarnac avec le duc d'Anjou, et fut frappé mortellement au siège de Mucidan, en Guyenne, au mois de mai 1569.

point; s'enquérans du chemin, comme gens qui n'avoient éloigné Paris de cinquante lieues; le danger du chastiment venant à estre découvert; le mécontentement de Monsieur, que j'estimois plus que tout le reste; nonobstant il fut résolu de suivre notre dessein, promesse solennelle entre nous de n'en rien dire : chacun avisa de quoy nous nous pourrions servir.

Nous trouvasmes de quoy pouvoir estre servis de quatre chevaux : de deux des miens, par le moyen d'un grand laquais que je gagnay, qui se nommoit Philippe, et le cadet de Saint-Sulpice de deux de son frère aisné; pour de l'argent, nous trouvasmes jusques à soixante escus.

Le jour pris, à quatre ou cinq jours de là, le jeune Bonnivet ne pust s'empescher qu'il ne le dist à son gouverneur, le sieur de La Charlottière, qui aussitost en avertit Monsr de Saint-Sulpice, et luy le sieur de Rofignac : les interrogations vinrent à un chacun de nous de celuy auquel il avoit à répondre; je hésitay à avouer jusqu'à ce que mon gouverneur me dit tant de particularités, que je ne pouvois ignorer qu'il ne parlast avec une certitude entière; mon laquais fut appellé, son danger me fit moins craindre le mien d'estre fouetté, qui me fit tout avouer audict sieur de Rofignac, adjoustant qu'il n'y avoit qu'un désir d'acquérir de l'honneur qui nous poussoit à cela, que mon laquais m'avoit refusé plusieurs fois, mais que ma grande sollicitation l'avoit enfin engagé à me promettre, que je suppliois mondict gouverneur de luy pardonner; ce qu'il fit après une rude réprimande sur la faute que je faisois de luy cacher mon desir, devant estimer qu'il ne déconseilleroit toutes les choses qui

tourneroient à mon honneur; que je faisois paroistre
une grande présomption et confiance de mon esprit,
en l'aage où j'estois, de faire telles entreprises; qu'il
m'avoit estimé d'une plus obéissante nature, et croyoit
que je l'aimois pour ne luy vouloir pas céler de
moindres affaires; qu'il se trouvoit empesché de ce
qu'il devoit faire, d'avertir mes parens, et par leur
avis procéder à mon chastiment, ou bien, dès l'heure
mesme, faire ce qui estoit de sa charge, ou de demander son congé, estimant qu'il jugeoit n'estre capable
de corriger mes défauts ainsi qu'il se l'estoit promis;
que, néantmoins, il vouloit se donner quelque loisir
pour mieux discerner ce qu'il avoit à faire. Sur cela,
les larmes aux yeux, je le suppliay de me pardonner,
voulant suivre telle voie qu'il luy plairoit, fors celle de
me laisser; qu'à l'avenir telles fautes, ny beaucoup
moindres, ne seroient commises de moy. Il me laissa,
et creu qu'il estoit allé trouver Monsr de Saint-Sulpice
pour aviser comment il avoit à se gouverner. Il vit
que ledict sieur de Saint-Sulpice mettoit toute la faute
sur moy, son fils et tous les autres disans que c'estoit
moy qui leur avois mis cela dans la fantaisie, et vouloit se servir de cela pour me rendre odieux à Monsieur, et luy conta l'histoire, lui faisant cognoistre le
déplaisir que j'avois, et ce qui me faschoit le plus,
estoit la crainte qu'il m'en voulust mal; et furent tous
ses mauvais offices rendus inutiles par la sagesse de
mon gouverneur, qui se contenta des témoignages que
je lui rendis de mon déplaisir et du sentiment de ma
faute pour n'y vouloir plus retourner. Je ne fus fouetté,
ny bafoué par mes parens, auxquels néantmoins il ne
le céla.

Icy est à remarquer combien la jeunesse est pleine d'imprudence, et combien elle commet d'erreurs et de fautes, lors (comme la pluspart font) qu'ils se veulent croire seuls, et ne suivre les conseils de ceux qui leur sont ordonnés pour avoir le soin de leurs personnes.

La paix se fit[1] : quelque temps après, le roy Charles se maria avec la fille de l'empereur, et furent les nopces célébrées à Maizières[2], et de là on alla à Villiers-Cotterets[3] passer l'hyver, qui fut fort long, où l'on combatit beaucoup avec les neiges, y en ayant eu quantité, où je vis le Roy prendre deux cerfs dans la forest, dans la neige, sans chiens, ayant mis des relais de veneurs et de chevaux pour luy et pour nous qui courions après luy; avec cela, en deux jours nous prismes deux cerfs. Il s'y fit deux ou trois bastions de neige où l'on se frottoit avec courage; on y fit aussi un fort beau combat à la barrière, où dans la grande salle, sur le haut dais, le Roy avoit fait retrancher cela : luy avec huict estoit dedans; et, comme les parties avoient fait le tour de la salle, elles ressortoient ainsi qu'elles entroient : deux, trois, jusques à cinq dans la salle en mesme temps; ceux qui estoient dans le camp sortoient, et en forme d'escarmouches se venoient rencontrer dans le milieu de la salle, et là il se rompoit des piques et s'y donnoit des coups d'épée.

---

1. La paix de Saint-Germain, et l'édit, qui est du 8 août 1570.

2. Mézières, en Champagne, où eurent lieu les fêtes du mariage d'Élisabeth d'Autriche.

3. Villers-Cotterets, en Picardie, dans le beau château bâti par François Ier et Henri II, où la cour passa les mois de décembre 1570 et janvier 1571.

Cela dura quelque espace de temps, jusqu'à ce qu'ainsi qu'en une sortie de ville, les assiégeans plus forts rembarrent ceux de la ville, le Roy se renferma dans son fort, où l'on combattit main à main ; et ainsi le combat se finit, ayant esté fait par une nouvelle façon qui fut fort belle.

On commença peu après le propos du mariage du roy de Navarre, qui est le roy d'aujourd'huy, avec madame Marguerite, sœur du Roy[1]. J'avois lors quelque quinze ans, j'apprenois à faire ma cour au Roy, à Monsieur, et à Monsr le duc, au dernier plus souvent qu'aux deux autres. Mon gouverneur mourut, Monsr de La Boissière demeura près de moy ; je commençay à ne craindre plus le fouet, et à respecter moins ledict sieur de La Boissière, de façon que je me licentiois souvent aux plaisirs plus qu'à mon devoir, laissant mon naturel commun à tous jeunes gens ; mais le mien y ayant quelque inclination de suivre, approuver et imiter plutost les vices que les vertus. Le Roy juroit, et luy ouys dire quelquefois que jurer estoit une marque de courage à un jeune homme.

Cela donc me rendit fort grand jureur, en quittant la modestie, qui est à estimer et chérir aux personnes jeunes et de qualité, et me rendit effronté, recognoissant bien que cela plaisoit au Roy, faisant gloire de me croire, et n'avoir plus à rendre compte d'aucunes de mes actions à personne. Cela me faisoit mésestimer aux sages, à mes parens craindre la continuation, et prévoyans beaucoup d'inconvéniens qui me talonnoient, entre autres Monsr de Montmorency,

---

1. Le mariage fut convenu à Blois entre Jeanne d'Albret et Catherine de Médicis, au mois d'avril 1572.

que j'aimois, craignois et honorois, m'en faisoit
souvent des remonstrances : parmy ces mauvais comportemens paroissoit en moy du courage, et une
curiosité d'ouyr et retenir ce qui se disoit et faisoit de
bon hors la compagnie commune des courtisans, où
tous les vices estoient passés pour une bienséance.
Je faisois cognoistre qu'il me restoit du remords de
mes vices, et que je jugeois bien qu'ils n'estoient
approuvés de tous. Cela faisoit espérer à ceux qui
m'aymoient que l'aage changeroit cela, et que l'expérience me feroit cognoistre les malheurs qui arrivent
à ceux qui suivent cette manière de vie.

La cour alla à Blois, où la reine de Navarre vint, et
Monsr l'admiral de Chastillon, où fut résolu le mariage
du roy de Navarre. J'eus là une petite prise avec un
gentilhomme de Touraine, puisné de la maison des
Arpentis[1], et fut dans la chambre du Roy ; nous eusmes
des propos aigres et non injurieux : je sortis dehors
et luy fut retenu ; depuis, Monsieur nous accorda,
lequel avoit commandé à tous les siens de s'offrir à
moy, et luy me dit que s'il luy eust été permis, que
luy-mesme me fust venu trouver pour m'offrir de me
servir de second, si la querelle l'eust mérité ; encore
que je sçavois bien que telles offres n'estoient pra-
tiquables, néantmoins tel langage, partant de la bouche
du frère de mon Roy, ne laissoit à m'obliger fort, de
façon que je me rendis plus soigneux de faire la cour
à Monsieur qu'auparavant, et en fut Monsr le duc un
peu marry.

1. Les Arpentis, château situé aux environs d'Amboise,
qui appartenait alors au sieur du Bois et à sa femme Claude
Robertet, dont la fille était demoiselle d'honneur de la reine

Nous partismes de Blois, laissans la cour, qui s'en alloit vers l'Anjou, pour venir à Paris avec Monsr de Montmorency, qui, comme gouverneur de l'Isle de France, avoit eu commandement de faire abattre des croix qu'on avoit mises en deux maisons de ceux de la Religion qui avoient esté rasées durant les troubles[1]. Plusieurs de Paris s'y vouloient opposer : ce seigneur valeureux, sage et aimé, appella nombre de noblesse, et se fortifia du parlement ; de sorte qu'il fit sans contradiction ce qui luy avoit esté ordonné. Le Roy vint à Paris, où le roy de Navarre arriva avec tous les principaux de la Religion.

Après ses nopces[2], Monsr de Montmorency fut ordonné pour aller en Angleterre jurer l'alliance avec la reine[3] ; je m'y en allay, où je receus toutes sortes d'honneurs et bonne chère de cette grande et sage princesse, qui avoit une grande cour dans cette belle

mère. Louis du Bois, sieur des Arpentis, occupait le poste de gouverneur de Touraine.

1. Les frères Gastines, marchands rue Saint-Denis, avaient été pendus, en 1569, pour avoir célébré la cène dans leur maison. On avait, sur l'emplacement, érigé une croix, à l'enlèvement de laquelle le peuple s'opposant, il fallut procéder par la force.

2. C'est du mariage du roi de Navarre avec Marguerite de Valois que Turenne entend parler. Il fut célébré au Louvre le lundi 18 août 1572.

3. Le duc de Montmorency, accompagné de Paul de Foix et de son neveu le vicomte de Turenne, arriva à Londres le 13 juin 1572. — Voir, sur sa mission près d'Élisabeth, *le Parti des Politiques*, par M. Francis de Crue. Paris, 1892, p. 66 et suiv. Au reste, le « Sommaire-Discours » de toute cette négociation, rédigé sans doute par Paul de Foix, a été donné par Le Laboureur dans les additions aux *Mémoires de Castelnau*, t. I, p. 650.

et florissante ville de Londres. Cette grande princesse
commençoit à me donner des arres des grandes obligations que vous, mon fils, et moy avons de porter
honneur à sa mémoire, ainsi que vous l'entendrez par
la suite du discours de ma vie[1].

Retourné en France, j'accompagnay mondict sieur
de Montmorency à l'Isle-Adam, maison où il faisoit sa
demeure, madame la connestable, sa mère, vivant
encore. Monsr de Thoré, son frère, me vint trouver
de la part de Monsr le duc, m'apportant une lettre de
créance qui estoit pour m'asseurer entièrement de son
amitié, qui n'estoit en rien amoindrie pour les refroi-
dissemens qu'il avoit recognus en moy depuis quelque
temps, qu'il sçavoit bien que Monsieur, son frère, me
témoignoit beaucoup d'affection pour me destourner
d'estre près de luy comme j'avois tousjours esté, mais
qu'il me convioit à l'aimer plus que personne. A cela
se joignent les persuasions de mon oncle de Thoré,
entre lesquelles il mettoit que Monsieur haïssoit la maison de Montmorency et favorisoit celle de Guyse,
qu'il me traverseroit tousjours près de Monsieur, ou
il faudroit que je consentisse au mal qu'on vouloit à
leur maison; que je me souvinsse combien j'avois
tousjours aimé Monsr le duc, et la nourriture que
j'avois prise près de luy. Cela fut fort considéré de
moy, qui néantmoins avois, ainsi que je devois, le souvenir fort frais de cet office que Monsieur m'avoit
rendu à Blois, lors que j'eus cette brouillerie avec le

1. Est-ce dès cette époque qu'il se lia avec le grand chancelier d'Angleterre lord Burghley, auquel nous le voyons écrire
en 1593? (*Bulletin de la Société de l'histoire du protestantisme
français*, t. X, p. 116.)

jeune Arpentis; estant une chose des plus détestables que l'oubliance des bienfaits, et le vice d'ingratitude celuy qui peut plus que nul autre rompre la commune société.

Venu à Paris, j'estois caressé et aimé de ces deux princes à qui m'auroit, et recevois d'eux toutes sortes de faveurs, de bienfaits point, parce que je n'en recherchois pas; et de cela ne faisois-je pas mieux, n'estant jamais mal-séant de recevoir des bienfaits de son maistre, pourveu qu'il vous les donne volontiers, et que vous luy fassiez cognoistre que les services que vous luy rendez ne sont pour l'espérance du profit, mais seulement pour le devoir et l'honneur, qui doit estre tousjours la principale fin de toutes vos actions.

Feu Monsr le prince d'Orange avoit repris les armes aux Pays-Bas; Monsr le comte Louys[1], son jeune frère, qui avoit esté toute la dernière guerre avec le roy de Navarre, estoit parti de France pour exécuter les entreprises de Mons, Valenciennes et autres places aux Pays-Bas, de quoy le Roy estoit d'intelligence, ayant permis à ceux de la Religion de l'assister, et, cas advenant que leurs entreprises succédassent, qu'il les favoriseroit ouvertement[2]. La ville de Mons fut prise par ledict comte Louys : il y eut rumeur à la cour que le Roy y envoyeroit des forces, et mesmes le roy Charles me dit qu'il vouloit que j'y menasse une com-

---

1. Louis de Nassau et La Noue, à la tête d'un corps de protestants français, entrèrent en Hainaut dans la première quinzaine de mai 1572.

2. La prise de Mons et de Valenciennes est des 23-24 mai 1572; mais le fils du duc d'Albe, don Frédéric de Tolède, avait reconquis Valenciennes dès le 29 et il serrait de près Mons.

pagnie de chevaux légers, ce que j'aimois bien mieux allant à la guerre, que ma compagnie de gens d'armes et demeurant en paix. Le sieur d'Ivoy[1], de l'ancienne maison de Genlis, menant un secours dans Mons, fut défait par le duc d'Alve, qui avoit comme investi la ville.

La journée de Saint-Barthélemy se résolut; on fit diverses résolutions pour l'exécution de cet acte tant horrible, ayant esté une fois délibéré que Monsr de Guyse tueroit Monsr l'admiral en une course de bague que faisoit le Roy dans le jardin du Louvre, où tous Messieurs menoient des parties. J'estois de celle de Monsr le duc[2], lequel on croyoit avoir intelligence avec Monsr l'admiral : à cette occasion on fit que nos habillemens ne furent prests, et feu Monsr le duc et sa partie ne courut point. La résolution contre Monsr l'admiral fut changée avec prudence, d'autant qu'il estoit fort périlleux pour la personne du Roy et de Messieurs de le vouloir tuer en ce lieu où l'on couroit la bague, y estans présens plus de quatre à cinq cens gentilshommes de la Religion, qui eussent pu beaucoup entreprendre sur l'attentat de ce seigneur, qui estoit tant aymé d'eux. Monsr de Guyse aposta un nommé Maurevel, qui avoit tué Monsr de Mouy-Saint-Phale, pour tirer d'une arquebuse Monsr l'admiral, ainsi qu'il passeroit devant un logis du cloistre de Saint-Germain-

1. C'est en voulant défendre Mons que Jean de Hangest, seigneur de Genlis, et auparavant d'Ivoy, créa un petit corps d'armée, fut surpris près de Saint-Guislain et tomba le 19 juillet au pouvoir des Espagnols.

2. « Monsr le duc » désigne toujours le duc d'Alençon, « Monsieur » était l'appellation réservée au duc d'Anjou, frère aîné du roi.

de-l'Auxerrois, par où ledict admiral avoit à passer en retournant du Louvre en son logis. Il advint qu'on luy bailla une lettre, qu'il ouvrit et vouloit la lire à l'endroit du lieu où estoit cet assassin qui luy tire le coup, ne luy ayant porté que dans le bras, et n'en fut mort. J'estois en mon logis, où je m'habillois de nos habillemens pour courre la bague. Monsr le duc m'envoya quérir, et me dict ce coup, usant de ces mots : « Quelle trahison!... »

Le dimanche, 24 aoust, s'exécuta à Paris cette tant détestable et horrible journée du massacre fait sur ceux de la Religion, où Dieu me conduisit par la main, en telle sorte que je ne fus massacré, ny massacreur : pour le premier ayant couru fortune sur la délibération qu'on prit de tuer tous ceux de la maison de Montmorency, ce qui se seroit exécuté sans que Monsr de Montmorency n'estoit à Paris, mais en sa maison de l'Isle-Adam. Ceux qui vouloient profiter des biens de cette maison concluoient à ma mort, pour estre sorti de sa fille aisnée, ainsi que Monsieur me dit quelques jours après, y ayant, ce me disoit-il, porté tout empeschement. Cet acte inhumain, qui fut suivy par toutes les villes du royaume, me navra le cœur, et me fit aimer et les personnes et la cause de ceux de la Religion, encore que je n'eusse nulle cognoissance de leur créance [1].

Le siège de la Rochelle se prépare, où s'estoit retiré quelque nombre de gentilshommes qui ne vou-

---

1. Il est curieux de constater que Turenne regarde la Saint-Barthélemy comme un événement fortuit, et ne croit aucunement à la préméditation, partageant sur ce point l'opinion de Tavanes.

loient aller à la messe ; lesquels, avec les habitans, se résolurent de ne fleschir point et respandre leur vie terrienne pour conserver la céleste[1].

L'armée du Roy se prépare ; Monsieur et Monsr le duc[2] partent en poste de Paris pour aller assembler l'armée vers Poitiers. Je pars de Paris pour aller dire adieu à Monsr de Montmorency qui estoit à Chantilly, où, ne voulant demeurer que deux jours, je tombay malade d'une fièvre lente, comme si j'eusse demeuré étique : elle me dura bien trois semaines ; mon oncle me vouloit destourner de ce voyage, tenant les armes du Roy très injustes, et la défense de ceux de la Rochelle juste. Je ne luy pus obéir, estant aagé de seize à dix-sept ans, et n'ayant jamais veu la guerre, n'ayant que la règle du monde pour la conduite de mes actions. Quoy que je cognusse bien la meschan-ceté de la Saint-Barthélemy, néantmoins ne me trou-vant audict siége, où toute la France alloit, on eust imputé cela à faute de cœur.

Cette première mauvaise impression qu'on eust prise de moy eust esté très difficile à lever, estant grandement à considérer à la jeunesse de faire tout ce que vous pourrez, mon fils, pour donner de vous une bonne impression à tous les commencemens de cha-cune action que vous ferez, et aux abords de chaque nouvelle compagnie.

Aussitost que je fus guéry, je partis avec un bon équipage de grands chevaux et de dix ou douze gen-

1. Le long siège, si mal conduit par le duc d'Anjou, qui y perdit 24,000 hommes.

2. C'étaient les débuts militaires du duc d'Alençon, qui avait alors dix-huit ans.

tilshommes, mes armes belles et bien faites, avec toutes les pièces nécessaires pour un siége. Je m'en allay prendre congé du Roy et de la Reine sa mère, qui me firent cet honneur de m'asseurer de leurs bonnes graces. Je pars et vins à Champigny[1], où j'y trouvay une de mes tantes. Je fus contraint d'y séjourner huit ou dix jours pour achever de me remettre, temps que je perdois avec tristesse, oyant les canonnades qui se tiroient à La Rochelle, qui me faisoient craindre qu'elle se prist, et que je n'aurois rien veu de ce siége, craignant de laisser une mauvaise impression de moy et de n'avoir commencé à apprendre le mestier des armes ny éprouvé mon courage, pour estre asseuré que la crainte de la perte de l'honneur précédoit tousjours celle de la vie.

Je me rendis audict siége à la fin de février. Lorsque j'arrivay, il vint au-devant de moy environ deux cens gentilshommes. Je pris l'heure d'entrer dans les logis de l'armée, et d'approcher du quartier de Monsieur, que l'on jugeoit estre à cheval pour aller aux tranchées ; de sorte qu'ainsi accompagné, je fis la révérence à Monsieur, à Monsr le duc, au roy de Navarre et autres princes ; je saluay les personnes de qualité qui estoient là, et accompagnay Monsieur à la tranchée, où j'ouys, pour la première fois, les canonnades et coups d'arquebuse, desquels il y eut des hommes blessés et tués : je n'en eus aucun estonnement. De là, j'allay à mon quartier, qui estoit loin de celui de

1. Champigny (Indre-et-Loire), arr. de Chinon, cant. de Richelieu. C'était une baronnie où se trouvait un ancien château et une sainte-chapelle en style ogival du xve siècle, qui rappelait beaucoup celle de Paris.

Monsieur d'une petite lieue. Tous les jours j'allois à la cour et aux tranchées, où je prenois ma part des occasions et des périls qui s'y présentoient, et avec louange chacun faisoit sa cour aux uns plus qu'aux autres ; je me rangeois ordinairement près de Monsr le duc, qui avoit du mescontentement de se trouver dans cette armée sans aucune charge : aussi n'y en avoit-il point pour lui ; son esprit ambitieux ne se contentoit de cette raison, outre qu'il avoit en horreur la Saint-Barthélemy, et regrettoit la mort de Monsr l'admiral, qui l'avoit pris en affection pour le servir. Cela fit qu'il prit intelligence avec Monsr de La Noue[1], qui estoit ressorti de la Rochelle, ainsy qu'il l'avoit promis au Roy, qui l'avoit envoyé quérir sortant de la ville de Mons, que le duc d'Alve avoit prise, pour le convier de le servir et persuader ceux de la Rochelle de se mettre en leur devoir et se rendre. Cette persuasion luy estoit faite avec menaces de le faire mourir s'il ne contentoit le Roy ; il promet de s'y employer, et, en cas qu'ils ne le voulussent croire, qu'il ressortiroit de la ville.

Ce vertueux et vaillant gentilhomme entre tous ceux de son siècle se rendit à la Rochelle ; là, il fit

---

1. François de La Noue (1531-1591). Après le siège de Mons, en 1572, il vint à la Rochelle, et, ayant vainement essayé de négocier un accommodement, il se retira dans le camp du duc d'Anjou. Il est intéressant de comparer les Mémoires du temps avec les détails que Turenne donne ici sur la conduite de La Noue, en présentant en quelque sorte sa défense. Beaucoup d'historiens, catholiques et protestants, sont moins indulgents. Un très bon résumé de cet épisode se trouve dans le *François de La Noue* de M. Hauser. Paris, 1892, in-8°, chap. II : « Le siège de la Rochelle. »

pour eux tout ce qu'il pouvoit, se trouvant à toutes
les occasions, et souvent les induisoit à s'accommoder
avec le Roy, en prenant leurs seuretés convenables
pour se garder d'estre trompés. Quand ils avisoient
aux moyens de ses seuretés, ils les jugeoient impos-
sibles, veu les manquemens de foy, aux cruautés
exercées contre ceux de la Religion. J'ay voulu vous
conter cette action, de laquelle il y a eu plusieurs
opinions pour ou contre : les uns disoient que Monsr de
La Noue étoit blasmable, en ce qu'il avoit porté les
armes dans la Rochelle, leur ayant fort servy à les
acquérir au commencement du siège qu'il demeura
avec eux ; d'autres, entre lesquels il y en avoit de la
Religion, qui disoient que ces persuasions à s'accommoder avec le Roy pouvoit faire un esbranlement au
courage de ceux de la ville ; et des uns et des autres
il y en avoit qui l'accusoient d'avoir mal servy et le
Roy et ceux de la Rochelle.

Voilà comme les actions des hommes sont sujettes
à de grands blasmes, d'autant qu'on a souvent ou ses
ennemis ou l'ignorance pour juges, ainsi que paroissoient ceux qui ne considéroient que la promesse de
Monsr de La Noue avoit esté faite lui ayant le cous-
teau à la gorge, qu'il satisfit à la condition de sortir
et qu'il ne s'estoit pas obligé de ne porter les armes
avec eux, non plus que de porter seulement ses persuasions de s'accommoder, ce qu'il fit. Et qui jugera
sainement, cognoistra en cette action beaucoup de
prudence, veu les extrémités où se rencontroit ce
grand homme du danger de sa vie, ou de faillir et à
sa Religion et à l'endroit de ceux qui avoient les armes
à la main pour la maintenir. C'est une chose fascheuse

à un homme de bien de promettre quelque chose
qu'on ne tienne, sans donner sujet d'interpréter si la
foy aura esté fidellement observée ou non.

A ce siége se présentèrent deux occasions principales : de l'assaut au bastion de l'Évangile, où je fus,
et courusmes un très grand péril en nous en retour-
nans, ayant à passer dans un trou qu'on avoit fait
pour entrer dedans le fossé sous la contrescarpe. A
l'entrée de ce trou ceux de la Rochelle y tiroient, et
blessèrent ou tuèrent force hommes, de sorte qu'il y
avoit une telle presse que nous pensasmes estouffer
dans les armes; l'autre fut l'assaut général, où je ne
fus point, Monsieur n'ayant voulu que la noblesse y
allast. Chacun, en cette armée mal disciplinée, portoit son courage aux occasions qu'on pouvoit faire
naistre, sans aviser si elles pourroient servir pour la
prise de la ville, la jalousie entre les frères[1] fort
grande et entre les princes et capitaines; cela fut
cause qu'estant Monsieur et Monsr le duc allés prome-
ner vers la mer et voir si deux forts qu'on y avoit
ordonnés s'avançoient, en l'un desquels (chose que
vous devez remarquer) Maurevel, le meurtrier de
Monsr de Mouy, et qui avoit tiré Monsr l'admiral[2],
n'ayant, ny le colonel de l'infanterie, ny aucun mestre-
de-camp, voulu le recevoir dans le corps de l'armée,
ny souffrir qu'il entrast en garde avec eux, le tenant

1. De bonne heure, le duc d'Alençon manifesta une grande
aversion pour ses aînés, Charles IX et le duc d'Anjou; il n'était
bien qu'avec sa sœur Marguerite.

2. Voir plus haut la note de la p. 9. — Ce fameux « tueur
de rois » s'appelait François Louviers, et on l'avait surnommé
Maurevel, Maurevert ou Montravel.

pour un homme diffamé d'avoir commis ces actes, quoyque pour le service du Roy, indigne et traistre.

Allant là, Monsr le duc m'appelle : « Monsr de Turenne, allons voir les pescheurs[1], » qui estoient ceux de la ville, qui, à toutes basses marées, jettoient une bonne escorte pour favoriser grand nombre de femmes et d'enfans qui alloient dans la vase chercher des coquilles, de quoy ils se nourrissoient : nous estans avancés, on commence à nous tirer quelques mousquetades ; Monsr le duc me dit : « Allez à ce fort quérir quelques hommes, et attaquons une escarmouche ; » ce que je fis. Celuy qui y commandoit me donna son lieutenant avec trente hommes ; je m'avançay avec eux, et Monsr le duc me suivant, Monsieur, qui s'en retournoit, vit cette escoupèterie, et voit que Monsr son frère, qu'il trouva pied à terre tout bourbeux, n'estoit avec luy, quelqu'un luy disant qu'on l'avoit veu séparé, et moy avec luy.

Il s'en vint vers nous avec deux ou trois cens chevaux, qui fit que ceux de la ville commencèrent à tirer à la troupe de l'artillerie et des mousquetades, qui la fit arrester ; et fut commandé à quelqu'un, qui estoit près de luy, de venir chercher Monsr son frère, qu'il trouva, comme j'ay dit, pied à terre, tout bourbeux. J'avois ce jour-là un habillement de satin gris que le rejaillissement de la vase des balles qui tomboient dedans m'avoit tout gasté. Monsr le duc, arrivé près de son frère, fut repris, et moy peu loué

1. Cette anecdote des « pescheurs » de la Rochelle a été racontée, avec quelques autres, par La Popelinière (*Histoire de France*, liv. XXXV).

de l'avoir conduit en ce péril, et d'avoir pensé estre
cause que deux frères fussent tués. Je méritois bien
cette censure, sans que, comme j'ay dit, on n'estimoit en cette armée que ceux qui plus souvent se mettoient en des périls, quoyque sans commandement et
sans fruit. Aussi la ville ne fut prise, et cette armée
vaincue par le grand nombre de personnes signalées
qui y mouroient tous les jours.

Je vous ay dit, au commencement de ce siége, les
mescontentemens de Monsr le duc, et ses intelligences
avec Monsr de La Noue, qui estoit dans l'armée du
Roy, lequel ne pensoit qu'à assister cette place, de
façon qu'il aidoit audict duc à se résoudre de prendre
les armes. Il y avoit dans l'armée quatre cens gentilshommes de la Religion ; le roy de Navarre et
Monsr le prince de Condé y estoient, qui, offensés de
la Saint-Barthélemy, ne désiroient rien tant que de se
voir les armes à la main pour se venger ; de façon
que Monsr le duc se dispose à la prise des armes et à
s'en aller, la fondant sur l'injustice de la Saint-Barthélemy, pour se faire donner un partage, et satisfaction à ceux de la Religion des rigueurs qu'on leur
tenoit. Monsr le duc doncques, le roy de Navarre,
Monsr le prince et Monsr de La Noue et moy, se trouvèrent ensemble, et se promirent les princes grande
amitié. Le roy de Navarre, ambitieux et soupçon-
neux, craignoit que Monsr le duc ne déclarast tout
cecy au sieur de La Mole[1], qu'il aimoit, et que le roy

---

1. Joseph de Boniface, seigneur de la Molle, gentilhomme
provençal, né à Arles, en 1530, attaché au duc d'Alençon
avant la Saint-Barthélemy. L'Estoile l'appelle « le baladin de la
cour. » Ce fut lui, comme on sait, qui, au mois de février 1574,

de Navarre n'estimoit, de façon que j'estois l'instru-
ment de leur confiance. On regardoit ce que l'on pouvoit faire : on avise de dresser des entreprises sur des
places, ce qu'on fit sur Angoulesme et Saint-Jean-
d'Angély, où Monsr le duc se jetteroit. A cecy se présentoit force empeschemens. L'incertitude qu'ont
toutes entreprises représentoit une ignominieuse
perte, la difficulté d'assembler les hommes pour
l'exécution, l'heure et le temps du partement de
Monsr le duc sans qu'on s'en apperceust; toutes ces
difficultés tiroient l'exécution de ce dessein en longueur. L'armée navale que le comte Montgommery[1]
faisoit en Angleterre fit voile pour le secours de la
Rochelle; le Roy y avoit aussi une armée à l'ancre,
composée de navires et galères; on avoit fait une
palissade au travers de l'emboucheure du havre, à la
portée du canon de la ville, où l'on avoit enfoncé des
vaisseaux, et entr'autres une caraque qui se trouva
là par hazard : ceux de la Religion l'ayant prise sur
les Espagnols durant les précédentes guerres, l'avoient
laissé dépérir sur les vases, n'ayant pu la mettre en

prépara toute une conspiration pour faire évader le jeune
prince du château de Saint-Germain, avec Navarre et Condé.
Charles IX le fit arrêter et juger par une commission du Parlement. Turenne et les Montmorency étaient fort compromis dans
l'affaire.

1. Gabriel de Lorges, comte de Montgomery, l'involontaire
meurtrier de Henri II, défend Rouen avec les protestants
contre l'armée royale, s'échappe à la Saint-Barthélemy, échoue
dans sa tentative de secourir la Rochelle, lutte en Normandie
contre le maréchal de Matignon, est pris à Saint-Lô et condamné à mort en 1574. — Voir la très complète notice de
M. Léon Marlet, intitulée : *le Comte de Montgomery*, 1890, in-8°.

mer. Le comte de Montgommery arriva avec la grande marée de l'équinoxe en mars[1], ayant tout vent derrière luy, dans un bon et grand vaisseau que la reine d'Angleterre lui avoit baillé, et environ vingt-cinq autres navires de combat, sans celles des charges qui portoient les vivres. Il y eut une fort grande irrésolution en l'armée de mer du Roy, qui ne se voyoit capable ny de vaisseaux ny d'hommes pour résister, l'ordre y ayant esté si mauvais qu'il n'y avoit pas le tiers des hommes dans les vaisseaux qu'il y falloit pour en venir aux mains, et avoit on esté si mal averty, qu'on ne sceut rien de l'arrivée du comte que lorsqu'on le vit[2].

L'infanterie estoit fort diminuée, et par la mort et par les blessures et maladies; les soldats ne se pouvoient garder; et quoy qu'on fist des recrues tous les mois par tout le royaume, on ne pouvoit les tenir au camp. L'avarice des capitaines aidoit fort à cela, qui vouloient avoir moins de soldats pour, à la monstre, avoir davantage de passevolans pour gagner les payes; en quoy ils faisoient une faute qui cousta la perte de la vie et de l'honneur à plusieurs, d'autant qu'on leur ordonnoit de la garde à raison des

1. La flotte de Montgomery arriva entre Chef-de-Baye et l'île de Ré le 19 avril 1573; elle comprenait quarante navires de mer et treize transports.

2. Cependant, aussitôt que la flotte ennemie fut en vue, le maréchal de Cossé fit établir une batterie de six pièces, qui arrêta le mouvement des navires anglais, les força à rétrograder et troua même, « de bande en bande, » le vaisseau la *Prime-Rose*, qui portait Montgomery. Le lendemain, 20 avril, le capitaine huguenot dirigeait ses forces sur Belle-Isle, où il était plus heureux.

hommes qu'ils mettoient en bataille à la monstre, et, leur arrivant quelque attaque à faire ou à soustenir, se trouvant moins d'hommes, ils s'y perdoient, et le service du Roy demeuroit sans estre fait : cela apportoit de grandes difficultés à pourvoir les vaisseaux, ne pouvant tirer des hommes d'où ils estoient en garde, sans péril de laisser au pouvoir de ceux de dedans d'emporter le quartier qu'ils attaqueroient.

Sur cette difficulté je parlay à quelques jeunes hommes de qualité de nous aller jetter dans les vaisseaux, ce qu'ils approuvèrent ; soudain, je l'allay dire à Monsieur, qui en fut fort aise ; nous partismes environ cinquante ou soixante, outre les gardes du roy de Navarre, qui me fit cest honneur de me les donner, et nous nous embarquasmes dans le vaisseau du vicomte d'Usaz[1], qui commandoit aux vaisseaux ronds qui estoient dans l'armée du Roy. Le comte de Montgommery, au lieu de se servir du vent, de la marée et de l'occasion qu'il avoit pour la défourniture des vaisseaux, laisse passer la marée en délibérant ce qu'il avoit à faire ; de sorte qu'au lieu de venir à nous il va se mettre à l'ancre entre Chef-de-Bois[2] et l'isle de Ré, où il demeura quelques jours sans avoir porté assistance aux assiégés que de seize ou dix-huict milliers de poudre, qui leur furent portés par le moyen d'une petite patache, qui, à la marée de la nuit, passa

1. Louis de Luc, vicomte d'Uza, lieutenant de l'amiral de France, marquis de Villars, était aussi sous les murs de la Rochelle le 19 février ; il fut tué à l'âge de trente-deux ans, la veille de la signature de la paix, le 19 juin 1573.

2. Chef-de-Baye, pointe de la baie de la Rochelle, en face l'île de Ré.

aux travers de nos vaisseaux et la pallissade, et se rendit à la Rochelle. Ces princes s'assemblèrent avec Monsr de La Noue, et avisèrent de se jetter dans les vaisseaux du comte, nos entreprises s'estans perdues et le moyen de les exécuter recognu impossible, comme de pouvoir faire une armée dans la France, que le Roy ne l'empeschast; mais que, se jettans avec le comte, et nous en allans en Angleterre, sans doute nous ferions lever le siége, releverions le courage avec l'espérance à ceux de la Religion, qui en divers lieux du royaume estoient prests à prendre les armes, qu'on pourroit revenir à la Rochelle, et, avec les armes, obtenir ce qu'un chacun prétendoit, ou bien que d'Angleterre mesme nous traiterions. Ces raisons furent fort contredites par Monsr de La Noue, qui ne jugeoit la Rochelle en danger de quelque temps, durant lequel il se présenteroit des occasions meilleures et plus honorables; que tous ces princes s'en allant comme cela vers la reine d'Angleterre, on ne sçavoit comment elle voudroit user de leurs personnes, veu qu'on n'auroit eu auparavant aucune seureté d'elle, qui ne vouloit pas entrer en guerre avec la France, mesmement voyant si peu d'apparence qu'il y eut un party formé, n'estant pas à estimer que s'il y en eut eu, que nous n'eussions pas pris cette retraite; qu'au premier jour nous luy serions à charge pour nostre dépense, à laquelle il faudroit qu'elle subvinst, autrement que le comte de Montgommery n'avoit une absolue puissance sur ses vaisseaux, desquels possible les capitaines anglois ne voudroient nous porter en Angleterre; qu'au lieu de relever le courage à ceux de la Religion, nous le leur ferions perdre, estimant qu'il n'y avoit point de seureté ny pouvoir à ces princes, puisqu'ils avoient pris et exécuté un tel dessein. Outre cela, Monsr de La Noue et le comte n'estoient pas bien ensemble, d'autant que lorsque le sieur de La Noue entra dans la Rochelle, ledict comte y écrivit des lettres pour les convier à le soupçonner, et mesme de s'en défaire, ce que ledict de La Noue avoit sceu : nous tinsmes ce conseil à cheval, prests à l'exécuter s'il y eust esté résolu. Sur ces sages considérations la partie fut rompue.

Durant toutes ces menées je courus un grandissime péril, et pour moy et pour tous, par la légèreté, indiscrétion et imprudence qui m'accompagnoit[1]. Monsr le duc avoit écrit de sa main une forme de protestation, par laquelle il déclaroit les raisons de sa prise des armes, et me commanda de la porter et faire voir à Monsr de La Noue ; c'estoit la nuit. Je la pris et m'en allay à mon quartier ; nous n'avions pu ménager tant de brouilleries que Monsieur ne fust en soupçon, et qu'il ne fist prendre garde à toutes nos actions, ce que nous recognoissions bien ; pour cela, voulois-je prendre quelque commodité pour communiquer cecy à Monsr de La Noue. Arrivé à mon logis, je mets mon papier dans une layette ; le matin venu, je le prends et le mets dans ma manche entre la chair et la chemise, et m'en allay au quartier de Monsieur, où, après disné, y ayant assez peu de gens dans sa chambre, il commença à se jouer avec nous, et prend

---

1. Toutes ces intrigues du duc d'Alençon sont fort embrouillées ; c'était le parti des *politiques* sur lequel s'appuyait La Noue, et dans lequel s'essayait Turenne avant de se déclarer formellement pour les huguenots.

mon bras où j'avois ce papier ; soudain, il le sentit, et me dit que c'estoit un poulet qui estoit venu de la cour, et, s'efforçant, me déboutonne ma manche et tire ledict papier : mon danger me fit perdre tout respect ; je luy sautay aux mains et luy ostay, en luy faisant croire que c'estoit une lettre de femme que pour rien du monde je ne voudrois qu'il en eust veu l'écriture.

Voilà comme la jeunesse est indiscrette, réduisant ses actions aux cas fortuits, sans les faire dépendre de la raison ; ce qui cause qu'il y en a tant qui se perdent avant que d'avoir atteint l'aage d'homme, et qui laissent écouler le meilleur de leur aage sans avoir fait aucun avancement en leur condition, ny s'estre poussés à aucun degré d'honneur. Cette faute mettoit plusieurs personnes en peine, et avec si peu de sagesse que je fus près d'y tomber[1].

Tous nos desseins allèrent en fumée sans aucune exécution. Le siége se continua ; l'élection de Monsieur se fit pour être roy de Pologne ; les ambassadeurs polonois vinrent au camp pour luy faire sçavoir son élection et le convier d'y aller. Le roy Charles, jaloux de l'authorité de son frère, désiroit avec passion de le voir hors du royaume, ce qui fut cause principalement qu'on se résolut de traiter avec la Rochelle. La capitulation fut faite que la ville se rendroit, mais que le roy de Pologne n'entreroit dedans. Cela s'exécute, et le camp se licentie[2]. Le roy de

1. La convention de paix, signée par le duc d'Anjou le 24 juin, fut acceptée le 26 par la ville de la Rochelle.

2. L'historien Mathieu raconte que la cour envoya le secrétaire d'État Pinart à la Rochelle pour empêcher, à tout prix,

Pologne et Monsieur[1] s'en retournèrent à Paris. Ce désir de remuer demeura dans l'esprit de Monsr le duc; l'intelligence avec Monsr de La Noue continua.

Icy ai-je à vous noter, d'autant que vous viendrez en une saison où il y aura quantité d'enfans de France (Dieu continuant la vie au Roy et à la reyne, qui en feront encore, et gardant ceux qui sont desjà nés) que vous vous serviez de mes préceptes, qui sont que vous ayez à dépendre du Roy, de vous entretenir bien avec tous, mais faisant partis à part, tenez-vous tousjours avec vostre Roy, et que rien ne vous en puisse jamais séparer, que le maintien de la liberté de vostre conscience, pour laquelle je vous convie et vous conjure de présenter à Dieu vos biens, vostre vie et vostre personne; et qu'il vous souvienne que les rois nous sont donnés de Dieu, et quoyque mauvais quelquefois, néantmoins, nous les devons servir.

Encore que Monsr le duc eust parmy ses autres raisons de prendre les armes pour la vengeance de la Saint-Barthélemy, si n'estoit-il pas permis par la loy de Dieu, ny politique, qu'il le fist, n'ayant en cela nulle vocation; et quand Dieu eust bény ses desseins, c'eust esté pour punir ce qui avoit esté entrepris à la Saint-Barthélemy, mais gardant à Monsieur ce qu'il méritoit en se rendant autheur de tant de maux qu'une guerre illégitime apporte; c'estoit sans justice

le duc d'Alençon de poursuivre ses projets et de sortir de France.

1. « Monsieur, » à partir de l'élection du duc d'Anjou au trône de Pologne, c'est toujours le duc d'Alençon. La Noue s'était mis à son service; plus tard, en 1579, il fut surintendant de la maison du roi de Navarre.

que nous entreprenions toutes ces nouveautés. Je vous conjure de ne tomber en pareille faute. Ces commencemens me tirèrent de la cour, et me mirent en la mauvaise grace du Roy, et m'ostèrent le moyen de parvenir aux charges, ainsi que vous l'entendrez.

La jeunesse, qui a du courage, croit souvent qu'elle ne le fait paroistre en ne faisant que les choses ordinaires, et se restraignant tousjours dans le corps de l'estat, où la puissance, l'ordre et le conseil demeure; mais que, se jetant dans les partis, ils y sont plus recherchés, leur courage y paroist mieux, d'autant qu'ils sont souvent moindres en nombre, que les charges leur sont plutost données, et qu'y estans plus nécessaires et sans obligation, ils y peuvent plustost et plus facilement s'y agrandir; ne considérans pas que Dieu ne veut pas tels desseins, que l'estat se maintient, et les partis s'en vont tousjours en dépérissant; qu'il n'y a que confusion parmy eux, des égalités ordinaires parmy ceux de diverses extractions, d'autant que chacun y est volontairement, et s'en peut retirer quand il veut, disans recognoistre faire mal en suivant ce à quoy ils n'estoient obligés. Il ne se trouve rien de seur en tels partis; et s'il arrive par hazard que quelqu'un fasse fortune, ce sont gens de peu qui n'ont rien à perdre, et ceux de maison qui ont du bien et de la qualité naturelle n'y peuvent rien gagner, et toutes les actions courageuses et braves sont blasmées par la postérité d'autant qu'elles sont faites contre le bien général de leur patrie.

Vous entendrez combien de peines et fascheries nous avons sostenues durant les guerres civiles, qui se faisoient légitimement pour la maintenue de la liberté

de nos consciences et jouissance des édits et loix sur
ce faites, qui estoient à toutes occasions enfreintes, et
la persécution preste à recommencer.

Estant à Paris, chacun se prépare pour aller en
Pologne. Les commandemens de Monsieur me firent
refuser le roy de Pologne d'y aller, lequel s'ennuyoit
fort de partir de France pour aller commander à une
nation si esloignée et si différente en mœurs et en
police. Le roy Charles se trouvant desjà mal, estant
jugé pulmonique par les médecins, Monsr de Guyse
et les principaux serviteurs du roy de Pologne les
convioyent à ne partir, et plustost se retirer de la cour;
que sçachant l'estat de la vie du Roy, qui ne pouvoit
estre longue, que c'estoit se mettre au hazard de
perdre la France, où Monsieur ne manqueroit de faire
ses menées; qu'il avoit ceux de la Religion pour
ennemis, qui sçavoient qu'il avoit aidé à faire résoudre
l'exécution de la Saint-Barthélemy, la maison de Montmorency malcoutente : cela retenoit son esprit en
suspens, et le fit séjourner près d'un mois à Paris après
que le Roy en estoit party, s'estant acheminé jusques
à Vitry[1] pour accompagner son frère jusques en Lorraine. Là, il tomba malade; la Reine mère pressoit,
quoyqu'à regret, le partement de son fils, se promettant, comme elle fit, la mort du Roy survenant, qu'elle
conserveroit le royaume au roy de Pologne. Monsieur,
le roy de Navarre et Monsr le prince estoient à Vitry,
où ils se lièrent d'amitié plus estroitement que par le
passé; et avec mauvais conseil on projetoit de remuer.

---

1. Vitry-le-François (Marne), ville alors toute neuve que
François Ier avait fait construire sur la rivière de la Marne.

Le roy de Navarre et Monsieur [le prince[1]] avoient occasion de le désirer, pour l'irréparable offense receue à la Saint-Barthélemy, et la contrainte en leur conscience d'aller à la messe, ayans tousjours un vif ressentiment de la Religion en leur cœur, et jugeans qu'ils demeuroient tousjours suspects au Roy et à l'Estat pour n'avoir jamais part à aucune charge ; mais les raisons de Monsieur estoient autres qui le doivent rendre agréable au Roy, pour, par sa volonté, s'installer dans les affaires ; il inclinoit néanmoins à la prise des armes, estimant qu'elles luy feroient donner, en les posant, la lieutenance générale.

Nous avions souvent des lettres de Monsʳ de La Noue qui redressoit autant qu'il pouvoit sa créance parmy ceux de la Religion, et sondoit les volontés pour recognoistre ceux qui par la peur de la Saint-Barthélemy s'estoient du tout révoltés. Les deux rois se séparèrent audict Vitry[2] ; la Reine mère, Monsieur, le roy de Navarre, Monsʳ le prince et toute la cour partent pour conduire le roy de Pologne hors de la Lorraine. A Nancy me fut parlé du mariage de mademoiselle de Vaudemont, qui depuis a esté reine de France, et ce par le roy de Pologne[3]. Je n'y voulus entendre, n'ayant lors nulle envie de me marier ; et

1. C'est évidemment du prince de Condé, converti par force à la Saint-Barthélemy, que veut parler Turenne.

2. Le départ du duc d'Anjou eut lieu le 15 novembre ; il laissait Charles IX malade à Vitry. Le roi, contrairement à ce que dit Turenne, voulut même garder près de lui le jeune roi de Navarre, tandis que toute la cour conduisait le nouveau roi de Pologne jusqu'à la frontière de Lorraine.

3. Le duc d'Anjou, à cette époque, ne pensait qu'à la princesse de Condé.

aussi mon oncle de Thoré m'avoit dit la vouloir rechercher ; je ne voulus courre sur son marché, ayant tousjours eu cela d'avoir esté fort exact observateur de
mes promesses et des amitiés que j'ay contractées, à
quoy souvent plusieurs m'ont trompé. J'estimay que
l'ouverture de ce mariage se faisoit pour raison d'estat, pour me séparer et d'avec mes oncles et d'avec
Monsieur, en m'alliant avec la maison de Lorraine, à
ce que je n'aidasse à ce qui se pourroit brasser contre
le roy de Pologne, estant hors du royaume.

Il nous pensa arriver un grand inconvénient, qui
fut prévenu par une assez spirituelle prévoyance.
Monsieur avoit un premier valet de chambre nommé
Ferrand, qui l'avoit servy de violon[1] estant jeune : ce
valet de chambre s'estoit laissé gagner par la Reyne
mère pour l'advertir de tout ce que Monsieur feroit.
Monsr de La Noue avoit escrit à Monsieur, luy rendant
compte de ce qu'il négocioit, et l'asseurant qu'un bon
nombre de noblesse et de villes luy tendroient les
bras pour le servir. Monsieur oublia cette lettre sous
le chevet de son lict ; Ferrand, le voyant faire le matin,
prend cette lettre, et tout soudain la porte à la Reyne :
par hazard j'estois allé en sa chambre ; une sienne
femme de chambre, qui affectionnoit Monsieur, me dit
en passant : « On a une lettre que vostre maistre a
perdue. » A l'instant je m'en vins retrouver Monsieur,
et luy demanday sa lettre : il vit qu'il ne l'avoit plus ;
ce fut à délibérer ce qui estoit de faire. Monsieur avoit
quelque envie de s'en aller ; je m'avisay de luy don-

---

1. Selon le langage du temps, *violon* veut dire ici : maître à
danser.

ner conseil de faire réponse à Mons' de La Noue, par
laquelle il luy témoignast trouver estrange qu'il le
convioit à s'obliger des personnes pour son particulier, luy qui n'avoit autre but qu'à servir le Roy et
mériter ses bonnes graces; que luy, ni ceux de sa
Religion ne devoient entrer en nouvelles défiances,
qu'on leur vouloit tenir ce qu'on leur avoit promis, et
que pour cela il s'offroit de faire entendre au Roy ce
que c'estoit de leurs affaires. La lettre faicte, il fut
trouver la Reyne sa mère, et, feignant ne sçavoir que
la lettre fust perdue, luy dict avoir receu une lettre de
Mons' de La Noue, qu'il luy portoit avec la réponse;
cherchant dans sa poche, il ne trouve la lettre, comme
il n'avoit garde, mais bien la réponse, asseure fort la
Reyne ladicte lettre ne contenir que ce qu'elle faisoit,
et à quoy il avoit répondu. La Reyne se contenta de
cela et fit démonstration d'y ajouster foy, d'autant
que le remède fut si promptement porté, qu'elle ne
pouvoit s'imaginer que c'eust esté un faict aposté.

Nous partismes de Nancy et allasmes à Blamont[1],
où le duc Christophe Palatin[2], accompagné du comte

---

1. Blamont (Meurthe-et-Moselle), ch.-l. de cant. de l'arr.
de Lunéville. La reine mère, qui voyait avec peine le départ
du duc d'Anjou, accepta la proposition du comte de Nassau
et du fils de l'électeur palatin, offrant à son fils préféré, au
nom du prince d'Orange, de le mettre à la tête de l'armée
qu'ils réunissaient aux Pays-Bas. C'est Gaspard de Schomberg
qui fut le négociateur de cette affaire.

2. Christofle de Bavière, fils de l'électeur palatin Frédéric III, ardent calviniste, frère du duc Jean-Casimir de Bavière.
— Sur cette entrevue de Blamont, en novembre 1573, on trou-
verait de nombreux détails dans *le Parti des Politiques* de
M. de Crue, p. 114 et suiv.

Ludovic de Nassau, vinrent trouver le roy de Pologne, l'asseurer de son affection, et qu'il espéroit bientost avoir une armée sur pied pour le servir. Cela fut accepté, et prit-on intelligence avec luy, qui se devoit entretenir par l'entremise de Monsr de Thoré, auquel il avoit eu communication avant la Saint-Barthélemy, lors qu'il alla à l'entreprise de Mons; ayant fait ses adieux à la Reyne, qui s'en revint par Bar-le-Duc, où elle voulut chasser La Mole d'auprès de Monsieur, disant que c'estoit luy qui avoit tousjours maintenu son maistre à n'estre pas si bien avec le roy de Pologne qu'il devoit estre. Monsieur empescha cela; et n'en estoit pas aussi la vraye cause, mais la jalousie que le roy de Pologne avoit prise de luy, qu'il n'aimast madame la princesse de Condé, femme de Monsr le prince[1], de la maison de Nevers, laquelle il avoit laissée avec une excessive passion, qui eust bien apporté du mal, si la mort ne l'eust prévenue.

Nous trouvasmes le Roy à Reims, joyeux du partement de son frère, qu'il n'avoit bien creu jusques à nostre retour de Reims[2]. Nous allasmes à Soissons, où nous vint trouver Monsr de Thoré; là arriva un ministre nommé Saint-Martin[3], envoyé de la part de Monsr le comte à Monsieur; mon oncle et moy parlasmes à luy : sa créance estoit que ledict comte estoit à cheval, avec trois à quatre mil chevaux et six ou

1. Marie de Clèves, qui avait épousé, en 1572, Henri Ier, prince de Condé, et mourut le 30 octobre 1574. On sait avec quelles démonstrations de douleur Henri III la pleura.

2. Le roi de Pologne était parti de Blamont le 2 décembre.

3. Laurent du Bois, sieur de Saint-Martin-des-Pierres, mêlé à toutes les intrigues de ce temps.

sept mil hommes de pied, qu'il venoit pour exécuter une entreprise sur Mastrich[1], et qu'il attendroit des avis de Monsieur pour tourner la teste vers luy où il seroit mandé. Nous ne peusmes luy donner jour ny lieu, mais que dans un mois nous luy ferions sçavoir de nos nouvelles[2]. Nous donnons avis de cela à Monsr de La Noue, afin qu'il avisast quel temps nous pourrions prendre. Monsr le comte Ludovic fut défait, le duc Christophe et luy tués, de façon que cette armée ne nous put servir[3]; Monsr de La Noue aussi manda qu'il n'avoit aucune chose preste.

Nous allasmes à Chantilly; là. Monsieur conféra avec Monsr de Montmorency, qui luy donna de très-bons conseils, si nous les eussions sceu suivre, à sçavoir de se tenir à la cour, s'insinuer dans les bonnes graces du Roy autant qu'il pourroit, lequel on voyoit bien ne pouvoir longuement vivre; qu'il établiroit sa créance en s'authorisant dans les affaires; mais que, sortant de la Cour, il feroit un party et se rendroit l'Estat contre luy, qui tendroit les bras au roy de Pologne plus volontiers; qu'il falloit de la patience; que pour luy il estoit son serviteur, mais qu'il ne luy pouvoit promettre de monter à cheval, estant officier de la couronne ainsi qu'il estoit. Là se commença une brouillerie, qui eut suitte, de Monsr de Guyse et d'un gentil-

1. L'armée destinée à attaquer Maëstricht s'était formée dans la principauté de Sedan, sous le commandement du comte de Nassau.

2. Le duc d'Alençon et le roi de Navarre voulaient s'échapper de la cour entre Soissons et Compiègne. Leur projet fut révélé à la reine mère par Marguerite de Valois.

3. Le grand commandeur de Castille détruisit cette armée à Moock, le 14 avril 1574.

homme qui l'avoit autrefois servi[1] ; mais, estant parent de Monsr de La Mole, que Monsieur aymoit, il l'avoit retiré du service de Monsr de Guyse pour le mettre auprès de Monsieur.

Nous partismes de Chantilly[2] et vinsmes à Saint-Germain-en-Laye, où l'on fit séjour de trois mois. Là, Monsieur et le roy de Navarre communiquoient souvent ensemble, et avions souvent des nouvelles de Monsr de La Noue. Les choses s'acheminans à une prise d'armes, ainsi que vous l'entendrez, Monsr de Montmorency vint à Saint-Germain.

Un jour, sur les six heures du soir, c'estoit vers le mois de février, Monsr de Guyse descendant d'un degré, qui venoit de la chambre de la Reyne mère, accompagné d'un gentilhomme et d'un page, trouve le jeune Vantabran[3] : ayant eu peu de propos, Monsr de Guyse met l'espée à la main ; l'autre veut enfiler le degré ; il le ratrape en bas, luy donne divers coups, l'ayant porté par terre ; croyant l'avoir tué, s'en court à la chambre du Roy, qui gardoit le lict, d'où il s'approche avec une voix émeue. Il supplia le

1. C'est l'affaire Ventabren, dont il va être question quelques lignes plus loin.

2. Le départ eut lieu de façon à venir célébrer la fête de Noël à Saint-Germain.

3. Jacques de Vintimille, des comtes de Marseille, seigneur de Vantabren, ancien page de la maison de Lorraine, était passé au service du duc de Montmorency. On disait à la cour qu'il était l'amant de la duchesse de Guise. Il y avait d'ailleurs plus d'un sujet de querelle entre les deux maisons rivales. L'affaire eut lieu le 16 février 1574, dans le château royal. Charles IX en fut très irrité ; mais la reine mère apaisa la querelle.

Roy, en s'abaissant, de luy pardonner sa faute d'avoir tué Vantabran dans le chasteau, qui luy avoit dict que sa femme, Madame de Guyse, et Monsr de Montmorency le vouloient faire tuer; soudain, Monsr de Montmorency repartit en suppliant le Roy d'ordonner que Vantabran pust estre ouy, s'il luy restoit encore un peu de vie, se présentant, sous le bon plaisir du Roy, à maintenir que luy ny madame de Guyse n'avoient jamais eu de semblables propos, ny près ny loin approchant de cela. Sur ces entrefaites, La Mole entra, qui demanda justice au Roy, et tint des propos mal rangés et assez audacieux, ajoustant que Dieu avoit gardé la vie à son cousin pour par sa bouche sçavoir la vérité. Vantabran est mené dans la garde-robe, quelques-uns du conseil ordonnés pour l'ouyr; cela s'assoupit, sans plus avant en avoir tiré la vérité. L'opinion commune fut qu'on vouloit jeter le chat aux jambes à Monsr de Montmorency, et si Vantabran eust esté tué, que cela eust servy de prétexte à ce qu'on eust pu entreprendre contre luy, s'estant remarqué que cet assassin de Maurevel s'estoit veu à Saint-Germain, ce qu'il n'avoit accoustumé; le Roy mesme n'estant bien aise de le voir près de luy : récompense ordinaire des traistres, d'estre en soupçon mesme à ceux qui les employent.

Parmy toutes ces choses, il y avoit des amours meslées, qui font ordinairement à la Cour la pluspart des brouilleries; et s'y passent peu ou point d'affaires que les femmes n'y ayent part, et le plus souvent sont cause d'infinis malheurs à ceux qui les ayment et qu'elles ayment. C'est pourquoy, si vous me croyez et voulez estre sage, vous vous retirerez de la passion,

et tascherez de vivre en sorte qu'elles ne croyent que
vous les méprisiez ou fassiez mauvais offices, mais
qu'elles vous pourront conjurer à les aymer plus que
vous ne ferez, vous mettant toujours de tout vostre
pouvoir au-devant de toutes vos actions la gloire de
Dieu, de n'enfreindre ses commandemens de tout
votre possible.

Monsr de La Noue résout la prise des armes au
10 mars[1], avertit par tout, mesmement le sieur de
Guitry-Bertichères[2], pour avertir ceux de delà la
rivière de Loire. Monsieur en est averty et les autres
princes, mais assez tard, n'y ayant pas plus de trois
semaines jusques au jour. Ces princes s'assemblèrent
et avisèrent le moyen de se retirer et où; il fust avisé
de sçavoir de Monsr de Bouillon s'il vouloit les recevoir à Sedan, et, à cet effet, le sieur de La Boissière
est dépesché vers luy, qui fit son voyage en huict

1. La prise d'armes des protestants avait été fixée à la nuit
du lundi au mardi-gras, 23-24 février, et l'évasion du duc
d'Alençon au 10 mars. Chaumont-Quitry devait se tenir à
Saint-Germain et y attendre les princes, ainsi que Turenne et
Thoré, qui sortiraient en costume de chasseurs, « le cor au
cou. » Les indécisions du frère du roi firent manquer l'affaire.

2. Jean de Chaumont-Guitry ou Quitry, d'une famille
illustre du Vexin; il avait, par sa valeur, enlevé aux Espagnols la ville de Mons, et, plus heureux que Genlis, était
revenu des Pays-Bas. Il fut un des adeptes dévoués de la
religion nouvelle; mais Turenne ne semble pas l'avoir eu en
grande estime. En 1587, il fut envoyé par le roi de Navarre
en Angleterre et en Allemagne pour demander des secours aux
princes protestants, et devint maréchal-de-camp dans l'armée
des reîtres. Battu à Auneau, il se réfugia à Genève avec le duc
de Bouillon, et poussa les Suisses à la lutte contre le duc de
Savoie.

jours, asseura la volonté de Monsr de Bouillon, non-
seulement d'ouvrir les portes, mais qu'il viendroit
recevoir ces messieurs sur la rivière de Vesle, qui
passe à Reims, avec un bon nombre de noblesse, en
luy faisant sçavoir le jour. Nous voilà donc résolus de
nostre partement et du lieu de nostre retraitte. Le
roy de Navarre va prendre son logis au village pour
y coucher; Monsr de Thoré estoit avec nous, et
Monsr de Montmorency s'en estoit retourné à Chantilly.
Il arriva par une très-grande faute, de laquelle la véri-
fication n'en a esté bien faite pour sçavoir d'où elle
venoit, mais elle nous pensa couster la vie à tous, qui
fut que Monsr de Guitry, au lieu de prendre le 10 de
mars, s'avança de dix jours, m'ayant dict plusieurs
fois que celuy que Monsr de La Noue luy avoit envoyé
luy avoit donné l'autre jour qu'il avoit pris. Mon opinion a esté que l'ambition luy avoit fait commettre
cette faute, estimant que, s'avançant devant Monsr de
La Noue, qu'il attireroit les hommes à luy, et qu'il
pourroit plus facilement exécuter quelque entreprise,
et qu'aussi il ne témoigneroit ne dépendre du commandement de Monsr de La Noue : raisons très-foibles
pour luy avoir fait commettre tant de gens en un
très-grand danger. Nous ne fusmes avertis que sur
les deux heures après midy qu'il avoit donné son
rendez-vous pour le lendemain de se venir saisir de
Mantes[1], où estoit la compagnie de Monsr de Montmorency en garnison, commandée par le guidon du sieur
de Buy[2], qui estoit de nostre intelligence. Nous, fort

1. Le rendez-vous à Mantes avait été fixé à la nuit du 20 février 1574. Il doit y avoir là quelque confusion de date.
2. Pierre, sieur de Buhi et de Saint-Cler, était frère de

esbahis, nous n'avions donné jour à Monsr de Bouillon[1], et apprenions l'incertitude du sieur de Guitry des forces qu'il pouvoit faire, l'entreprise de Mantes fort incertaine, comme il a paru[2]; de partir incontinent nous n'avions ny lieu ny forces certaines pour nous retirer. Nous renvoyons vers Guitry, luy mandant qu'aussitost qu'il seroit à Mantes qu'il nous avertist, que nous cependant aurions le pied à l'estrier dans le village, n'y ayant plus que Monsieur engagé dans le chasteau.

Sur l'entrée de la nuit, voilà l'alarme à la Cour, si chaude, que, n'en cognoissans bien la cause, les perturbations estoient grandes, les bagages chargés, les cardinaux de Lorraine et de Guyse à cheval pour s'enfuir à Paris, et, à leurs exemples, plusieurs autres. Les tambours des Suisses, du corps et des compagnies françoises des gardes battoient aux champs. Les avis du rendez-vous du sieur de Guitry pour l'assemblée de ses forces se rapportoient de Normandie, de Beausse et du Vexin, où il estoit, le partement du

M. du Plessis, et il commandait pour le roi dans Mantes. (Voir *Mémoires de Mme de Mornay*, édition de la Société de l'histoire de France, 1848, t. Ier, p. 75.) Il finit sa vie comme gouverneur de l'Ile-de-France et maréchal-de-camp de Henri IV.

1. Henri-Robert de la Mark, duc de Bouillon, qui mourut le 2 décembre 1574; son fils aîné, Guillaume-Robert, lui succéda et mourut lui-même sans enfants en 1588, laissant comme unique héritière sa sœur Charlotte, qui épousera, en 1591, le vicomte de Turenne.

2. L'affaire de Mantes échoua, en effet, à cause de la précipitation de Guitry. Du Plessis-Mornay, avec son frère de Buhi, fut obligé de se réfugier à Chantilly, puis à Jametz, sur les terres du duc de Bouillon, où ils restèrent jusqu'à la mort de Charles IX.

Roy résolu à l'instant, les gardes redoublées au chasteau ; mon oncle de Thoré et moy, qui estions au
village, au logis de Monsr le connestable, prest à partir, si je l'eusse voulu croire : ce que je ne voulus ;
mais d'aller au chasteau aviser si nous pourrions faire
sortir Monsieur. Estans dans le chasteau, où le roy de
Navarre avoit aussi esté mandé, je cherchay Monsieur,
et entray en la chambre de la Reyne, où le roy de
Navarre s'approcha de moy et me dict : « Nostre
homme dict tout. » Alors je m'approchay de mon oncle
de Thoré, et luy dis qu'il s'en allast, et qu'il vengeast
le mauvais traitement qu'on me pourroit faire, et me
crut, dont bien luy prit ; s'il fust demeuré, il estoit
mort, d'autant que Monsieur l'avoit fort chargé par
sa confession qu'il fit à la Reyne mère, par la foiblesse
de sa constance et par l'induction de La Mole, qui,
marry de n'avoir esté de tous nos conseils, pour se
venger de nous, et de moy principalement, estimant
que ce mauvais office qu'il faisoit à son maistre, en
luy conseillant de perdre sa créance et réputation, et
ses meilleurs serviteurs, qu'il s'attiroit un grand gré
du Roy et de la Reyne : ce qui avint autrement, ainsi
que vous l'entendrez.

La Reyne, ayant sceu ce qu'elle vouloit de son fils,
sort de son cabinet et va à la chambre du Roy, où je
m'en allay par le grand degré, curieux, ainsi qu'il se
peut juger, de sçavoir ce que Monsieur avoit dict.
Ainsi que j'entray, je le vois parlant à Madame de
Sauve[1], riant comme s'il n'y eust eu rien ; il la quitte,

1. Charlotte de Beaune, femme de Simon Fize, baron de
Sauves, secrétaire d'État, dame d'honneur de Catherine de
Médicis, bien connue par ses galanteries.

et me dict : « Je n'ay rien dict de vous, sinon qu'en général vous m'aviez promis de faire tout ce que je vous dirois; mais que votre oncle s'en aille. » Il commençoit à estre jour, on vouloit envoyer vers Guitry, mais je rompis ce coup; soudain je luy dis qu'il le devoit avoir fait, d'autant que ces gens-là croiroient qu'il les auroit tous trompés, et que je les rendrois capables d'excuser ce qu'il avoit dict, et que leur précipitation nous avoit tous perdus. J'avois aussi une autre raison, qui estoit que le Roy s'attendant de tirer quelque service de moy durant cette entremise, qu'on ne me feroit déplaisir, n'estant fort asseuré si Monsieur n'avoit dict de moy que cela. Je le conviay de remettre cela en avant de m'envoyer vers Guitry, ayant songé que j'y pourrois servir. Le Roy se délibère que j'irois de la part de Monsieur, Monsr de Torsi de la sienne[1], et un nommé Arbonville de la part du roy de Navarre, qui n'avoit brouillé personne. Monsr de Guitry donne à Mantes sur les huict heures; le sieur de Buy avoit si mal préparé son fait, qu'il n'y eust un seul gendarme de la compagnie qui fist mine de se joindre audict Guitry, non pas mesme le sieur de Buy; de façon qu'il fallut ressortir de la ville, n'ayant plus aucune entreprise, ny nouvelles de nous, ny mesmes des autres rendez-vous qu'il avoit donnés, pour sçavoir quelle quantité d'hommes s'y estoient trouvés. Il[2] s'achemine vers Dreux et prend un logis à l'entrée

1. Jean Blosset, seigneur et baron de Torcy, chevalier du Saint-Esprit à la première promotion de 1578, mort le 26 novembre 1587. Sa fille, Françoise Blosset, était dame de Colombières. C'est d'un de ses parents qu'il sera question un peu plus loin.

2. Guitry avait bien pu entrer dans Mantes avec quarante

de la ville sur la rivière d'Eure; audict Dreux s'estoit
rendu le sieur de Saint-Léger[1] avec quelque nombre
de noblesse, qui, dans le lendemain, eussent esté plus
forts que ledict Guitry, et l'eussent combattu ou contraint à se séparer, n'ayant avec luy qu'environ soixante gentilshommes et six vingts hommes de pied.
Nous partons de Saint-Germain : arrivés à Dreux,
nous ordonnasmes au sieur de Saint-Léger de ne rien
entreprendre; nous sçeumes où estoient logés ceux
de la Religion, et allasmes prendre nostre logis à
demie lieue d'eux, d'où nous leur envoyasmes un
trompette du Roy, que nous avions mené pour faire
sçavoir audict de Guitry nostre arrivée, le convier de
nous venir trouver, ou bien nous asseurer de pouvoir
aller là où ils estoient, ou en chemin, en tel lieu que
le trompette nous rapporteroit. Qui fut et bien aise et
bien en suspens, ce fut ledict de Guitry de me sçavoir
là, estimant que je l'éclaircirois de l'estat des affaires;
et, en peine de conjecturer comment je venois en cette
légation, il nous renvoye le trompette, en nous asseurant un lieu, où il se rendit avec environ vingt gentilshommes, et nous y acheminasmes. Le sieur de
Torsi prit la parole, et leur dict le déplaisir qu'avoit
le Roy de les sçavoir les armes à la main, estans désireux d'oster toute la méfiance à ses sujets, à raison des
choses passées, par les bons et favorables traitemens
qu'il leur vouloit rendre; qu'ils eussent à se retirer
chacun chez soy et venir vers Sa Majesté, ainsi que

cavaliers; mais, n'y ayant pas trouvé le duc d'Alençon, il se
retira en Normandie.

1. René de Saint-Léger ou Ligier, sieur de Boisrond, gentilhomme du duc d'Alençon.

d'obéissants sujets doivent faire, qu'ils en recevroient tout contentement. A cela, le sieur de Guitry dict n'estre seul dans la France qui avoit les armes en la main ; mais qu'elles y estoient prises par toutes les provinces, que l'inobservation du traité de la Rochelle estoit commune, qu'ils ne voyoient ny n'oyoient que le renouvellement des persécutions, qu'ils aimoient mieux mourir les armes en la main que par les supplices rigoureux exercés contre ceux de la Religion. Je pris la parole, et dis qu'avec la volonté du Roy, Monsieur m'avoit voulu envoyer vers eux, pour leur dire le desplaisir qu'il avoit d'estre en doute de la bonne grace du Roy, et d'avoir sçeu la prise de leurs armes, qu'il ne vouloit favoriser ny assister, mais bien les asseurer qu'ils se pouvoient entièrement fier à la parole du Roy ; Arbonville dict à peu près les mesmes choses de la part du roy de Navarre. Alors le sieur de Guitry prie Monsr de Torsi et moy de trouver bon de parler avec luy à part : ce qui fut accordé. Alors je luy dis l'inconvénient arrivé à cause de sa précipitation, qui nous avoit osté le moyen de partir et de faire jouer tous les ressorts de nos entreprises, si à propos que nous eussions fait, que les princes n'estoient pas du tout prisonniers, mais tellement observés qu'ils n'avoient aucune action libre. Je trouvay ce gentilhomme sans conseil, ny ouverture de moyens pour se garantir d'une prochaine et honteuse ruine ; et ne voyant rien pour luy et tout contre luy, ne se pouvant fier pour venir trouver le Roy, ny aussi comment se maintenir en le refusant, il me fallut luy ouvrir un moyen, qui fut de nous dire qu'il estoit prest d'aller trouver le Roy, en luy donnant les seu-

retés nécessaires d'aller et retourner, m'ayant esté
ordonné par le Roy sur tout, en prenant congé de luy,
de luy faire venir Guitry ; que, cependant que nous
retournerions, il s'avanceroit vers la Normandie, d'où
il attendoit des exécutions sur des places par le sieur
de Colombières[1] et autres. Il approuve cela, de façon
qu'après nostre communication le sieur de Torsi se
trouva plus remis ; et faisant cette ouverture de venir,
qui contenteroit le Roy, nous nous séparons avec cette
responce, et vinsmes trouver le Roy, qui estoit venu
loger au faubourg Saint-Honoré, au logis du mareschal de Rets[2], auquel nous fismes entendre ce que
nous avions fait ; de quoy Sa Majesté fut contente, et
nous commanda de nous tenir prests pour retourner
vers ledict Guitry et luy porter les sauf-conduits
nécessaires pour venir trouver le Roy et pour s'en
retourner.

Cependant il marcha, et le trouvasmes auprès de
l'Aigle en Normandie[3], d'où nous luy fismes sçavoir
nostre retour, à ce qu'il vinst vers nous, ou que nous
allassions vers luy, ou en lieu entre deux pour nous
aboucher ; ce qui fut accepté, et là nous trouvasmes,
où nous luy fismes voir les sauf-conduits du Roy, qu'il
nous demanda pour les communiquer à ceux qui
estoient avec luy. Il s'estoit renforcé de quelque cent

1. François de Colombières, baron de la Haye-du-Puy, en
Basse-Normandie.

2. Albert de Gondy, maréchal de Retz, duc et pair en 1581,
dont l'hôtel était situé sur le marché aux pourceaux.

3. Laigle, vieille ville, à 35 kil. de Mortagne (Orne). C'était
un marquisat avec un château fort. Le vicomte de Dreux, à la
tête des protestants, s'en empara en 1563.

chevaux et deux cens hommes de pied. Il revint vers
nous dès le jour mesme, disant que ses compagnons
ne le vouloient laisser partir, et avec beaucoup de
raisons. La méfiance estoit très-grande de l'invalidité
de toutes les promesses, qui les faisoit douter de la
seureté de sa personne; ils se voyoient sans chef,
n'ayant point encore d'avis certains de ce qu'avoit
exécuté le sieur de Colombières, et moins que le
comte de Montgommery eust mis pied à terre; ils
sçavoient que Monsr de Matignon, qui depuis fut
mareschal de France, estoit à Cæn, où il assembloit
des forces, estant un des lieutenants du Roy en Normandie, qui les pouvoit combattre; que se voyans sans
le sieur de Guitry, plusieurs se desbanderoient, con-
cluans à y laisser aller tout autre d'entre eux, mais
point le sieur de Guitry.

A cela nous leur opposons la promesse qu'il avoit
faicte, que, les sauf-conduits estans donnés sous son
nom, le Roy se tiendroit trompé d'eux; enfin, ils me
prièrent d'aller jusques en leur quartier, pour faire
sçavoir à toute la troupe nos raisons et asseurances.
Il faut remarquer que Monsieur et les princes
m'avoient enchargé d'empescher leur séparation,
rebastissans de nouveau les moyens de sortir de la
Cour; Monsr de Torsi trouva bon que je satisfisse à leur
désir en m'en allant au quartier. Je voyois bien la continuation des soupçons que je donnois d'avoir intelligence avec eux, que je ne pouvois parler à plusieurs
en public que ce que je dirois ne fust sceu, que les
principales raisons que j'avois pour les faire consentir
au voyage du sieur Guitry estoient l'attente de la sortie
de Monsieur, la communication qu'il pourroit avoir

avec luy, la seureté qu'ils auroient cependant de ne pouvoir estre combattus et de pouvoir se joindre avec le sieur de Colombières ; raisons, lesquelles sceues du Roy estre venues de moy, me portoient en un fort grand danger ; néantmoins mon affection au service de Monsieur, la croyance que j'avois de ne faire fortune à la Cour me firent préférer les commandemens de Monsieur à ce qui estoit de mon devoir, en parlant à trente ou quarante gentilshommes ordonnés de tous les autres à cet effet, auxquels je fis concevoir mon but, qui estoit que, sur le voyage de Monsr de Guitry, on pust gagner le temps nécessaire pour leur faire voir des choses qui porteroient de grands avantages à leur party ; que, nous séparans d'eux, beaucoup de forces leur tomberoient sur les bras, qu'ils sçauroient ceux qui auroient pris les armes, et que je ne voyois nul hazard pour la personne dudict Guitry ; que nous nous obligerions, en nostre propre nom, de faire trouver bon au Roy de le reconduire et le ramener parmy eux. Cela les fait résoudre à le consentir, principalement sur la croyance qu'ils prirent en moy que je ne voudrois estre autheur d'une perfidie. Ils envoyèrent vers Monsr de Torsi un des leurs avec moy, pour l'asseurer que le sieur de Guitry viendroit le lendemain nous trouver pour, en nostre compagnie, aller trouver le Roy au bois de Vincennes, où il avoit pris son logis, pour asseurer sa personne et celle des autres[1].

Comme il fut arrivé, le Roy nous commanda de faire trouver le lendemain le sieur de Guitry en sa chambre, où il n'y auroit que la Reyne sa mère, ce que nous

1. Toute cette affaire de Saint-Germain est racontée merveilleusement par d'Aubigné, *Hist. univ.*, t. IV, p. 222.

fismes. Là, le Roy tascha à le pratiquer et sçavoir de
luy la vraye cause de leurs armes et ceux de son
intrigue, le louant ainsi qu'il le méritoit, et luy
donnant de quoy attendre de la récompense, s'il vouloit servir le Roy en ce qu'il désiroit. A cela il se
servit des raisons générales qu'ils avoient par les
actes passés entre ceux de la Religion; les nouvelles
rigueurs qu'on exerçoit, qu'ils auroient estimé devoir
cesser par l'absence du roy de Pologne, qu'ils avoient
cru y pousser le Roy, auquel ils désiroient toute prospérité, ne cherchans que le moyen et seureté de la
liberté de leur conscience; que le Roy leur donnant
cela, il ne falloit douter qu'ils ne posassent les armes.

Durant six ou sept jours que nous demeurasmes
au bois de Vincennes, le Roy sceut l'arrivée du comte
de Montgommery à Carantan[1], la prise de Saint-Lo,
de Valoigne et autres petites places dans le bailliage
de Costentin, de façon qu'il jugea bien qu'il falloit
traiter ces affaires avec le général de ceux de la Religion, qui avoient aussi pris les armes dans la pluspart
des provinces de la Loire; qui fit qu'on se résolut de
renvoyer ledict Guitry et nous avec luy. Monsieur et
le roy de Navarre bastissoient les moyens de leur partement, jugeans assez le péril où ils estoient; et à cecy
La Mole estoit des premiers instrumens. La faute
qu'il avoit fait commettre à Monsieur, à Saint-Germain,
et l'estimant plus propre à la Cour que dans les armes,
me faisoit méfier de luy, de façon que Monsieur me
voulant communiquer son dessein et m'en faire parler
à La Mole, je le suppliay que je n'en sceusse rien,

____

1. Carentan, ch.-l. de cant., à 25 kil. de Saint-Lô.

mais qu'il pouvoit s'asseurer que je ne luy manquerois point.

Nous repartons après avoir vu arriver Monsr de Montmorency, que j'allay trouver entre Escouan[1] et Paris pour le détourner de son dessein, estant le jugement d'un chacun qu'il seroit arresté, comme il fut. Mes persuasions ne furent rien à cette ame asseurée contre ses dangers qu'il avoit préveus, et jugé moindres que les blasmes ou les difficultés à les excuser.

Nous arrivons à Cæn, où estoit le sieur de Matignon, qui avoit fait tuer deux jours auparavant le sieur de Saint-Jenets, frère du comte de Montgommery[2], dans son chasteau, dont il portoit le nom, par un nommé de Mans. Nous arrivasmes à Saint-Lo, où nous trouvasmes le sieur de Colombières[3] avec assez bon nombre d'hommes, qui commençoit à travailler et à ruiner les fauxbourgs. Il estoit neveu de Monsr de Torsi; il nous logea au fauxbourg, et nous posa un bon corps de garde devant nostre logis, nous disant que toute sorte de méfiance estoit permise à ceux qu'on avoit si souvent et si meschamment trompés, qu'ils avoient les armes à la main, espérans que Dieu les béniroit, en sorte qu'ils auroient la vengeance de tous les massacreurs. Monsr de Torsi plus

1. Écouen, près Pontoise : le beau château Renaissance bâti par le connétable.

2. Le frère de Montgomery, François de Lorge, tout protestant qu'il fût, était resté abbé de Saint-Jean de Falaise. Il fut assassiné par Thomas des Planches. Il y a là une erreur de nom, qui se trouve, du reste, dans l'édition de 1666, p. 124.

3. C'était le principal lieutenant de Montgomery; il fut tué sur la brèche à Saint-Lô le 23 mai 1574.

que moy trouva estrange ceste façon de garde et ces propos libres, lesquels il voulut modérer; mais il arriva tout le contraire, les derniers estans plus injurieux que les premiers, et conclud son propos, disant : voilà ma sépulture, nous monstrant une tour par où il jugeoit que la ville seroit battue, ainsi qu'elle fut, et y mourut, ayant ses deux enfans près de luy lors de l'assaut, qui n'estoient aagés de plus de quatorze ans.

Nous passasmes à Carentan, où nous trouvasmes le comte de Montgommery arrivé[1], avec lequel nous ne traistasmes rien, et n'eusmes qu'à nous en retourner. Passans à Cæn, nous trouvasmes commencement de forces, et le sieur de Matignon, soudain après nostre passage, logea quelques forces près de Saint-Lo, pour empescher les courses. Arrivés au bois de Vincennes, après avoir rendu compte au Roy de l'estat auquel nous avions laissé le comte de Montgommery, qui n'estoit guères bon, tant par la foiblesse des places que pour le peu de forces et un commencement de division que nous y recogneusmes entre luy et le sieur de Guitry, qui estoit un brave capitaine, on commença à dresser les armées de Normandie et de Poitou, celle-cy sous Monsr de Montpensier et celle-là sous

1. Débarqué, le 11 mars 1574, près de Coutances, avec les forces qu'il amenait d'Angleterre, Montgomery, en peu de jours, avait remporté de foudroyants succès. Il avait pris le château de Pont-Douve, Saint-Lô, et avait établi son quartier général à Carentan. C'est là que Turenne et Guitry, députés par Charles IX, étaient venus le trouver, le 22 mars, et avaient vainement tenté de traiter avec lui. Sa situation était singulièrement plus forte que ne le disent les présents Mémoires. (Voir Merlet, *op. cit.*, p. 157.)

le sieur de Matignon[1]. Lors furent créés trois régimens d'infanterie, dont le commandement fut donné
à trois jeunes gentilshommes dè bonne maison, qui
furent Bussi d'Amboise[2], Lavardin[3], qui est maintenant
mareschal de France, et l'autre à Lucé[4]; Monsr le comte
de Soissons a espousé sa nièce et son héritière. Je
séchois sur les pieds de voir ces Messieurs, qui n'estoient guères plus vieux que moy, lesquels avoient des
charges et en moyen d'acquérir de la réputation;
mais, estant lié à la fortune de Monsieur, je ne pouvois
sans faillir m'en séparer. Il différoit tousjours pour
partir; et, comme je vous ay dict, je n'avois voulu me
mesler avec La Mole, n'y rien sçavoir de ce qu'ils
faisoient. Le Roy, au département qu'il fit des compagnies qui le serviroient en Poitou, y destina ma
compagnie, qui fut occasion que je préparay mon
équipage, et pris congé du Roy et de la Reyne le
lundy de la semaine avant Pasques, et vins à Paris,
où Monsieur arriva le mardy; et là il me conjura tant,
qu'il me fit parler à La Mole, et me communiqua le
dessein qu'il avoit de partir le mercredy ou jeudy
ensuivant. Il repart et s'en retourne au bois de Vincennes, et moy au bailliage du palais, où j'étois logé.
Le mercredy, de bon matin, on me manda du bois de

1. Matignon, chargé d'opérer en Basse-Normandie contre
Montgomery, avait 5,000 gens de pied, 1,800 chevaux et vingt
pièces de canon.

2. Louis de Clermont, qui fut assassiné par Monsoreau en
août 1579.

3. Jean de Beaumanoir, marquis de Lavardin, plus tard
maréchal de France.

4. Jean de Coesmes, baron de Lucé, tué au siège de Lusignan
en 1574.

Vincennes que le Roy prenoit quelque méfiance de moy de ce que j'achetois des chevaux, des armes, de la poudre et autres commodités pour la guerre, ce qui me fit envoyer le sieur de La Boissière vers le Roy, pour m'excuser sur le commandement que j'avois d'aller trouver Monsr de Montpensier, qui me faisoit faire provision des choses nécessaires pour la guerre. Il revint assez tard, et me porta un nouveau commandement d'aller trouver Monsr le mareschal d'Amville, mon oncle, en Languedoc, qui faisoit aussi des troupes pour faire la guerre à ceux de la Religion, et que j'eusse à partir le lendemain. Je renvoye La Boissière dire au Roy que j'obéirois en tout et partout à ses commandemens, et avertis Monsieur que je ne coucherois qu'à Juvisy[1], et que, s'il pouvoit sortir, je me trouverois où il me manderoit pour tout le jeudy audict Juvisy; où estant avec mon train, qui estoit de huict ou dix gentilshommes, nombre de bons chevaux, le matin du vendredy, j'eus avis que Monsieur, le roy de Navarre, les mareschaux de Montmorency et de Cossé estoient arrestés.

Je pars et m'en allay coucher à Milly[2], où je sceus par un que je ne sçay avoir jamais veu ny devant ny après, lequel se rompit la jambe en me venant trouver, et m'envoya son homme pour me dire qu'il avoit esté donné des commandemens aux villes et aux gouverneurs par où je passerois de me prendre[3]. Je ne

1. Juvisy-sur-Orge (Seine-et-Oise).

2. Milly (Seine-et-Oise), arr. d'Étampes.

3. Un arrêt du Parlement de Paris avait été rendu à la requête du procureur général du roi « pour raison de la conspiration et conjuration faicte contre l'Estat, » ordonnant l'ar-

fus pas sans peine, me voyant entre les rivières de Seine et de Loire, peu cognoissant le pays, néantmoins résolu d'éviter tous mes dangers avec courage. Je pars et suis le grand chemin à moyennes journées jusques à Cone-sur-Loire[1], où je ne logeay dans la ville, mais au fauxbourg, où je laissay le plus pesant de mon train et ce qui estoit inutile ; et feignant d'aller voir Sancerre, je pars sur les quatre heures avec dix-huict chevaux, et passe la rivière de Loire, ordonnant à mon argentier d'aller le grand chemin, en disant me devoir rencontrer. Je fis une grande traite, et allay jusques sur les dix heures du lendemain repaistre à cinq lieues par delà Bourges, où je ne séjournay que peu, et allasmes coucher bien avant dans le Bourbonnois, en un village qui estoit en la maison de Bellenave[2], où je trouvay un hoste qui avoit esté à feu Monsr de Bellenave, qui estoit d'ordinaire avec feu mon père, qui me recognut, et demanda aux miens si je n'estois pas Monsr le vicomte de Turenne. Il arriva une chose digne de remarque : le jour de la bataille de Saint-Quentin, où mon père fut blessé et pris, de quoy il mourut, estant mon père mené prisonnier, le sieur de Bellenave, pris aussi, luy fut présenté ; soudain il le nomme « Sagouin, » nom qui luy avoit esté donné pour ce qu'il avoit la bouche petite ; il arriva si à propos qu'il s'estoit

restation et l'emprisonnement à la Conciergerie des sieurs « de Thoré, vicomte de Turenne, de la Vergne, capitaine Beauchamps... — Faict au Parlement, le 21e jour de may 1574. » (Bibl. nat., ms. fr. 18452, fol. 4 v°.)

1. Cosne, ch.-l. d'arr. (Nièvre).
2. Bellenaves (Allier), arr. de Gannat.

nommé de ce nom et non de Bellenave, disant qu'il n'estoit qu'un valet, de façon que ceux qui le tenoient crurent cela, et le laissèrent aller sans payer aucune rançon, qu'il eust bien payée de deux mil escus. De là, je m'en allay à Joze, lieu de ma naissance, où je n'avois esté depuis que je fus mené à Chantilly, là où je fus fort visité de la noblesse.

Le Roy despescha le sieur de Maignanne, enseigne d'une des compagnies des gardes-du-corps, avec commission au sieur de Saint-Héran[1], gouverneur d'Auvergne, de lui tenir main forte pour me prendre. Ledict sieur de Saint-Héran, qui avoit esté lieutenant de la compagnie de cent hommes d'armes de Monsr le connestable, et fort affectionné à feu mon père et à toute nostre maison, respondict audict de Maignanne qu'il estoit prest à faire ce que le Roy luy avoit commandé, mais qu'il ne sçavoit de qui se servir dans la province, où ma maison estoit aymée et honorée et des villes et de la noblesse; qu'il falloit avoir des forces d'ailleurs, que j'estois accompagné de cinquante ou soixante gentilshommes; qu'il prioit ledict Maignanne de ne se monstrer, de crainte que dans Clermont, où ils estoient, on ne lui fist déplaisir. Il me donna avis de l'arrivée dudict Maignanne et du commandement qu'il avoit, me conseillant et priant de prendre garde à moy et de m'oster de là; je me résolus de m'en aller à Turenne.

Je pars de Joze fort bien accompagné, et vins à

---

1. Montmorin, sieur de Saint-Héran, dans sa jeunesse cornette de la compagnie du connétable, fait prisonnier avec lui à la bataille de Saint-Quentin.

Chasteaugué[1], où estoit Monsr de Fleurat ; je séjournay là trois jours, courant la bague, et passant le temps avec plus de cent gentilshommes. Sçachant que Maignanne observoit mes actions et sollicitoit Monsr de Saint-Héran à l'exécution de sa commission, j'avisay d'envoyer Le Jeune, qui avoit le guidon de ma compagnie, à Clermont, accompagné de huict gentilshommes ; descendit au logis où estoit Maignanne, lequel, les voyant entrer, monta en une chambre, où il fut suivy par ledict Le Jeune, lequel le prenant par le bras luy dict que Monsr le vicomte de Turenne vouloit sçavoir qui il estoit ; soudain, l'autre descend le degré et va à l'escurie faire apprester ses chevaux, et alla trouver le sieur de Saint-Héran pour prendre congé de luy, recognoissant qu'il falloit d'autres forces pour faire obéir le Roy. Il ne fut empesché de ce dessein, et n'eust asseurance qu'il ne sortist de l'Auvergne, ce qu'il fist en un jour.

Je m'acheminay vers Turenne, et estois dans la montagne du Cantal en un lieu nommé Vic[2], prétendant de m'en aller le lendemain coucher à Roquebée, maison qui estoit lors au sieur de Montal[3], qui m'appartenoit de quelque chose. Je fus averty qu'il avoit retiré quelques hommes dans sa maison pour assassiner la pluspart de ce qui estoit avec moy, et me prendre prisonnier, trahison fort grande, d'autant que je l'avois obligé diverses fois estant à la cour, et luy

1. Châteaugay (Puy-de-Dôme), cant. de Riom.
2. Vic-sur-Cère (Cantal), arr. d'Aurillac.
3. Le comte de Montal était allié de Turenne, qui lui avait rendu plusieurs services à la cour. Il n'y avait donc pas lieu de soupçonner sa mauvaise foi.

m'ayant convié d'aller chez lui, et tousjours asseuré d'une très entière amitié. Cela vous doit faire cognoistre combien d'infidélités se trouvent entre les hommes qui, par ambition ou avarice, se départent des choses honnestes pour suivre celles qui satisfont à ces deux passions. J'avois avec moy son jeune frère, qui estoit chevalier de Malte, lequel, sans sçavoir l'infidélité de son frère, m'y servoit de guide pour la souffrir ; cela, avec ce que je sceus que Monsr de Vantadour, qui avoit espousé une des sœurs de ma mère, gouverneur du Limosin, s'en estoit allé à Turenne pour s'en saisir[1], me fit rebrousser chemin et m'en aller à Bouzols[2]. Voilà les traverses et dangers où j'estois, qui, pareils ou plus grands, suivent ceux qui ont leur Roy pour contraire.

A Bouzols, je séjournay quelques jours, estant accompagné de cinquante ou soixante gentilshommes ; de là, je m'en vins à Turenne, ayant sceu en chemin la mort du roy Charles, Monsieur, le roy de Navarre et les deux mareschaux tousjours prisonniers ; je m'en vins, dis-je, à Turenne, où toute la noblesse catholique me vint voir, et quelquesuns de la Religion qui ne se trouvoient dans les troupes qu'aux occasions, lesquelles estans passées, ils se retiroient chez eux. Ceux de la Religion me tenoient Beaulieu[3], Argentat[4] et la ville de Saint-Ceré[5],

1. Ventadour avait reçu de la Cour l'ordre de s'emparer de la vicomté et en même temps de Turenne.

2. Bouzols (Haute-Loire), à 8 kil. du Puy.

3. Beaulieu-sur-Ménoire (Corrèze), arr. de Brives.

4. Argentat (Corrèze), arr. de Tulle. Cette petite ville dépendait de la vicomté de Turenne.

5. Saint-Céré (Lot), arr. de Figeac.

et le sieur de Montal le chasteau; ils ne me faisoient la guerre, ny moy à eux. Il arriva que ceux de Cazillac[1], où il y avoit quelques soldats qui estoient de Turenne, firent quelque outrage à un de mes voisins, de quoy ils ne voulurent faire réparation, ce qui occasionna d'assembler mes amis, et les allay attaquer, et les pris. Ceux de Beaulieu commencèrent à courre ma terre; je leur fis la guerre et les contraignis à s'accommoder avec moy, par l'authorité de Monsr le vicomte de Gourdon[2], qui estoit leur général en Limosin, Haute-Auvergne et Haut-Quercy. Cela dura jusques au siège de Miremont[3].

En ce temps-là, le Roy revenoit de Pologne, et estoit à Turin, où, sous la parole de feu Monsr de Savoye[4], Monsr le mareschal d'Amville, qui estoit dans ladicte ville, ayant fait la révérence au Roy, et eu plusieurs discours qui ne l'avoient contenté, Monsr de Savoye, averty qu'on le vouloit tromper, et sur son retour le faire perdre, luy fit apprester sa galère et prendre le chemin de mers[5], et le rendit sain et sauve dans son gouvernement; il

1. Cazillac, dans le Quercy (Lot), arr. et à 41 kil. de Gourdon.
2. Antoine, vicomte de Gourdon et de Gaiffier, seigneur de Cenevières en Quercy.
3. Miremont (Puy-de-Dôme), arr. de Riom.
4. Emmanuel-Philibert, duc de Savoie, qui avait épousé la fille de François Ier, Marguerite de France, et mourut en 1581.
5. Ce mot est écrit dans tous les manuscrits et dans les imprimés tantôt Mek, tantôt Metz. C'est « mers » qu'il faut lire. Marsollier, dans sa vie du duc de Bouillon, nous apprend que Damville s'embarqua à Nice, pour retourner en Languedoc. — Sur le séjour de Henri III à Turin, et l'accueil qu'il fit à Damville, on peut consulter la grande histoire de J.-A. de Thou, t. VII de l'édition française, p. 131.

avoit traité avec ceux de la Religion, et fort avancé
l'union entre eux et les catholiques romains avant
qu'aller à Turin, de quoy il m'avoit donné avis, m'exhortant de m'y joindre et à prendre les armes à cet
effet ; j'avois appellé bon nombre de noblesse, attendant de sçavoir dudict sieur mareschal le jour que
nous nous déclarerions. Je sceus qu'il estoit allé trouver le Roy ; cela me mit en une fort grande peine,
estimant qu'il s'accommoderoit, et que j'aurois fait
une levée de boucliers à ma honte et à la ruine de
ceux qui prendroient les armes avec moy.

Il se présente une occasion pour couvrir la vraye
cause de l'assemblée de mes hommes, qui fut que le
sieur de Saint-Héran s'estoit obligé d'assiéger le chasteau de Miremont en Auvergne, à la sollicitation de
ceux du haut païs, mais poussé principalement par
Montal, qui vouloit un grand mal à la dame à qui
appartenoit la maison[1], estimant qu'il la feroit mourir
et ruineroit sa maison. Je fis que le sieur de Saint-
Héran me convia de l'assister en ce siège, ce que j'of-
fris de faire, et y menay trois cens gentilshommes et
quelque infanterie. Ces entreprises estoient faites avec
les promesses de ceux du païs pour les frais qu'il falloit faire pour les levées et paye des hommes, des
vivres, munitions de guerre, esquipage d'artillerie :
toutes ces choses estoient fournies mal à propos et
moindres qu'il ne les falloit ; de façon que nous ne
prismes la place, et s'y perdit nombre de gentils-

1. Madeleine de Senneterre, ou Saint-Nectaire, veuve de Guy
de Miremont, seigneur de Saint-Exupéry. C'était une femme
intrépide, dont Mezeray a célébré les exploits, et qui avait
battu, en 1574, les troupes du seigneur de Montal.

hommes en voulant faire un logis sur une espèce de contrescarpe, de façon que j'y eus plus de vint gentils-hommes tués, entre lesquels fut le sieur Oudart, que j'ay dict cy-devant avoir esté envoyé à Clermont faire desloger Maignanne. Nous levasmes le siège; ceux de la Religion avec lesquels j'estois entrèrent, ainsi qu'ils devoiént, en une grande mesfiance de moy. Je m'en revins à Turenne, où tost après j'eus des lettres de Monsieur, qui me prioit de prendre les armes avec Monsr le mareschal d'Amville, qui aussi m'avertit de son retour en Languedoc, et m'envoya les articles de l'union afin que je les signasse. Cela me fit résoudre à prendre les armes; de quoy je donnay avis à Monsr de La Noue, qui m'envoya tout ce qui estoit sorty des villes de Fontenay-le-Comte et Lusignan[1], avec les sieurs de Montguyon et de Chouppes, qui pouvoient estre environ mil arquebusiers à cheval, et cent ou six-vingts hommes de cheval; j'avois près de trois cens gentilshommes catholiques, qui prirent les armes avec moy.

Il est à remarquer qu'estant revenu du siége de Miremont, le Roy arriva à Lyon en mesme temps[2];

1. Lusignan (Vienne), à 24 kil. de Poitiers.

2. On trouve dans les *Archives historiques de la Saintonge et de l'Aunis*, t. IV, p. 301 (1877), la lettre que le vicomte écrivit au roi un peu plus tard. Il l'informait que, suivant son ordre, il avait rappelé sa compagnie pour se rendre à Brive sous le commandement de M. de Montpensier. Puis il ajoutait : « Encore, Sire, que le sieur de la Barge m'aye dict que aulcuns vous avoient rapporté que j'avoys prins les armes contre vostre service, chose à quoy je n'ay jamais pensé; et ne m'a jamais, ledict La Barge, voullu nommer qui est. Mais, s'il vous plaist me tant honorer me dire tels accusateurs, avecques vostre per-

j'envoyai vers luy pour luy rendre les devoirs que comme son sujet je luy devois, luy tesmoignant estre marry des mauvaises impressions que le feu Roy son frère avoit prises de moy, ne désirant que d'estre maintenu en ses bonnes graces, et luy rendre les services que je luy devois. On fit fort peu de cas de ma recherche, et me fit-on cognoistre que je n'avois à espérer aucun avancement; ainsi en fit-on au général de ceux de la Religion, qui tous firent sentir qu'ils ne désiroient autre chose que la seureté et liberté de leur conscience, biens et personnes.

Le Roy, qui avoit esté conseillé de l'empereur, passant à Vienne, du sénat de Venise et de Monsr de Savoye, de donner la paix à ses sujets, s'en venoit avec cette intention; mais la Reine sa mère, le mareschal de Bellegarde et quelques autres la luy firent changer à son grand malheur et de tout son royaume, sur lequel il pouvoit régner heureux, où il a eu tousjours, jusques à la mort, des partis qui rendoient son authorité contestée, son peuple ruiné, la justice et les loix sans obéissance. Il s'en vint à Avignon, où il commença à préparer des forces, et attaqua Livron[1]; pour moy, je fus appellé par ceux de Montauban, qui estoient fort pressés. Le sieur de Joyeuse, commandant en Languedoc[2], et le sieur de Cornusson à Tho-

mission et l'ayde de Dieu, j'espéreroys me justifier si clèrement, que la justice de ma bonne cause rendroit Vostre Majesté et moy chascun contant et satisfait. » La lettre est datée de Turenne, du 12 février 1575.

1. Livron, près du confluent de la Drôme et du Rhône, que Henri III assiégea sans succès avec une forte armée.

2. Guillaume, vicomte de Joyeuse, lieutenant-général pour le roi au gouvernement de Languedoc, maréchal de France.

lose[1], le sieur de Clermont de Lodève[2] en Quercy et le sieur de La Vallette, père de Monsr d'Espernon, en Gascogne, luy avoient pris tous les forts aux environs, où ils avoient mis des garnisons pour les empescher de ne cueillir ny bleds ny vins : les villes du Mas-de-Verdun[3], Buset[4] et Lauserte[5], tenues par ceux de la Religion dans les trois provinces où commandoient ces trois messieurs dessus nommés, estoient en telle extrémité qu'elles n'avoient des vivres que du jour à la journée; les garnisons si petites, qu'elles ne pouvoient suffire aux gardes ordinaires, moins pouvoient-elles lever leurs contributions, sur lesquelles elles prenoient leur entretenement; ils me prient d'y aller, m'ayant, en une assemblée qu'ils avoient tenue, destiné pour commander en Guyenne sous Monsr le maréchal d'Amville.

Le premier rendez-vous fut près de Turenne[6], en un lieu appellé les Bruyères-de-Nazaret; de là, nous allasmes à Bergerac, où commandoit le sieur Langoiran, puisné de la maison de Montferrant, laquelle est maintenant esteinte, lequel me receut bien; mais néantmoins, trouvant ennuyeux pour luy de me recognoistre, je passay la rivière de Dordongne, celle du

1. François de la Vallette, seigneur de Cornusson, sénéchal de Toulouse, gentilhomme de la chambre du roi.

2. Clermont-de-l'Hérault, arr. de Lodève, à 15 kil. de cette ville, ancienne baronnie. Gui de Castelnau en était seigneur.

3. Le Mas-Grenier (Tarn-et-Garonne), arr. de Castelsarrasin.

4. Buzet, dans le Bazadois (Lot-et-Garonne), à 16 kil. de Nérac.

5. Lauzerte (Tarn-et-Garonne), arr. de Moissac.

6. Rappelons que Turenne (Corrèze), arr. de Brive, est à 15 kil. de cette ville.

Drot[1], et à Clerat[2] celle du Lot. Tous les lieutenans du
Roy faisoient ce qu'ils pouvoient pour se faire forts
et me combàttre, qui estoit mon plus grand désir,
ayant près de six cens chevaux et deux mil hommes
de pied, bons et bien commandés. Ils me laissent faire
mon chemin sans empeschement; je prends mon logis
à deux lieues de Montauban, au village de Piqueros[3],
où il y a un bon chasteau qui appartient à ceux de
Montpezart[4], d'où ceux de Montauban recevoient beaucoup de dommage; j'estimois qu'ils me donneroient
de quoy l'assiéger, mais ils estoient despourveus de
tout; leur artillerie consistoit en deux canons, l'un
pesant près de sept milliers, le calibre si grand qu'il
falloit des moules exprès pour y fondre des balles,
l'autre estoit un sautereau qui ne pesoit guère plus de .
quatre milliers, qui n'avoit que sept pieds de longueur,
de façon que le premier ne se pouvoit mener qu'avec
un grand nombre de bœufs, l'autre ne pouvoit demeurer sur son affust, mesmement en le tirant, à cause
de sa légèreté, ny demeurer, ainsi qu'il le faut, dans
les ambrazures, à cause qu'il estoit fort court, et pour
l'un et pour l'autre, on ne pouvoit faire de plate-forme
suffisante à son recul. Il y avoit une ou deux bastardes; mais le chasteau fut jugé n'estre forçable avec
cela. Je délogeay, et avec ces pièces je pris quatre ou

1. Petite rivière, non navigable, qui prend sa source dans le
Périgord et se jette dans la Garonne au-dessus de la Réole.

2. Clairac (Lot-et-Garonne), arr. de Nérac.

3. Piqueros (Tarn-et-Garonne), à 11 kil. de Montauban.

4. Ce château avait été fortifié par Jacques de Lettes, seigneur des Prez, évêque de Montauban, fils du maréchal de
Montpezat. (Voir *Histoire du Querci*, par Cathala-Coture.)

cinq forts, et après je m'en allay à Montauban, où je
fus receu avec un grand applaudissement du peuple,
ainsi que c'est la coustume d'aymer ceux qui les
délivrent d'oppressions; néantmoins, la confiance n'y
estoit pas entière, à cause que j'avois plusieurs
catholiques, et moy-mesme qui l'estois, faisant dire la
messe dans ma chambre, de quoy plusieurs s'offen-
soient : ceux de la Religion, de voir cela introduit à
Montauban[1], estimans que l'ayant chassée qu'elle n'y
rentreroit point; les catholiques, de ce qu'ils avoient
si peu d'exercice et en cachette, quoy que par les
articles de l'union il estoit accordé aux troupes, à la
campagne et dans les garnisons. Il y avoit Monsr de
Terride[2] qui m'obéissoit un peu à regret; de façon
qu'il me falloit mesnager entre toutes ces difficultés
et essayer qu'elles ne m'empeschassent à bien faire
la guerre et acquérir la réputation et créance; par
curiosité quelquesfois, j'allay au presche, où divers
catholiques me suivoient.

Je ne séjournay pas à Montauban trois jours que je
ne misse dehors l'artillerie, la moisson pressant, pour
les eslargir de toutes les petites garnisons; où je fus
accompagné d'heur, d'autant que nous n'avions pas
pour tirer cent cinquante coups de canon; néantmoins,
je pris à cette sortie huict ou dix forts assez bons, et
où il se trouvoit bon nombre d'hommes dedans, mais
ils estoient assaillis vertement, de sorte qu'aussitost
que quelque trou estoit fait, ou quelques guérites
abatues, on y donnoit; de sorte que nous prismes

1. Le vicomte de Turenne dut entrer à Montauban le 1er mai
1575.
2. Antoine de Lomagne, vicomte de Terride.

réputation, qui sert grandement à la guerre; et au
contraire les capitaines la perdirent en nous laissant
exécuter ce que nous entreprenions. Nous nous ser-
vions de la diligence, qui est une partie fort requise à
l'homme de guerre pour exploiter beaucoup de
grandes choses et pour se garder de plusieurs dangers. Je prenois le temps de mes sorties avec considération de sçavoir si les lieutenans du Roy, qui ne
s'accordoient guères bien, estoient ensemble, de choisir les lieux que je voulois attaquer, qu'ils fussent en
assiette favorable pour prendre un bon logis, les
ennemis les voulans secourir, de les investir, ayans
quelques avis que leurs garnisons fussent foibles : il
arrivoit que la garnison avoit esté battue, et, me servant de l'occasion, je les investissois. Je faisois ce que
je pouvois, avec l'avis des capitaines qui estoient avec
moy, de vaincre nos nécessités par art et par la diligence. J'avois grand'peine à maintenir mes hommes,
qui, volontaires et sans payement, ne se pouvoient
garder avec rigueur.

Je pris nombre de ces petites garnisons en six
semaines de temps; mais le plus pesant de la besongne
estoit de conserver les trois places susdictes, qui
avoient faute de tout, et moy nuls magazins pour les
envitailler. Il me falloit lever, tantost cent sacs de
bled, de maison en maison, sur les plus volontaires
de Montauban; tantost je jettois partie de cela dans
la ville, qui estoit au dernier morceau, par quelques
soldats qui se déroboient la nuit des gardes et des
forts des ennemis et entroient dans la place; tantost,
mais rarement, je les faisois conduire par une légère
escorte, estant cela fort hazardeux que nos hommes

ne soient battus, d'autant qu'ils y alloient, sçachans que s'ils estoient rencontrés, ils le seroient par plus fort qu'eux, ce qui les rendoit (comme en semblables occasions il avient) peureux et capables d'estre battus par beaucoup moindre nombre d'hommes qu'ils n'estoient. Bien souvent j'y allois. Les sieurs de Cornusson et de Joyeuse s'assemblèrent sur l'advis qu'ils eurent que j'avois assemblé toutes mes troupes, et m'en estois allé à Villemur[1], pour mener un envitaillement à Buset[2] et prendre deux tours qui estoient à cinq cents pas dudict Villemur.

Lesdicts sieurs se logèrent en un village qui s'appelle Bessins[3], et quelques autres lieux au delà de la rivière du Tare[4]. Le lendemain, je pars avec deux cens arquebusiers à cheval et six vingt chevaux, ayant ordonné le sieur de Moulins, cadet de la maison de Komes[5], avec autre quarante chevaux et soixante arquebusiers à cheval, de se mettre à ma teste, et à son dos les chevaux et charrettes qui portoient les munitions pour Buset. Comme je fus à une lieue de Villemur, laissant les quartiers de l'armée presque derrière, croyant que rien ne pouvoit aller à cette escorte qu'il ne vinst plustost à moy, je fis alte, et ledict de Moulins suivit son chemin. Après que j'eus fait ferme environ une heure, je fis retourner mon infanterie; et tost après je commençay à m'en retourner. L'espérance perdue

---

1. Villemur-sur-Tarn (Haute-Garonne), à 32 kil. de Toulouse.
— D'Aubigné place un peu plus tard l'affaire de Villemur.
2. Buzet-sur-Tarn, à 25 kil. de Toulouse.
3. Bessens (Tarn-et-Garonne), cant. de Grisolles.
4. Tarn. Turenne écrit, comme on prononce : *Tare*.
5. Ou plutôt de Coesme.

de voir les ennemis, on commence à laisser les brassars, quelques-uns à s'avancer pour éviter le chaud, et de marcher en mauvais ordre; tout soudain j'entends crier à ma queue « Armes! » Je tourne avec ce qui se trouva près de moy, qui estoit environ soixante chevaux; La Grange et le sieur de But furent les premiers que je vis pleins de sang, ayans chacun trois coups d'épée, me dire : « Monsieur de Moulins et les munitions sont perdues, si vous ne les secourez. »

Je n'avois qu'un courtaut les pieds assez pesans; je n'eus pas fait cent pas au trot que les ennemis, meslés avec les nostres, qui nous les menoient sans leur sceu et sans la volonté des nostres; eux nous voyans ils font ferme, je fit sonner la charge, eux tournans : au mesme temps les deux resnes de mon cheval se rompent. Monsr de Choupes[1], qui depuis fut lieutenant de ma compagnie, commence à donner sur la machoire de mon cheval, que je laissois aller pour l'envie que j'avois de me mesler avec cette troupe, qui estoit de cinquante chevaux choisis, commandés par le sieur Saint-Martin-Colombières, lieutenant du sieur de Joyeuse, qui luy avoit baillé son fils[2], estant la première fois qu'il s'estoit trouvé les armes à la main : c'estoit celui-là qui depuis fut tant favorisé du feu Roy; ma troupe, voyant mon cheval tourner et s'arrester par les coups du sieur de Choupes, s'ar-

1. Pierre de Chouppes, gentilhomme poitevin, l'un des plus braves capitaines du temps. Il était à ce moment lieutenant des troupes de La Noue.

2. Anne, fils du vicomte de Joyeuse, seigneur d'Arques, plus tard duc de Joyeuse, grand favori de Henri III.

reste, et n'y eut que le sieur de Koiré, monté sur un cheval d'Espagne, ne prenant garde que nous nous arrestions ayant les ennemis à trente pas de nous, sort du chemin, et saute le fossé qui fermoit le chemin à nostre main droite, et s'avance pour gagner la teste des ennemis, estimant que c'estoit moy; estant plus avancé qu'eux, il ressaute le fossé et commence à leur demander ou estoit Monsr de Turenne : eux, à ce mot, commençans à lui donner sans s'arrester, il vint tomber sur la croupe du dernier cheval des ennemis que nous pressions, ayans raccommodé ma bride, avec sept ou huict coups d'espée à son cheval et deux ou trois sur luy, mais un entr'autres qui luy coupoit autant du corps en sa rondeur, au deffaut de sa cuirasse, comme il y en avoit à couper; les boyaux tous dehors luy furent remis, et il fut mené à Villemur, et guéry depuis du plus grand coup qui se soit veu.

Les ennemis, trouvans la rivière guayable et un logis de leur infanterie sur le bord, qui nous fit faire ferme, ayans pour nos peines eu cinq ou six des leurs tués ou pris, retournent au logis. Je préparay mon fait toute la nuit pour battre le lendemain ces tours, pouvans loger nostre artillerie sur le bord de l'eau de nostre côté et battre lesdictes tours, qui estoient sur l'autre bord, du costé où estoient les ennemis logés à une lieue et demie. Je fis mes approches la nuit, et logeay mon artillerie, qui estoit trois canons et deux bastardes; la rivière du Tare estoit guayable entre la ville et les tours; j'avois trois pontons pour passer mon infanterie, qui estoit d'environ quinze cens hommes; j'en passay environ mille sous la conduite

d'un gentilhomme nommé La Grange, de Poitou, qui
fut fort négligent à travailler pour rehausser quelques
fossés, qu'il pouvoit rendre inaccessibles à la cavalerie,
et faciles à garder contre l'infanterie, estimant de pouvoir maintenir mon siége, encore que les ennemis me
vinssent sur les bras avant que d'avoir forcé ces
tours. Dès la pointe du jour, j'envoye deux troupes
de cavalerie pour me tenir averty du mouvement que
feroient les ennemis; je disposay mon ordre à mon
artillerie, et logeay ce qui estoit du mesme costé le
long du bord de l'eau, et fis faire une bonne barricade
sur le quay[1]. De bon matin, je passay de delà, où je
vis la négligence du sieur de La Garenne, qui n'avoit
pas donné un coup de pesle; en mesme temps le sieur
de Verlac revint, qui avoit mené une des troupes pour
prendre langue, et me monstre la poussière des ennemis, qui marchoient à nous; soudain, avec l'avis de
Monsr de Frontrailles[2] et autres, je fais retirer
La Garenne d'une teste avancée, qu'il eust peu garder
s'il eust fait ce qu'il devoit (remarquez les inconvéniens de la paresse), et le fis loger à la teste des premiers fossés qui limitoient le bord de la rivière, et
retiray tous les hommes du costé de la tour qui regardoit la ville.

Dès le matin le canon tira; les bleds estoient hauts,

1. D'Aubigné raconte l'entreprise de La Garenne un peu différemment. (*Histoire universelle*, t. IV, p. 340.) Puis le vicomte
de Turenne assiégea Réalville le 23 mai, qu'il prit au bout de
quatre jours, y laissant le capitaine Valade comme gouverneur.
Grâce à la vaillance de Chouppes, il enleva aussi Mauzac, près
de Montauban.

2. Michel d'Astarac, baron de Frontrailles.

qui donnèrent moyen aux ennemis d'avancer leur infanterie, de façon que je ne fus repassé l'eau qu'ils commencent à attaquer nostre infanterie ; s'ils avoient esté mal soigneux à travailler, ils furent aussi peu courageux à se deffendre. Après une petite salve d'arquebusades, ils se mettent à fuir droit à la rivière, les ennemis à les presser, de façon que plusieurs ne se servirent des ponts ny du guay, mais se noyoient. Cet effroy prit de nostre costé, y ayant beaucoup de péril sur nostre bord, la rivière estant petite et un chemin ras qui la bordoit ; de façon que je vis l'heure que les ennemis, poussans leur bonne fortune, eussent passé en hazard d'entrer dans la ville. A ce péril il fallut oublier le mien : avec vingt ou vingt-cinq gentilshommes, je me tins sur le quay, ralliant et asseurant ce que je pouvois. Monsr de Choupes, des plus braves gentilshommes que j'ay veu, relayé de nostre arquebuserie, fait recommencer tirer nostre canon, qui cessa le temps de deux volées : les ennemis s'arrestent, estimant avoir assez fait bruslans les tours, et se retirent, et moy aussi après avoir mis des vivres dans Buset, où tost après les ennemis brassèrent une entreprise par le moyen d'un sergent qui fut pris et mené à Thoulouse, où ils le vouloient faire pendre s'il ne leur promettoit de leur donner moyen d'entreprendre sur Buset. A quoy ce sergent consentit, et promit au sieur Duranti[1], lors advocat du Roy, de lui faire sçavoir le moyen qu'il y verroit. Sur cette espérance, ils le laissèrent aller ; revenu au Buset, il aver-

1. Jean-Étienne Duranti, célèbre magistrat toulousain, premier président en 1587, massacré dans une émeute en 1589.

tit le capitaine Pasquet, qui commandoit dans la ville, de la promesse qu'il avoit faite pour sauver sa vie. Pasquet m'en avertit; je luy mande de faire que ce sergent entretinst les ennemis, et qu'il luy adjoignist quelque soldat bien asseuré et fidèle, qu'il diroit avoir desjà pratiqué, mais, s'il luy estoit possible, qu'il luy en falloit gagner jusques à trois pour se rendre maistre d'un corps de garde; les ennemis entrent en espérance de cette exécution, et demeurans en méfiance de celuy qui la bastissoit, après plusieurs pourparlers, ce sergent les asseure avoir gagné trois soldats et luy; qu'eux quatre pouvoient se saisir d'un corps de garde, qui estoit dans une tour, et leur donner moyen de planter deux échelles.

Cela plut aux ennemis; mais, doutans, ils requirent du sergent de faire voir cela de jour à deux hommes qu'ils lui envoyeroient; le sergent le trouve bon, et convinrent que les deux soldats des ennemis viendroient habillés en paysans, feignans de porter du lieu d'où estoit le sergent quelques vivres pour lui : ainsi arresté ainsi exécuté. Le gouverneur estoit averty de tout ceci; le jour de l'exécution fut pris, et devoit ledict sergent, le soir dont la nuit l'exécution se devoit faire, faire voir à deux soldats des ennemis l'estat de la ville, et un des deux demeurer dedans, et l'autre sortir quand on fermeroit la porte avec le sergent, qui feindroit d'aller faire quelque partie, et sur une heure ledict sergent avec le soldat devoient aller trouver le sieur de Cornusson, qui devoit estre dans une église rompue, n'y ayant que les quatre murailles avec trois cens hommes, pour de là venir planter les eschelles au lieu où les trois hommes des nostres et celuy des ennemis, qui estoit demeuré avec eux, estoient en garde, et où le sergent et celuy qui estoit avec lui les avoient veus ordonnés. Les ennemis recherchoient ces seuretés d'avoir un homme dedans la ville et un dehors qui leur fussent asseurés; davantage, ils vouloient avoir celuy qui faisoit l'entreprise en leur puissance; néantmoins, sans ce qu'il avint, ils estoient tous perdus. Nous avions fait faire sous cette église une mine et une traisnée avec des petits canaux de bois bien joints, qui, mis sous terre, venoient répondre sur le chemin par où le sergent devoit passer en se venant rendre à eux, et y devoit mettre le feu. Le jour pris, il arrive que le capitaine Pasquet, allant à la guerre, fut pris et mené à Thoulouse, où il fut condamné; pensant sauver sa vie, il leur déclare nostre dessein, qui ne le sauva; mais il nous fit perdre cette occasion : qui vous doit avertir d'estre toujours douteux aux entreprises où il y aura des intelligences, estant fort difficile d'y trouver de quoy s'asseurer entièrement qu'en ne se commettant à ceux de qui vous vous pensez servir pour tromper les autres[1].

Je continuay à faire la guerre dans le pays de Quercy jusques à ce que je tombay malade, sur la fin de l'esté, d'une fièvre continue qui me dura bien seize jours; je fus en grand danger, que je recognoissois bien, et estois attiré à penser sérieusement à mon ame et à l'autre vie, en quoy je ne trouvois que douter, n'ayant le mérite de la mort de Jésus-Christ pour fon-

1. Voir, pour toutes ces petites opérations et les événements locaux qui s'y rapportent, l'*Histoire du Querci*, par Cathala-Coture, avec des pièces justificatives assez complètes, 3 vol. in-8°, 1785.

dement de mon salut; mes peschés et mes transgressions paroissoient devant moy, mes œuvres sans mérite, quoy qu'on m'eust dit qu'il y en avoit qui aidoient à sauver; de sorte que ma condition estoit fort misérable, et la perturbation de mon ame qui augmentoit celle du corps; Dieu eut pitié de moy, en faisant servir cette maladie pour me le faire cognoistre.

La fièvre commença à me laisser, et tost après je fus bien guéry, ainsi que mon naturel y a toujours esté porté, d'avoir esté bien tost abbatu et bien tost remis. Durant ma maladie, mes gens de guerre se trouvans sans estre employés, et les villes eslargies, se laissèrent desfournir de leur entretenement, de façon que les troupes de Poitou s'en allèrent, partie des gentilshommes catholiques se retirèrent aussi en Auvergne, d'où ils estoient pour la pluspart, qui est à remarquer qu'audict Auvergne, au bas pays, ceux de la Religion n'y tenoient rien. Les ordonnances du Roy portoient confiscation de tous les biens de ceux de la Religion, et de ceux qui avoient les armes en la main pour eux; et néantmoins, ce pays-là m'estoit si affectionné, et a tousjours tant aymé nostre maison, qu'ils ne touchoient aux biens d'aucun, et laissoient la liberté d'y aller et demeurer sans empeschement; aussi n'ay-je jamais voulu qu'on y fist courses ny autres prises. Me trouvant foible pour tenir la campagne, et se trouvant beaucoup de désobéissance aux commandemens et ordonnances que je faisois dans l'étendue du gouvernement, quoy que je ne les fisse que par l'avis d'un conseil qui m'avoit esté donné par toutes les provinces de personnes choisies, lesquelles

signoient les résultats avec moy et le greffier de ce
conseil les ordonnances et mandemens en matière
de finances; néantmoins, il s'en exécutoit fort peu : les
gouverneurs, les capitaines et les consuls des villes
tiroient à eux tout ce qu'ils pouvoient; de sorte que
tous les deniers qui provenoient de trois natures principales de contributions, des biens ecclésiastiques et
des catholiques, et du dixiesme des rançons, tout cela
se dépensoit en chaque lieu, sans qu'on en portast
que fort peu au trésorier général; je fus donc conseillé de faire un tour par le gouvernement pour m'y
faire recognoistre, avec ce, que ceux de Clérac[1] se
trouvans pressés, me prièrent d'aller à eux pour les
eslargir. Je fis un tour jusques à Turenne, voir ma
sœur, qui y séjourna jusques à la paix; je m'en revins
à Montauban, d'où je partis avec près de deux cens
chevaux et deux cens hommes de pied; je m'en vins
à Lauserte[2], où je conduisois deux moyennes pièces
que j'avois fait fondre des mitrailles qu'on avoit
trouvées dans les forts que j'avois pris, lesquels j'estois fort soigneux de faire serrer.

Le sieur de Vesins[3], sénéchal de Quercy, ayant avis
de mon partement, assembla près de quatre cens
chevaux et plus de douze cens arquebusiers, délibéré
de me combattre faisant mon chemin. J'eus avertis-

1. Clairac (Lot-et-Garonne), à 24 kil. de Marmande.
2. Lauzerte (Tarn-et-Garonne), arr. de Moissac.
3. Jean de Levezou de Vézins, seigneur du Rodier-Charry,
capitaine de cent hommes d'armes sous le marquis de Villars,
sénéchal du Quercy depuis 1576, l'un des plus intrépides soldats
du temps, surnommé « le brave Vesins, » tué en 1580, lors
de la prise de Cahors par les protestants sous le commandement du roi de Navarre.

sement par mes espions que ledict de Vesins venoit à
moy; mes coureurs, auxquels j'avois commandé de
jetter devant eux cinq ou six chevaux, me donnoient
avis qu'il paroissoit à l'aisle d'un bois esloigné de mon
chemin d'un bon quart de lieue; je commençay à
prendre mon ordre, qui fut de faire cinq petits bataillons de mon infanterie, de cent cinquante hommes
chacun, faisant le front large afin de faire moins de
rangs, d'autant que c'estoit tout arquebuserie; et fis
quatre escadrons, trois de quarante chevaux chacun,
et le mien de plus de soixante; je mis les deux pièces
à la teste. Pendant que je faisois cela, un prestre qui
me servoit d'aumosnier met un mouchoir au bout
d'une grande perche et rallie tous les valets et leur
fait faire une haye estant en bon ordre; nous nous
prismes tous à rire, n'estimans pas que cela eust deu
servir comme il fit. Nous commençasmes à marcher
en bon ordre; Monsr de Renyés[1], qui menoit mes coureurs, dit que ce qu'ils avoient veu estoit des ennemis qui
paroissoient estre bien forts, mais qu'ils avoient changé
de place et s'estoient retirez. Nous continuons nostre
chemin sans allarme, s'estans lesdicts ennemis sépa-
rez, nous jugeans trop forts, et cela par cette dernière
troupe, dont Monsr l'Aumosnier estoit le capitaine.
Après avoir pourveu Lauserte, j'y commis Monsr de
Beaupré avec une bonne garnison; je m'en allay à Clérac, trouvant estrange comment cette place s'estoit
conservée au siége que deux ans auparavant elle avoit
soustenu de toutes les forces de la Guyenne, où com-

1. Ce gentilhomme, nommé aussi Regnier, avait été sauvé
de la mort par Vézins à la Saint-Barthélemy; il commandait,
pour les protestants, la petite place de Villemur.

mandoient Messieurs de Montluc, de La Valette et de
Losse[1] ; n'y ayant de fossé qu'à cloche-pied, on pouvoit
descendre et monter, point de rempart ny moyen d'y
en faire, des murailles de briques, si mauvaises
qu'avec moins de quatre cens coups de canon on en
rasa plus de six-vingt pas, un grand fauxbourg où les
assiégeans s'estoient logés d'abord, et leur artillerie,
sans avoir besoin de faire aucunes approches ny
tranchées ; ils avoient quelques forts qui les empeschoient, je les pris ; de là je partis pour aller à Casteljaloux[2] (Nérac ne faisant la guerre) ; le jeune Duras,
nommé Rosan[3], commandoit audict Casteljaloux ; sçachant que j'y allois, il en part ; mes mareschaux de
logis y estans allés, on leur refuse la porte, disans ne
la pouvoir ouvrir à personne sans commandement
du gouverneur. Cette response faite, je vais prendre
mon logis à la maison du sieur de Malverade, et manday à ceux de Casteljaloux d'avertir ledict Rosan de
mon séjour audict Malverade, pour sçavoir s'il ne vouloit pas me recognoistre et recevoir dans ledict Casteljaloux, l'asseurant que je n'y changerois rien,
comme aussi n'en avois-je aucune intention. Après
deux jours de séjour, j'eus un refus ; je vins à Caumont[4] et de là à Bergerac[5], puis à Turenne, où tost
après j'eus des nouvelles de Monsieur, qui continuoit
à chercher l'occasion de sortir de la Cour. Monsr de

<hr>

1. Jean de Losses, seigneur de Beaulieu en Périgord.
2. Casteljaloux, dans le Bazadois (Lot-et-Garonne).
3. Jean de Durfort, sieur de Rozan, ou Rauzan, vicomte de
Duras, capitaine catholique.
4. Caumont, cant. du Mas-d'Agenais (Lot-et-Garonne), à
8 kil. de Marmande.
5. Bergerac, ch.-l. d'arr. de la Dordogne.

La Noue et moy nous tenions en bonne intelligence, ayans le mesme avis de l'intention de Monsieur; nous avisasmes de nous mettre ensemble, et nous donnasmes rendez-vous près de Riberac, afin d'estre un bon corps pour aller joindre Monsieur[1].

Le rendez-vous donné, nous n'y manquasmes et fismes plus de six cents bons chevaux et trois mille arquebusiers; nous nous tinsmes ensemble quelques jours pour avoir nouvelles de la sortie de Monsieur. Nous sceusmes qu'il avoit esté découvert, le sieur de Bussy d'Amboise fugitif; afin de donner quelque couleur à nostre conjonction, nous vinsmes attaquer une petite place où il y avoit quatre ou cinq maisons de gentilshommes et la ville fermée, où il y avoit assez bon nombre d'hommes; nonobstant nous emportasmes la ville d'emblée et deux chasteaux, et deux autres se rendirent. Le sieur Langoiran[2] se mescontenta, désirant piller ces maisons et rançonner les gentilshommes, à quoy je ne voulus consentir; il tint quelques propos qui sembloient m'offenser; je les lui fis expliquer, de façon qu'il a tousjours demeuré jusques à sa mort qu'il ne m'aymoit guères; aussi ne cherchois-je pas son amitié, pour un des plus cruels et irréligieux hommes de son temps. Ayans pris ces places, nous nous séparasmes, Monsr de La Noue et moy, et m'en retournay à Turenne, d'où je repartis bientost pour m'en aller à Montauban.

La nourriture que j'avois prise en la Religion romaine, ces exercices et cérémonies publiques, la

1. Le duc d'Alençon ne parvint à s'échapper de la cour que le 18 septembre 1575.
2. Montferrand, baron de Langoiran.

haine qu'on portoit à ceux de la Religion, l'éloignement à tous honneurs et dignités de la Cour se présentèrent devant moy, qui taschois à satisfaire mon ame en luy faisant trouver du repos, en se promettant de pouvoir faire son salut sans quitter la messe et sans faire ouverte profession de la Religion. Ainsi que j'estois sur ces contestations, Monsieur sort de la cour, et soudain dépesche le sieur de Chastelus[1] pour m'en avertir, me priant et conjurant de l'aller trouver, me promettant une continuation et augmentation de son amitié, en m'exhortant de ne me point faire de la Religion, en me déclarant qu'il ne me pourroit aymer ny se servir de moy ainsi qu'il le désiroit. Sa sortie me fut une grande joye et espérance de croistre ma condition; mais ces protestations sur le fait de la Religion m'estoient un grand combat; je redepeschay le sieur de Chastelus avec les témoignages de ma joye de le savoir hors de péril et les armes en la main; que je serois bien tost à luy avec un bon nombre de serviteurs; que, pour ma Religion, cela ne dépendoit de moy, mais de Dieu; que je n'avois dessein de contenter personne au monde tant que luy. J'eus en moins de quinze jours trois ou quatre dépesches de luy, me conjurant de ne faire protestation que je l'eusse veu : ce que je taschois de faire.

Je séjournay à Montauban fort peu de temps, ayant desjà fait diverses dépesches partout pour convier un chacun à faire le voyage pour aller trouver Monsieur, qui attendoit l'armée que Monsr le prince de Condé et mes oncles de Méru et de Thoré avoient négociée

---

1. Philippe de Chastelus, vicomte d'Avalon.

près Monsr l'électeur Frédéric, grand-père de celuy qui est maintenant aussi appelé Frédéric, laquelle estoit de sept à huict mille chevaux allemans, quatre mille Suisses et cinq cens lansquenets; le duc Jean-Casimir[1], son fils, envoyé pour la commander, ne pouvant estre si tost prest, mon oncle de Thoré voulut s'avancer d'un mois avec douze cens chevaux reistres, quelques arbusiers à cheval et près de trois cens chevaux françois; il fut combattu et défait près de Dormans[2], sur la rivière de Marne, par feu Monsr de Guyse[3], où il eut le grand coup d'escoupette au visage; Monsr de Thoré se sauva et alla trouver Monsieur avec peu de gens et moins de réputation, auprès duquel il trouva le sieur de Bussy d'Amboise[4], qui l'empescha de prendre le crédit et authorité qu'il s'estoit promis.

Je donne mon rendez-vous à Bergerac, partant de Turenne pour m'y en venir plustost de quelques jours que je n'eusse fait, ayant esté appelé par ceux de la

1. Jean-Casimir, quatrième fils de Frédéric III, duc de Bavière. Il avait été élevé en France, à la cour de Henri II. Il amena plusieurs fois des troupes allemandes en France au secours des huguenots et mourut, en 1592, à cinquante-six ans.

2. La bataille de Dormans est du 10 octobre 1575. L'armée allemande, commandée par Thoré, était entrée en France sans attendre Casimir de Bavière.

3. Henri de Guise, à la suite de cette victoire, reçut le surnom de Balafré.

4. C'était « le brave Bussy, » dont a tant parlé Brantôme; il était grand favori de Monsieur. Nous avons dit qu'il s'appelait Louis de Clermont. Il sera parlé plus loin de son frère Georges, baron de Bussy.

ville, qui avoient chassé le sieur de Langoiran[1] pour les rigueurs et cruautés qu'il y exerçoit, lequel avoit pris Périgueux quelques mois auparavant : offensé desdicts de Bergerac, il les tourmentoit; je m'y en allay, où je fis cesser la voye de fait, et remettre les faits des uns et des autres devant Monsieur. De tous costés, nos troupes s'amassoient de catholiques romains et de la Religion; il vint des pluyes si grandes qu'elles me retardèrent, près de trois semaines, à partir plus tard que je n'eusse fait, durant lesquelles je pourveus aux places et à l'ordre des finances, afin que durant mon absence rien ne se changeast, soit par les ennemis, soit par les brouilleries qui sont ordinaires entre personnes volontaires.

Je pars de Bergerac avec deux cens gentilshommes, n'y ayant cornette que la mienne, sous laquelle tout cela marchoit, ayant chacun fait faire une casaque de velours noir et une petite manche en broderie d'incarnat blanc et noir. Le retardement que je fis fut cause que je ne pus joindre Monsieur jusqu'à Moulins; ceux de Limosin, la Marche, Auvergne et Bourbonnois m'attendoient, lesquels je joignis près de Croc[2], où je mis mes troupes, qui estoient de quatre cens gentilshommes et trois mille hommes de pied, desquels je donnay le commandement au vicomte de Lavedan et fis arborer une enseigne blanche. J'avois en ce nombre de gentilshommes trois de la maison de Saint-Geniez, le

1. Langoiran, piqué de ce qu'on lui enlevait le gouvernement de Périgueux, quitta le parti protestant en 1577.

2. Crocq, très ancienne petite ville d'Auvergne (Creuse), à 18 kil. d'Aubusson, fief de la vicomté de Turenne.

vicomte de Gourdon[1], de Cabraires[2], baron de Beynac[3], de Salignac[4], le cadet de la maison de Limeuil, le
sieur de Bonneval[5], de Beaupré[6], de Montguyon, qui
tous marchoient, ainsi que j'ai dit, sous ma cornette;
et est à remarquer que tout cela se fit par la bienveil-
lance qu'on me portoit, la bonne opinion qu'ils avoient
de mon mérite, et que je ferois fortune près de Monsieur; ce que je jugeois bien au contraire, à cause
que m'étois fait de la Religion. Ayant sceu que j'avois
créé un colonel et arboré une enseigne blanche, il
envoya me prier de ne le faire point, d'autant qu'il
avoit donné la charge de toute son infanterie françoise au sieur de Bussy, qui ne pourroit souffrir de
voir un autre colonel et deux drapeaux blancs; que
ce seroit apporter une grande division. Je luy remons-
tray qu'il y avoit un ordre parmy le party où nous
estions; que les charges générales ne s'y donnoient
que par les avis des assemblées politiques des églises;
que les troupes que je menois partoient d'un des
premiers gouvernemens de France, qui auroit du

1. Gourdon était capitaine de cinquante hommes d'armes et
commandait à Cahors pour le roi de Navarre.

2. Jean de Gontaut, seigneur de Cabrères, chevalier de
l'ordre.

3. Jean de Gontaut, baron de Salignac, sans doute le même
que nous retrouverons plus loin.

4. François de Bonneval, seigneur de Blanchefort, plus tard
gentilhomme de la chambre du roi de Navarre.

5. Bernard de Montaut, baron de Bénac, gentilhomme périgourdin, sénéchal de Bigorre, parent de Turenne, qui eut,
en 1609, une aventure dont parle Marguerite de Valois. (Voir
Mémoires et Lettres, publiés par M. Guessard pour la Société
de l'histoire de France, in-8°, 1842, p. 444 et 445.)

6. Chrétien de Choiseul, baron de Beaupré, mort en 1593.

mescontentement de Monsieur et de moy s'il rompoit nos réglemens sans leur consentement; que je perdrois la meilleure part de cette infanterie par la honte qu'on feroit au sieur de Lavedan[1], qui y avoit du crédit, en luy ostant le commandement; que j'avois tousjours aymé et honoré Mons' de Bussy comme mon frère, l'ayant assisté en diverses querelles qu'il avoit eues; que je croyois que, par ces raisons générales, il se départiroit de demander choses qui fussent au préjudice de Monsieur, qui avoit besoin de prendre créance parmy ceux de la Religion, en leur faisant cognoistre qu'il ne vouloit pas préférer les catholiques à eux : ce qu'ils croiroient d'autant plus que ce seroit aux troupes que je luy meine auxquelles on auroit fait cela; un chacun estimant et croyant qu'il me faisoit cet honneur de m'aymer, conclueroient que ce seroit à cause de la Religion.

Je marchay droit à Moulins et trouvé le duc Casimir logé à Bonegon[2], où je le saluay; il fut bien aise de me voir, et se conjouit de la grace que Dieu m'avoit faite de m'appeler à sa cognoissance; il avoit de la méfiance de Monsieur, qui commençoit desjà de traiter avec le Roy et la Reyne pour se réconcilier, et voyoit-on que la Cour estoit bien plus plaisante à ce prince que les armes, et dans un party où son autho-

---

1. Anne, chef d'une branche bâtarde de Bourbon, vicomte de Lavedan, qui mourut en 1594.

2. Les *Mémoires de la Huguerie* rapportent bien la venue du vicomte de Turenne à Moulins et sa rencontre avec le duc Casimir; mais ils n'indiquent point le lieu où logeait le prince allemand; et nous n'avons pu découvrir ce « Bonegon, » qui est pourtant indiqué par toutes les leçons.

rité n'estoit absolue, de façon que ledict duc Casimir s'asseura en moy, qui avois ce bon corps de forces qui en dépendoit[1]. Monsieur s'estoit logé à Moulins avec le gré du Roy. Ainsi que j'en fus à six lieues près, je laisse le corps des troupes, et prends ce que j'avois de plus leste, et m'en vins faire la révérence à Monsieur avec trois cens gentilshommes[2], j'en fus receu avec grand honneur, estant venu jusques au milieu de la salle au devant de moy; après avoir esté quelque peu avec luy, je m'en allay voir Monsr de Montmorency, que le Roy avoit fait sortir avec un arrest d'innocence; il fut fort aise de me voir, se souvenant des dangers qu'il avoit courus depuis que je l'avois voulu détourner d'aller au bois de Vincennes, et me dit que Monsieur prenoit un mauvais conseil en nourrissant de grandes méfiances à ceux de la Religion, et qu'il luy tardoit fort qu'il ne fut réconcilié avec le Roy.

Je demeuray près de dix jours, durant lesquels ma maison et table fournit à tout ce qui estoit avec moy, sans ceux de la suite de Monsieur, qui venoient manger avec moy. L'armée cependant passe la rivière de Loire et s'achemine en la Beausse, en partie contre le gré de Monsieur, qui ne vouloit s'approcher si

1. On lit dans la relation de l'ambassadeur vénitien Jérôme Lippomano, qui était en France en 1576 et 1577 : « Le vicomte de Turenne, cousin de Montmorency, a la réputation d'un vaillant chevalier, très entreprenant; il a des partisans à sa suite autant qu'il veut. » (Tomaseo, *Relations des ambassadeurs vénitiens*, t. II, p. 645.)

2. Les *Mémoires de la Huguerie* (t. I, p. 391) disent que « le sieur vicomte de Tureyne arriva avec deux mille harquebuziers et trois cens chevaux. » C'était au mois de mars 1576.

près de Paris, de crainte d'offenser le Roy, et aussi
que l'on ne recognust sa foiblesse, à ce que ceux de
la Religion ne se rendissent plus difficiles lors qu'on
viendroit à traiter; nonobstant, Monsr le prince, avec
les François qui s'estoient joints à eux, et le duc Casimir, ne laissent de s'avancer, et supplient Monsieur
de les aller joindre, ce qu'il retardoit de jour à autre,
de sorte qu'on avoit avis que son traité s'en alloit fait.
Ils luy font une dépesche par laquelle ils luy mandent
les avis qu'ils avoient, et qu'ils estoient résolus que,
s'il ne se rendoit dans l'armée dans certains jours
qu'ils luy limitoient, qu'ils aviseroient ce qu'ils auroient
à faire sans plus s'attendre à luy.

Cette nouvelle le fascha, n'ayant encore rien de
résolu avec le Roy, qui sçavoit bien que s'il le voyoit
seul et séparé de ceux de la Religion, qu'il ne feroit
guères sa condition avantageuse, ny mesme guères
seure, y ayant entre ces frères une grande haine et
méfiance. Monsieur attendoit des nouvelles de la Reyne
sa mère, à laquelle il s'estoit obligé qu'on n'attente-
roit rien, et qu'il ne partiroit de certains jours de
Moulins; il ne sçavoit comment satisfaire à cela et
retenir les autres. M'exposant un jour partie de ses
peines, en me taisant sa promesse à la Reyne; se plaignant de ce qu'on le gehennoit; qu'il ne voyoit rien
à entreprendre quand il seroit dans l'armée, estant
bien asseuré que le Roy n'ayant point de forces
capables de les opposer aux siennes, qu'on ne faisoit
que ruiner la France par les dégasts que faisoit
l'armée, dont il s'attiroit une grande haine sur luy,
qui pourroit quelque jour luy estre fort dommageable;
que la maison de Guyse se prévaudroit de tout cela,

qui taschoit à le supplanter; qu'il désiroit fort gagner
encore quelques jours, dans lesquels il verroit plus
clair aux affaires du Roy, ne devant ceux de la Religion entrer en doute qu'il les voulust abandonner. Je
luy dis qu'il me sembloit estre de sa sagesse à dissi-
muler les choses qu'il avoit dit le gehenner; que, puis
qu'il avoit pris les armes en suite des mauvais traitemens qu'il avoit receus, que fort difficilement le Roy
volontairement le voudroit-il mieux traiter; qu'il falloit asseurer sa condition en asseurant celle de ceux
de la Religion; que de penser de le faire séparément,
qu'il estoit aisé à juger que ceux de la Religion le
feroient mieux sans luy que luy sans eux, qui avoient
un party formé, une armée estrangère à leur faveur;
que luy n'avoit rien de tout cela, que quand on luy
auroit promis quelque chose, qu'entre la promesse et
l'exécution qu'il y falloit assez de temps pour ne rien
exécuter de ce qu'ils luy auroient promis, leur ayant
donné cet avantage de le voir séparé; que je croyois
que si on l'entretenoit dans des espérances que je ne
cognoissois pas, que ce deust estre l'avantage du Roi
de traiter séparément, d'autant qu'il pouvoit de beaucoup servir à modérer les conditions auxquelles ceux
de la Religion estoient entrés vers les Allemans, et
qu'il luy estoit plus expédient de se jetter dans
l'armée. Il me monstra ne désapprouver mes raisons;
mais qu'il ne pouvoit partir de quinze jours, lesquels
il vouloit par tous moyens gagner. Là-dessus, je
m'offre à luy faire ce service que d'aller trouver
Monsr le prince et Monsr le duc Casimir, afin de les
contenter et leur faire trouver bon ce délay[1]. Je con-

1. Ce ne fut pas chose facile que de décider Jean-Casimir à

sidérois que si Monsieur venoit à traiter, qu'il n'estoit
plus expédient d'estre avec luy, mais dans le corps de
ceux de la Religion, où j'ay tousjours voulu faire ma
condition ; qu'il m'estoit plus honorable de me trouver dans l'armée avec ces belles troupes, à moy qui
commençois à monstrer de la barbe, désirant d'acquérir réputation et créance, jugeant bien que je n'avois
pas à attendre beaucoup de Monsieur. Je pars avec
quinze ou vingt gentilshommes avec lettres et instructions, et charge d'asseurer ce délay, et renvoye tout
ce qui estoit avec moy joindre mes troupes, pour les
faire avancer vers Pluviers[1], où se devoit rendre
l'armée.

Je trouve le duc Casimir à Saint-Vrin[2], petite ville
qu'il avoit forcée ; après l'avoir salué de la part de
Monsieur et présenté la lettre qu'il luy escrivoit, qui
n'estoit que créance, je luy dis succintement quelque
chose de ce dont j'estois chargé, le suppliant trouver
bon que j'allasse rendre mes lettres à Mons' le prince
et le réconcilier, je dis convier de se rendre où le duc
aviseroit pour luy faire entendre ma créance. Il trouva
cela bon et convia Mons' le prince de venir disner le
lendemain avec luy. J'allay donc rendre mes lettres

la paix. Son lieutenant, Beutterich, le prince de Condé et
Turenne s'y employèrent, tandis que le duc d'Alençon, d'accord au fond avec la reine mère, faisait le malade et refusait
de se montrer. (*Histoire universelle* de d'Aubigné, t. V, p. 18 ;
Mémoires de la Huguerie, t. I, p. 398 et suiv., et aussi l'écrit
contemporain intitulé : *Recueil des choses jour par jour avenues en l'armée du prince de Condé*, 1577, in-12.)

1. C'est par ce nom qu'on désigna pendant deux ou trois
siècles la ville de Pithiviers, ch.-l. d'arr. du Loiret.

2. Saint-Vrain (Marne), à 18 kil. de Vitry-le-François.

et ma créance à Monsr le prince[1], que j'estendis plus
que je n'avois fait au duc, d'autant que j'estimois que
les considérations dudict prince seroient autres que
celles du duc pour le bien de la France et celuy particulièrement des églises, quoy que ledict duc et par
soy, mais aussi principalement par les commandemens et instructions que Monsr son père luy avoit
données, de ne regarder à nulle chose tant qu'à la
gloire de Dieu et à l'établissement de son service;
néantmoins, s'agissant des affaires entre les François,
j'estimois plus à propos d'en instruire mondict sieur
le prince, auquel je dis que Monsieur m'avoit commandé; j'y ajoustay les avis de ceux qui estoient près
de luy de la Religion, qui estoient qu'ils devoient
empescher que le duc Casimir ne traitast pour luy,
sur la méfiance qu'il avoit de Monsieur, lequel ils
devoient tascher d'attirer en l'armée, où ils devoient
essayer d'entreprendre quelque chose sur les troupes
du Roy, afin de faire cognoistre que tout ce qu'ils
traiteroient avec Monsieur sans le général ne seroit
que peine perdue, ne pouvant rien effectuer à leur
préjudice. Et là fut résolu que le lendemain on iroit
trouver le duc Casimir, et conduiroit-on la résolution
qui s'y prendroit à ces avis.

Le lendemain, la chose passa ainsi qu'elle avoit
esté projetée près Monsr le prince, et fut despesché
le sieur Du Verger, de la maison du Saillant, de
Limousin, qui estoit avec moy, pour luy porter les
prières qu'on luy feroit de s'en venir et l'asseurance

1. Le prince de Condé venait de traverser, avec des merce-
naires, la Lorraine, le Bassigny, la Bourgogne, le Bourbon-
nais, sans combattre, mais en désolant et épuisant le pays.

qu'on luy donnoit de recevoir toute obéissance en l'armée. On eut avis que le sieur de Schomberg, avec quatre cornettes de reistres et quelques arquebusiers à cheval s'estoient avancés dans la Beausse. Monsr le prince, par l'advis de Monsr de La Noue, dessigna de les surprendre en leur logis. A cet effet, Monsr le prince prit deux mille chevaux reistres et trois à quatre cents chevaux françois; je n'avois nul esquipage ny armes. Voyant cette occasion, je suppliay Monsieur par ledict Du Verger de n'avoir désagréable que je m'y trouvasse; nous empruntasmes armes et chevaux. Au rendez-vous, qui avoit esté donné à onze heures du soir, il y eut des troupes qui se firent attendre plus de quatre heures, lequel retardement fut une des principales causes de faillir nostre dessein.

Les troupes arrivées, on ordonne de l'ordre de marcher. Monsr le prince me commanda de me mettre à la teste et me donna six-vingt chevaux et cent arquebusiers à cheval; il mit Monsr de La Noue avec deux cornettes de reistres, qui faisoient six cens chevaux, et quelques François; et luy se mit après le reste. Nous marchasmes droit à Briarre[1], en Beausse, où il y a un petite rivière qui fait un guay assez long qu'il nous falloit passer à la file, qui causa encore de la longueur. Ainsi que j'eus passé le guay, je ne fis que faire peu de chemin que j'entendis les trompettes des ennemis à l'estendart; j'en donne avis à Monsr le prince et luy mande que je m'avançois pour le tenir mieux averty, que s'il luy plaisoit de me fournir davantage afin que, si c'estoit le gros du seigneur de

---

1. Briarres-sur-Essonnes (Loiret), à 16 kil. de Pithiviers.

Schomberg[1], je peusse l'amuser et l'empescher de se retirer. Monsr de La Noue s'en vint me trouver seul et me dire qu'il falloit attendre que Monsr le prince eust passé; en faisant ce qu'il me disoit, je ne laissois pas de contester que l'occasion se perdroit en donnant aux ennemis le loisir de faire leur retraite, qu'ils ne deslogeoient que sur l'avis qu'ils avoient de nous que l'heure qu'il estoit nous devoit rendre certains, n'estant que la pointe du jour; je persiste qu'au moins devoit-on ordonner quelques troupes pour voir ce que c'estoit et nous tenir avertis des mouvemens et chemins desdicts ennemis. Rien de cela ne pleut audict sieur de La Noue, ayant cru qu'il y' avoit un peu de jalousie de ce que c'estoit à moy, qui avois la teste, à exécuter ces desseins. Ce gentilhomme, plein de courage, a esté remarqué souvent d'avoir eu des jalousies.

Monsr le prince passé, le jour estant grand, on se met en ordre et en délibération de marcher en gros, sans qu'on s'avançast que fort peu devant Monsr le prince. Comme nous eusmes fait près de demie lieue, nous arrivasmes d'où ils estoient deslogés; il n'y eut moyen de les rejoindre. Je suppliay Monsr le prince de trouver bon que je m'avançasse pour voir s'il n'y auroit point quelques autres troupes; ce qu'il fit. Je me sépare, et se mirent avec moy environ deux cents chevaux; Monsr le prince alla loger; comme j'eus fait deux lieues, j'eus avis par des païsans qu'il

---

1. Gaspard de Schomberg, capitaine allemand, rallié au parti royal, colonel général des « bandes noires » après la bataille de Montcontour, venait de se signaler à Dormans.

y avoit une compagnie du jeune Tenance[1], de chevaux
légers et quelques arquebusiers à cheval qui ne faisoient que desloger et s'en alloient vers Estampes,
où le Roy avoit jeté le capitaine Sainte-Colombe avec
deux mille hommes de pied. Je me mets sur leur
piste; enfin, nous les abordasmes sans aucun combat;
il fut desfait, nous repeusmes en quelques métairies,
et, sur le soir, allasmes trouver Monsr le prince et
luy dire nostre course, et, sur l'avis que nous luy donnasmes que des forces estoient entrées à Estampes, il
résolut de les aller voir; le lendemain, nous marchasmes en mesme ordre que le jour précédent. Le
sieur de La Vergne, qui venoit joindre l'armée avec
quinze ou dix-huit chevaux, sans commandement,
s'avance et donne dans le fauxbourg d'Estampes, sans
sçavoir ce qui estoit dedans, et trouva de l'infanterie
logée, qui le rechassa bien viste, ayans des arquebusades. Je m'avance et ne voulus loger ny descendre
dans le fauxbourg, plein de maisons et d'arbres dans
un valon; je m'avance sur le haut et vois ledict de
La Vergne s'en venir à toutes brides, accompagné
d'arquebusiers; je le recueille et fismes arrester ce qui
le suivoit. Monsr le prince, voyant ne pouvoir rien
faire, alla loger, et, le lendemain, eut des nouvelles
de Monsieur, qui s'en venoit joindre l'armée; et moy,
du lieu où estoient mes troupes, que je m'en allay
joindre afin d'entrer avec elles dans le corps de
l'armée.

Monsieur vint prendre son logis à l'abbaye de Fer-

1. Christophe de Tenance, baron de Champignolles, plus
tard chevalier de l'ordre du roi.

rières[1] et moy au chasteau du Boulé[2] ; je vins trouver Monsieur, et sceus qu'il auroit agréable de voir mes troupes le lendemain, où j'avois mon colonel et mon drapeau blanc[3]. Le sieur de Bussy supportoit cela avec grande peine de faire partie qui fust assez forte pour moy ; il ne pouvoit endurer cela, son courage et son ambition ne le pouvoient supporter. Le lendemain venu, je vais me mettre en bataille à mille pas de Ferrières, où j'allay avec une bonne troupe trouver Monsieur, qui monta à cheval, et Bussy non ; mes troupes furent trouvées très belles comme elles estoient ; ayant receu le bon soir de Monsieur, nous acheminans vers nos quartiers, qui estoient à Saint-Mathurin et à la Chappelle-la-Reine[4], j'eus avis que Bussy vouloit monter à cheval et tascher de faire quelque surprise à nostre infanterie en logeant. Je fis alte et rebroussai

1. La célèbre abbaye de Bénédictins, aujourd'hui Ferrières-Gâtinais (Loiret), à 13 kil. de Montargis.

2. Le Boulay, comm. de Souppes, cant. de Château-Landon.

3. On lit, dans les *Mémoires de Mme de Mornay* : « Il y avoit lors un différend entre Monsr de Turenne et Monsr de Bussy et l'armée, qui y apportoit, pour la qualité des contendans, grande division ; le s^r de Bussy estoit colonel général des troupes de Monseigneur, auquel appartenoit de porter l'enseigne blanche ; Monsr de Turenne avoit amené de belles troupes d'infanterie de Guienne, que les églyses lui avoient mises en main, avec une enseigne blanche que le s^r de Bussy prétendoit autre ne pouvoir porter que luy ; Monsr de Turenne, au contraire, que l'enseigne qu'il avoit receue, comme toutes autres, estoit sacrée, laquelle il estoit tenu rendre telle qu'il l'avoit reçeue, et Monseigneur inclinoit vers le s^r de Bussy. La paix survint, laquelle faitte, les trouppes de Monsr de Turenne se retrouvent mal contentes. » (T. I, p. 106 et 107.)

4. La Chapelle-la-Reine, petite ville du Gâtinais, à 14 kil. de Fontainebleau (Seine-et-Marne).

chemin quelque espace; n'ayant trouvé ni veu personne, je m'en allay loger. Alors, on commença le pourparler de la paix ouvertement; la Reyne demandant un lieu pour voir Monsieur, l'armée commença à s'approcher de la vallée d'Aillan. Après quelques allées et venues, on convint du lieu de Chastenay[1] pour se trouver, la Reyne et Monsieur, qui est une maison seule, dans une belle campagne, pour estre hors de moyen de faire une surprise.

La Reyne mère, le jour pris, se rendit la première à Chastenay, ainsi qu'on a accoustumé, que, deux grands venans à se voir, celuy auquel on défère l'honneur est le premier au lieu désigné. Ce jour se passa en complimens et à entretenir les dames; le lendemain, on commença à traitter. Le traitté, en trois ou quatre jours, fut fort avancé, le Roy et la Reyne ne voulans que retirer Monsieur, congédier les reistres et, tost après, rompre le traitté qui donnoit générale liberté pour l'exercice de la Religion et autres conditions fort avantageuses; à Monsieur un grand appanage, auquel je me présentay pour avoir en gouvernement l'Anjou et le Berry. Il me fit une fort froide réponse, qui me fit bien juger que je n'avois rien à attendre à cause de ma Religion; ayant fait quatre ou

1. Chastenay (Yonne), arr. et à 24 kil. d'Auxerre. — C'est le 26 avril 1576 que la reine mère partit de Paris pour aller trouver Monsieur et arrêter définitivement les conditions de la paix. Son quartier général fut Sens; mais c'est au camp d'Estigny que les accords furent signés, le 6 mai, par Catherine de Médicis, le duc d'Alençon, le prince de Condé et le duc Casimir. La première entrevue seulement avait eu lieu dans la petite ville de Chastenay. (Voir *Lettres de Catherine de Médicis*, t. V, p. 192.)

cinq logis sans aller en son quartier, tenant tousjours
quelqu'un près de luy pour cognoistre si la résolution
seroit du tout arrestée à ne me donner contentement,
luy faisant sçavoir que, quand il me commettroit
quelque chose entre mains, qu'il n'en seroit jamais
desservy, et que, le voulant retirer, qu'il le pourroit,
ayant eu tousjours ceste maxime, que de ce qu'un
autre s'est fié de vous, que, pour raisons publiques
ny particulières, on ne les en doit fruster, mais les
remettre où elles estoient devant que vous estre commises. Tout cela ne fit rien, me faisant sonder si je
voulois changer de Religion. Moins éclairci de la vraye
cause de ma défaveur, laquelle les obligeoit et asseuroit de moy, je fus conseillé de prendre un adieu par
un manifeste mescontentement[1].

En ce temps-là, les divisions des frères du Roy, de
Navarre, de ceux de Guyse, de ceux de la Religion
faisoient suivre une liberté de se mescontenter facilement, ayant facilité un chacun de recouvrer un
maistre lorsqu'on en perdoit un ; et, aussitost qu'on
voyoit quelqu'un mal content, il ne manquoit d'estre
recherché d'autre part.

Cela, mais principalement de donner à ceux de la
Religion preuve de ma constance par le refus de tous
honneurs au préjudice de ma Religion, me fit aller
trouver Monsieur en son quartier avec trois ou quatre
cents gentilshommes ou capitaines. Après qu'il fut

---

1. Sans doute, Turenne parle du feu roi Antoine de Bourbon,
qui, en dehors de son fils unique Henri de Navarre, avait deux
frères : le prince de Condé, qui combattait à la tête des protestants, et le cardinal de Bourbon, bon catholique, le futur roi
de la Ligue.

levé de table, je luy fis une grande révérence, le suppliant d'avoir agréable que je luy fisse souvenir du temps qu'il y avoit que je l'avois servy, comme, durant ce temps, je n'avois respecté ce que je devois à mon Roy, à ma vie, ny à mon bien que je ne m'en fusse départy pour le servir ; ce qui m'avoit éloigné des bonnes grâces du Roy, mis plusieurs fois ma vie en péril, mon bien en diminution, pour n'avoir jamais receu aucun bienfait de luy[1] ; qu'à ceste heure que je l'avois servy et que tant de seigneurs et gentils-hommes qu'il voyoit là, m'ayant accompagné, que nous fussions les seuls qui auroient eu plus de part en sa mauvaise fortune et point du tout en sa bonne ; que malaisément cela se considéreroit sans y remarquer plus d'ingratitude que de manquement de mérite en nous, qui servirions d'exemple à plusieurs et de preuve à ceux de la Religion qu'ils n'avoient rien à espérer de luy, estant aisé à juger que la profession que j'en avois faite estoit le seul obstacle de la distribution de ses honneurs en ma personne, que je sçavois estre recognue de tout autre mérite et qualité envers luy que quelqu'un de ceux que je voyois près de luy, à qui il destinoit des récompenses plus qu'il n'en méritoit (voulant dessigner Monsr de Saint-Sulpice) ; que j'aymois mieux me plaindre de mon

----

1. Cette assertion est difficilement conciliable avec une pièce que nous trouvons dans l'*Histoire généalogique de la maison d'Auvergne*, par Christofle Justel (Paris, 1645, in-8°. *Preuves*, p. 261) : « Nomination, par François d'Alençon, du vicomte de Turenne comme gouverneur du pays et duché de Touraine, » datée de Joigny, le 14 mai 1576. Cependant, il ne semble pas que Turenne ait jamais pris possession de ces fonctions.

malheur en sa mécognoissance que si je luy avois fait la moindre faute; que je venois prendre congé de luy pour me retirer en Guyenne avec tous ceux qu'il voyoient là, qui témoignoient combien ils jugeoient mon mescontentement juste et leurs espérances mal fondées au service qu'ils luy avoient voué. A cela, tout ce qui estoit avec moy monstra un consentement et plusieurs qui estoient avec Monsieur, qui me dict estre fort marry de mon départ; que je prenois ce mescontentement volontairement, qu'il m'avoit tousjours aymé et m'aymeroit; que ceux qu'il vouloit gratifier s'estimoient dignes de ses bonnes graces. Sur quoy je repars, luy disant que si, hors de sa présence, ils me faisoient congnoistre qu'ils eussent pensé en rien s'égaler à moy, que je le ferois mourir. Je m'avance et luy fais une révérence et commence à sortir. Monsr de Bonneval fut des premiers à me suivre et luy dit : « Voicy ce que vous perdez en perdant Monsr de Turenne. »

Tout ce qui estoit venu avec moy me suit. Saint-Sulpice descend le degré et me demande si j'avois entendu parler de luy; je luy dis qu'ouy, et, sans le respect de Monsieur, que je l'outragerois, de sorte qu'il se souviendroit toute sa vie de m'avoir demandé l'explication de quelque chose, et qu'il remontast le degré; ce qu'il fit, oyant quelques-uns qui me disoient : « Monsieur, il le faut tuer. » Il remonta fort viste. Je montay à cheval et me séparay dès ce jour-là de l'armée.

Le lendemain, le duc Casimir et Monsr le prince envoyèrent vers moy me prier de vouloir patienter quelques jours, dans lesquels on verroit la condition du traité. Je leur manday que je le ferois, n'ayant autre dessein que servir au public de la Religion, estimant que le mescontentement que j'avois de Monsieur serviroit à faire cognoistre combien il pouvoit peu sur ceux de la Religion, et que les avantages qu'on luy feroit ne serviroient à contenter le corps de ceux de la Religion. J'avois dès mon enfance servy Monsieur avec fidélité et amour; et, sans se souvenir de cela, ses affaires, ne luy permettant de se servir de ceux de la Religion, luy firent oublier à me bien faire. Exemple qui vous doit convier à ne prendre autre chemin pour vostre grandeur que le plus juste, et, en celuy-là, y faire tant de bonnes et vertueuses actions que vous y trouviez vostre place dans les honneurs; et, où la profession de la Religion s'y opposeroit, ainsi que lors elle le fit à moy, prenez cela avec plaisir, d'autant que chacun vous louera, et votre esprit vous donnera repos, sçachant que vos mérites surpasseront vostre recognoissance!

Il y avoit environ deux mois que le roy de Navarre estoit sorty de la cour et estoit à Saumur[1], qui aussi fit profession de la Religion, en abjurant la romaine, qu'il avoit prise par force à la Saint-Barthélemy. La paix se conclut; je m'en revins droit à Turenne, d'où je me sépare d'avec la plus grande part de mes forces; tous ceux qui avoient fait le voyage m'ayans voulu accompagner jusques chez moy. Ma sœur s'en alla bientost en Auvergne, à Joze. Le roy de Navarre, la paix faite, s'en vint en Xain-

____

1. Henri de Bourbon était arrivé à Saumur, dont Clermont d'Amboise était gouverneur, le 25 février 1576.

tonge et Périgueux, où je l'allay trouver avec un bon
nombre de noblesse, plus grand qu'il n'en avoit, où
j'en receus tout l'honneur et carresse que je pouvois
désirer, et de Madame sa sœur, qui luy avoit esté
renvoyée du Roy après le despart dudict roy son
frère[1]. Monsr le Prince arriva à Périgueux, ayant des-
logé d'auprès de Monsieur le jour qu'il vouloit faire
son entrée à Bourges, sur l'opinion qu'il eut qu'on lui
vouloit faire un mauvais tour, et estime qu'il ne prit
cette allarme sans sujet. Le roy de Navarre part de
Périgueux, s'en va à Agen, qui luy avoit esté donné
pour sa demeure par le traité, et moy à Turenne,
avec promesse de le retourner trouver dans fort peu
de jours.

Ainsi que j'ay dict, le Roy avoit donné tout ce qu'on
avoit demandé pour retirer son frère avec de l'argent
d'avec les estrangers et rompre l'union des catholiques romains avec ceux de la Religion; il commence
de traiter avec Monsieur, qui s'en alla en Anjou, de
son retour à la Cour, et des moyens de le séparer
d'avec ceux de la Religion, qui, aux infractions et exécution des choses promises par l'édict, s'adressoient
à luy comme garant du traité. Le roy de Navarre, de
la Religion, prenoit créance dans le party et dimi-
nuoit celle de Monsieur autant qu'il pouvoit. Le
mareschal d'Amville[2] entre en quelque mauvais ménage

---

1. Turenne semble prendre vis-à-vis du roi de Navarre un
ton quelque peu protecteur; et, de fait, Henri de Bourbon, à
cette époque, montrait une certaine timidité, laissant le
vicomte prendre l'attitude de chef du parti protestant dans
tout le midi de la France.

2. Henri de Montmorency-Damville oscilla sans cesse entre

avec lesdicts de la Religion pour l'observation et
interprétation de certains articles de l'union, que chacun tiroit à son avantage, et aussi qu'il commença à
ouyr les propositions du Roy et à se rendre suspect à
ceux de la Religion, qui avoient Monsr de Chastillon[1],
fils de l'admiral, jeune, bouillant et ambitieux, qui
taschoit à lui diminuer sa croyance.

Monsr de Thoré, la paix faite, se retira près de son
frère, sans avoir eu aucune gratification de Monsieur.
Je me joints avec le roy de Navarre, qui commence
à traitter dans le party des moyens que nous avions
de parer l'orage qui s'apprestoit en nous affoiblissant
des catholiques romains, et recognoissant que le Roy
vouloit renouveller la guerre pour rompre cet édict,
afin de faire ces choses avec plus de lustre et garantir Monsieur, autant qu'il se pouvoit, d'estre blasmé.
Le Roy fait une espèce de convocation d'Estats à
Blois[2]. Le mareschal d'Amville tenoit tousjours correspondance avec le roy de Navarre, qui le convia de
s'aboucher, afin de mieux résoudre ce que l'on devoit
faire et aussi pour vuider la prétention qu'avoit ledict
mareschal que la comté de Foix estoit de son gouvernement; ce que le roy de Navarre nia, mais dict
que, comme son patrimoine est pays presque souverain, qu'il ne devoit avoir autre gouverneur que luy;

les protestants et la Cour, se faisant dans son gouvernement de
Languedoc une quasi-royauté indépendante.

1. François de Coligny, comte de Châtillon, fils de l'amiral
et de sa première femme, Charlotte de Laval, né en 1557,
mort en 1591. Il s'était mis, dès 1575, à la tête des forces protestantes dans le Haut-Languedoc.

2. Ce sont les États-généraux de 1576 que Turenne traite

il fut donc arresté qu'on se trouveroit à Auvila[1], petite
ville d'Armagnac. En cette assemblée, où il y eut peu
de personnes appelées au conseil, fut résolu qu'on
envoyeroit aux Estats de Saumur[2] des députés du
corps de ceux de la Religion, du roy de Navarre et
du mareschal; que les catholiques unis parleroient par
la bouche dudict mareschal, désirant le roy de
Navarre et ceux de la Religion qu'ils parlassent en
commun : ce que ledict mareschal ne voulut, disant
que, par la paix, il estoit porté de se despartir de
l'union, et que, faisant un corps, que ce seroit monstrer que nous contreviendrons au traité et donner
l'avantage au Roy qu'il cherchoit de nous rendre
auteurs de l'interruption du traité. Après plusieurs
allégations, enfin il en fallut passer par-là ; ce qui nous
donna une grande lumière en l'intention du mareschal, le fait de Foix demeuré indécis, de façon que
nous nous séparasmes. Le roy de Navarre s'en alla à
Agen. Monsr de La Noue estoit lors son domestique[3],
qui, sage et vertueux, n'estoit honoré ny cru ainsi qu'il
l'estimoit, y ayant près du roy les sieurs de Lavardin[4]

avec ce sans-façon. Ils s'ouvrirent vers la mi-novembre et
décidèrent la rupture avec le prince de Condé en février 1577.

1. Auvilar, petite ville de la Gascogne, dans la Lomagne et
non dans l'Armagnac (Tarn-et-Garonne), cant. de Moissac.

2. L'assemblée des huguenots à Saumur protesta contre les
États-généraux, mais décida en même temps qu'on enverrait
des députés au roi pour faire valoir les griefs du parti.

3. « Domestique » est là dans le sens latin de « serviteur faisant partie de la famille. » Il semble d'ailleurs que Turenne
avait bien quelque jalousie de La Noue, voulant toujours
jouer le premier rôle auprès du roi de Navarre.

4. Jean de Beaumanoir, marquis de Lavardin, plus tard

et Roquelaure[1], catholiques, qui faisoient bande à part d'avec ceux de la Religion, qui consentoient et aidoient de tout leur pouvoir aux plaisirs de ce prince, qui ont eu et ont encore grand pouvoir sur luy; à quoy ledict sieur de La Noue s'opposoit, qui le rendoit moins agréable, ainsi qu'il avient ordinairement à la jeunesse de préférer ceux qui les flattent et aident à leurs passions, qu'ils ne font ceux qui, aymans leur bien, leur disent ce qui est bon de faire et s'opposent à ce qu'ils ne doivent pas faire, chérissans les flatteurs et éloignans ceux qui les ayment : coustume qui ne se perd guère dans la Cour et parmy les enfans de France. Avisez de n'en faire de mesme et d'honorer ceux qui vous conseilleront de conduire vos actions par la raison et sousmettre vos passions sous l'honnesteté, pour vous garder de commettre des fautes infinies, qui font que nous passons le meilleur de nostre aage, et depuis dix-huict ans jusques à vingt-cinq, sans jugement, jettans toute nostre conduite à l'aventure et sans avoir de but !

Je n'avois nulle obligation particulière au roy de Navarre; je ne laissois néantmoins d'y estre envié. Je

maréchal de France. Catholique convaincu, il abandonna la cause du roi de Navarre après son excommunication, et combattit même dans les rangs ligueurs encore contre lui. Il se rallia un des premiers à Henri IV.

1. Antoine, seigneur de Roquelaure, en Armagnac, baron de Laverdaux, qui, très catholique, resta toute sa vie un des amis fidèles de Henri IV, était né en 1543; il fut désigné par Jeanne d'Albret comme maître de la garde-robe du jeune roi de Navarre; plus tard, il devint chevalier de l'ordre, gouverneur du comté de Foix, lieutenant général en Guyenne, et, en 1615, maréchal de France. Il mourut à Lectoure en 1625.

me rendois fort assidu aux affaires, prenois soin
d'avoir des avis de partout, de recueillir dans ma maison des gens de bien et d'esprit qui fussent en quelque
croyance parmy les églises; où je trouvois des serviteurs de feu Monsr l'admiral, je les retirois; j'avois un
ministre ordinaire et une église formée entre mes
domestiques; je prenois plaisir, quand j'estois hors
d'auprès du roy de Navarre, soit en allant par le pays
ou dans ma maison, de mettre tousjours quelque
question en avant de théologie, de philosophie, de
politique, de la guerre, de la façon de bien parler ou
bien escrire, de la civilité, ayant souvent eu quelques
personnes qui avoient du sçavoir : cela me gardoit des
mauvaises occupations que prennent les esprits
oiseux et me donnoit une superficic de cognoissance
de la pluspart des discours qu'on tient en la fréquen-
tation du vulgaire pour en dire bien à propos quelque
chose. Je prenois grand plaisir à monter à cheval, à
courre la bague, ce que je faisois des mieux, tirer des
armes, danser peu, bien suivy, n'ayant jamais moins
de quinze, vingt et vingt-cinq gentilshommes défrayés
de tout et ne s'habillans guères que des habits que je
leurs donnois, quantité de pages, en ayant eu jusqu'à
vingt-quatre; je n'avois estat de personne, et néantmoins je ne faisois guère de debtes, de quoy je me
suis esmerveillé, d'autant qu'à cette heure je jouis au
double de biens, de beaux estats du Roy, et ne sçaurois faire une telle dépense.

Madame[1], sœur du roy de Navarre, commença à

1. Catherine de Bourbon, plus tard duchesse de Bar, née en
1558, morte en 1604. Sa correspondance avec Turenne est

me faire bon visage ; c'estoit une chrestienne princesse, qui avoit lors madame de Tignonville[1] pour gouvernante, qui estoit une femme austère, méfiante, qui avoit un continuel égard sur sa maistresse et ne souffroit ni enduroit rien de mal ; le roy de Navarre aymoit sa jeune fille, qui s'appelloit Navarre[2], et maintenant a espousé le sieur de Panjas : elle souffroit ces amours avec impatience ; mais elle ne pouvoit les empescher absolument, bien y portoit-elle toutes sortes d'empeschemens. Madame et moy parlions souvent ensemble, de façon qu'elle commença de prendre de la confiance en moy, qui l'honorois fort, ayant cette princesse de fort belles qualités, estant jeune et agréable, chantant des mieux, jouant fort joliment du luth, faisant quelques rimes, de sorte que, luy rendant l'honneur que je luy devois, elle me disoit familièrement ses conceptions et moy les miennes. Je ne luy parlois jamais que dans sa chambre et devant tout le monde, de sorte que, ny ayant là personne qui me précédast, il sembloit qu'elle suivist plustost la coustume d'entretenir les plus grands, que par un choix elle m'entretinst. Cela a duré longtemps, bien l'espace de quatre ou cinq ans, et finit ainsi que vous

singulière ; nous en donnerons un échantillon à l'*Appendice*. Peut-être pendant leur séjour commun à la cour de Nérac y eut-il entre eux quelque projet d'union, que le roi de Navarre encouragea. (Voir *Catherine de Bourbon, sœur de Henri IV*, par la comtesse d'Armaillé, 1865, in-12, chap. II.)

1. Mme de Tignonville, Marguerite de Selves, était femme de Lancelot de Monceau, ancien maître d'hôtel de Jeanne d'Albret.

2. Jeanne de Monceau de Tignonville, dame d'honneur de Catherine de Bourbon, mariée le 7 février 1581.

l'entendrez[1]. Le roy son frère ne désagréoit pas cela, n'y voyant rien de mal séant, et jugeant que ce m'estoit un moyen de me retenir davantage à luy que la conversation honneste et vertueuse de sa sœur avec moy.

Les premiers Estats de Blois se tinrent, où fut délibéré la rupture de l'édict et de faire deux armées, dont Monsieur en auroit une, et Monsr du Maine l'autre; que Monsieur assailliroit les villes de la Charité et d'Issoire. Les armes se prennent : le roy de Navarre et ceux de la Religion se mettent sur la défensive, qui fut assez foible. Les villes de la Charité et d'Issoire se prennent. Je sçeus que le sieur de Vesins alloit joindre l'admiral de Villars[2] à Bordeaux, qui commandoit en Guyenne pour le Roy, avec quatre compagnies d'harquebusiers à cheval; il partit de Cahors. J'assemblay les garnisons et manday les régimens de Sainct-Maigrin[3], de Millau, cadet de la maison de Salagnac, et me mis après ledict de Vesins. Il passa à Bordeaux avec ce qu'il y avoit de gentilshommes et laissa dans le lieu de Tergon[4], qui est dans le comté de Benauge[5], les susdictes compagnies, qui se barrica-

1. Turenne ne reparle nulle part, malgré sa promesse, de Catherine de Bourbon, qui ne se maria pourtant qu'en 1599.

2. Honorat de Savoie, marquis de Villars, comte de Tende et de Sommerive, maréchal et amiral de France, gouverneur de Guyenne, mort à Paris en 1578.

3. La maison d'Estuer de Caussade de Saint-Mégrin était d'ancienne noblesse de Gascogne. Le capitaine dont il est ici parlé était sans doute le père de Paul de Saint-Mégrin, le mignon de Henri III, assassiné au sortir du Louvre le 21 juillet 1578, à l'instigation des Guises.

4. Targon (Gironde), arr. de la Réole.

5. L'ancien comté de Benauges était situé dans le Bordelais

dèrent dans l'église, qui estoit bonne. Je les investis là-dedans et commence à sapper la muraille, qui se trouva fort bonne. Voyant que cela tiroit à quelques jours de temps, je campay à l'environ, n'estant qu'à quatre lieues de Bordeaux, contre nostre coustume, qui ne logions ailleurs que dans les villages, à l'occasion que, n'estant les hommes obligés par la solde et n'ayans ny vivres ny équipages pour les porter qui suivist nos troupes, il falloit loger dans des villages pour y trouver commodités; néantmoins, nous nous campasmes, choisissant une place de bataille en cas d'allarme, et continuasmes notre siège sans artillerie. Nous eusmes quelques petites allarmes; dans quatre jours, ceux de dedans se rendirent, pressés par notre sappe, qui nous avoit fait ouverture dans le bas du temple; et les assiégés, se trouvans aussi pressés de vivres et d'eau, nous les dévalisasmes et mismes quelques-uns à rançon et laissasmes aller le reste. Ainsi qu'ils sortoient et que nos régimens battoient aux champs pour déloger, le sieur de Vesins parut avec trois cens chevaux à l'aisle d'un bois; les deux régimens de Saint-Maigrin et de Millau commencent à disputer la main droite; les capitaines se piquent, de façon qu'il y eut quelques coups d'épées donnés, dont un capitaine de Saint-Maigrin, du lieu de Tonnins, nommé Carrère, fut blessé[1]; des drapeaux sont pris

(Cadillac, arr. de Libourne); il appartint longtemps à la maison de Foix. Les ruines du château subsistent encore.

1. C'est sans doute à cette occasion que le vicomte de Turenne, à la tête des protestants, vint assaillir, le 24 mars 1577, le château de Lanquais (cant. de Lalinde, Dordogne), qui devait plus tard (1591) lui appartenir par héritage, à la mort de Galliot de la Tour, fils de Marguerite de la Cropte,

par les enseignes, et les testes, tournées l'une contre l'autre, s'en alloient aux mains, n'estant à cent cinquante pas loin les uns des autres.

J'estois avec ma cavalerie, qui considérois le sieur de Vesins, qui faisoit mine de venir à nous, qu'on me vint dire le désordre en nostre infanterie. Je laisse la cavalerie en ordonnance au sieur de Fairas, ce qu'il avoit à faire les ennemys venans à luy, et m'en cours à mon infanterie, que je trouve allans les uns aux autres avec plus d'animosité qu'ils n'en eussent eu contre les ennemis; je me mets entre deux et arreste ceux qui aidoient davantage à cette mutinerie, entre lesquels je remarque ce capitaine Carrère, dont j'ai parlé cy-devant, qui avoit esté blessé; je luy porte mon épée dans l'estomac, l'asseurant que je le tuerois s'il faisoit un pas, et je dis au sieur de Lestelle[1], qui commandoit au régiment de Saint-Maigrin, d'arrester; ce qu'il fit. Soudain, je cours à la teste du régiment de Millau, où il y avoit divers capitaines que j'y avois mis : à ma parole, il s'arreste; ce mouvement arresté, j'ouïs les uns et les autres, auxquels j'ordonne de se trouver à Rosan[2], où j'allay prendre mon logement, et que là on vuideroit la question.

Ainsi, j'appaisay cette mutinerie par ma diligence et pour m'estre addressé à ceux qui aidoient à ce

dame de Lanquais et de Limeuil. — Voir, dans le *Bull. de la Soc. arch. du Périgord* (nov.-déc. 1896, t. XXIII, p. 475), un article de M. le comte de Saint-Saud, intitulé : « La garnison de Limeuil et de Lanquais à la fin du xvie siècle. » En 1598, ces garnisons étaient encore entretenues par le duc de Bouillon.

1. Louis de Brunet, seigneur de Lestelle, baron de Pujols.
2. Rauzan, dans le Bazadais (Gironde), à 20 kil. de Libourne.

mal, qui est une maxime ordinaire en tel cas qu'il y
a tousjours peu d'auteurs, lesquels arrestans, tout le
commun qui les suit demeurent sans conseil ny résolution, et en fait-on aisément ce que l'on veut; mais il
n'y faut aller à demy, en ne faisant qu'irriter lesdicts
auteurs et ne les arrestans pas.

Cela fait, je m'en retourne à Périgueux, qu'on
menaçoit du siége, lequel avoit faute de vivres, estant
entouré de forts qui luy empeschoient la récolte; je
la fis assez abondamment. Le roy de Navarre estoit
à Montauban, qui eut avis par moy du siége de
Brouage[1]. Monsr le Prince estoit à la Rochelle, qui
avisoit à la pourvoir et de faire un armement de
quelques vaisseaux, estant ledict Brouage sur la mer,
où il y a un bon havre, et sollicitoit ledict roy de
Navarre d'appeller les forces du Languedoc et celles
de Guyenne pour la secourir. Outre l'intérest public,
ledict prince y avoit son particulier, ayant retiré cette
place des mains du sieur de Mirembeau[2] avec assez
peu de justice. Le roy de Navarre s'en vint à Bergerac et là assemble jusques à quatre cents chevaux et
deux mille hommes de pied pour s'en aller à Ponts[3],
où Monsr le Prince, avec les forces du Poitou et Xaintonge, se devoit rendre.

Estans à Montguyon[4], nous sçeusmes que Brouage
estoit rendu, et cela plustost qu'on ne l'attendoit, par

1. Brouage (Charente-Inférieure), vis-à-vis de l'île d'Oléron.
2. François de Pons, baron de Mirambeau, seigneur souverain de Brouage.
3. Pons (Charente-Inférieure), à 22 kil. de Saintes, dont
Jean de Plassac, frère de Mirambeau, était gouverneur.
4. Montguyon (Charente-Inférieure), à 35 kil. de Jonzac.

la mort du sieur de Soré, qui commandoit dedans, un des plus valeureux de son temps; ayant fait une sortie et renversé ce qui estoit dans la tranchée, s'estant rendu maistre de quelques pièces, ne se contentant de ce succès, poussant sa victoire au courant de l'armée du Roy, chacun à l'allarme, ledict de Soré[1] fut tué, et sa mort avança la reddition de Brouage entre les mains de Monsr du Mayne, qui commandoit l'armée. Ces nouvelles ouyes, le roy de Navarre reprend son chemin, en donnant avis à Monsr le Prince, qui estoit à Ponts, par Monsr de La Noue. Le duc du Mayne se vint loger près de Ponts, où il fut attaqué, et fit-on une escarmouche où le sieur de Genissac[2] fut tué.

De Montguyon pris le logis de Coutras, sur le fauxbourg qui est vers Libourne, pour mes troupes, où je fis faire de bonnes et bien flanquées barricades; c'estoit aux grands jours, le roy de Navarre estoit au logis de Monsr de Lavardin et moy aussi; nous entendions battre l'allarme et des voix qui disoient que l'ennemi donnoit dans le quartier de Monsr de Turenne. Il y a un petit chasteau nommé Laubardemont[3], qui n'est qu'à mille pas du fauxbourg que les ennemis tenoient; ledict chasteau est du costé de la rivière vers Quitre[4]; mais ils avoient de bons batteaux, et la rivière estroite, pouvant passer nombre d'hommes; et tost je m'en cours à mes gardes, que je trouvay en tout

1. Valzergues, seigneur de Soré, qui s'était jeté dans la ville pour la défendre, fut tué dans une sortie malheureuse, et Brouage se rendit à Mayenne vers le milieu d'août 1577.

2. Il est parlé, dans les *Mémoires de Marguerite de Valois*, de ce Génissac, qui avait toute la confiance du roi de Navarre.

3. Le château de Laubardemont est à 1 kil. de Coutras.

4. Guitres-sur-l'Isle (Gironde), arr. de Libourne.

devoir et point d'ennemis; je passay, monté sur un petit bidet, et pris huit ou dix arquebusiers avec moy, voulant voir si à cedict Laubardemont il y avoit quelque chose de nouveau. De nostre costé de l'eau, il y avoit des saules, où il y avoit vingt-cinq arquebusiers sur le ventre, qui ne se pouvoient voir, ny le batteau qui les avoit passés; regardant le chasteau, m'estant arresté environ à vingt pas de ces arquebusiers sur le ventre, qui ne vouloient tirer, estimans que je m'approcherois et me prendroient; me voyant arresté, ils paroissent trois ou quatre et me disent que je m'approchassent pour voir quelque chose qu'ils me vouloient monstrer. Les tenans pour estre des nostres, estans content de ce que je voulois voir, je tournay mon cheval pour m'en retourner. A l'instant, ils nous font leur salve sans blesser personne, quoy que ce fut de moins de trente pas; je cours un grand péril et sans occasion, à quoy la jeunesse est souvent sujette d'encourir de grands dangers par sa précipitation et inconsidération, tels périls se trouvans plustost en ces guerres civiles qu'aux guerres où il y a de bons corps d'armée de part et d'autre.

Chacun se prépare. Incontinent commencèrent les pourparlers de la paix; Monsr de Montpensier, l'évesque de Vienne, le mareschal de Biron et Monsr de Villeroy vinrent à Bergerac. Après les premières ouvertures, il fallut renvoyer vers le Roy, qui estoit à Poitiers; je pris cette occasion pour faire un petit tour à Turenne, laissant le roy de Navarre à Bergerac, duquel je fus incontinent redemandé, me faisant cet honneur de n'avancer ny ne résoudre rien aux affaires publiques sans mon avis.

Je pars de Turenne et m'en vins coucher chez
Monsr de Beynac : Bousolles, Alagnac, La Vilatte et
Annal, que j'avois nourris pages, Bouschant d'Auvergne, tous sans armes que nos espées, tous ayans
de fort mauvais chevaux; Bouschant avoit un petit
cheval d'Auvergne assez bon; le mien estoit un cheval qui alloit un grand pas, ne sçachant tourner et
encore moins courir; nous allions ainsi, par les fautes
que font ceux qui se fient plus que de raison en
leur courage et se servans moins de la prudence
qu'ils ne doivent, estimans aussi que nous ne rencon-
trerions rien. Ayans passé par un bourg appelé la Salvetat[1], douze hommes armés de cuirasses et quinze
arquebusiers à cheval, estans partis de Lunéville pour
chercher quelques contributions, passent par cedict
bourg et prennent langue de moy et de mon équipage; ils se mettent sur ma piste, les premiers qu'ils
rencontrent furent quelques valets, auxquels ils donnèrent quelques coups d'espées. Cela me donne l'allarme; regardant derrière, je vis venir cela, estans
cinq hommes de front; un de mes pages, nommé
Solongnac, portoit mon espée, qu'il me donna; soudain, je retourne, sans aviser qui me suivoit, et vais
choisissant celuy des ennemis qui estoit le plus à leur
main droite, afin de n'en rencontrer qu'un, qui fut
nommé La Force, auquel je portay une estocade dans
le visage. Soudain, ces cinq me mettent au milieu
d'eux; sans m'estonner, pressant et poussant mon
cheval, je me fis faire place. Alors, les sieurs de
La Vilatte et d'Annal vinrent à moy; partie des ennemis se mirent après ceux qui ne m'avoient suivy;

1. La Salvetat (Aveyron), à 50 kil. de Rodez.

Monsr de Beynac ne le put, la gourmette de son cheval s'estant rompue. Un page allemand, nommé Mile, que Monsr le duc Casimir m'avoit donné, venant à moy, fut fort blessé, de quoy depuis il mourut. Nous trois demeurasmes meslés avec ces gens, avec lesquels nous prenions avantage pour en blesser quelqu'un et le tirer du combat. Le défaut de nos chevaux faisoit que, n'ayans de verdeur, nous donnions force coups moindres que n'eussions fait. La Vilate vint à estre blessé le premier et puis Annal, qui, nonobstant, demeurions opiniastres à ne nous en aller. Enfin, un qui se nommoit Le Perrier et moy allasmes l'un à l'autre : il me porte un coup d'espée dans la gorge et moy un à la teste. Mon espée s'estant rompue et le bout demeuré dans l'os, estans ainsi blessés tous trois, et les meilleurs hommes des ennemis l'estans aussi, nous fusmes aises les uns et les autres de nous séparer ; ce que nous fismes. J'apperçeus Bouschant, qui avoit veu l'esbat sans fuyr, ny aussi sans se mesler, que j'appelay[1]. Ainsi, nous allasmes à Muchères[2], petit lieu dans la Boissile, où arrivé, mon coup me pressant fort, outre que c'estoit la première blessure que j'avois eue, je m'enquis plustost d'un ministre que d'un chirurgien. Ne trouvant ny l'un ny l'autre, je me fis apprester un restrinctif, et voyant ceux qui estoient près de moy affligés, me tenant mort, je leur fis voir combien l'escole de la vraye Religion m'avoit appris à cognoistre ce

1. Turenne guerroyait alors pour le compte du roi de Navarre, et le détachement qui l'attaqua était composé de soldats royaux.

2. Il semble très difficile d'identifier cette localité, que tous les textes écrivent cependant de la même manière.

que c'estoit que de mourir; quoy qu'en l'aage de
vingt-trois ans, je jouissois du bénéfice de la mort de
Jésus-Christ, voyant le monde comme un mauvais
passage que j'achevois de passer; mon esprit tran-
quille, je consolois ceux qui estoient près de moy,
bien diversement à celuy qu'il ressentoit lors que je
fus si malade à Montauban.

Mon ame lors flottant par la présence de mes
péchés et mal asseurée en la rémission par la croix,
puissance et souffrance de Jésus-Christ, je puis attester
avec vérité n'avoir [eu] qu'un seul regret, qui estoit de
laisser mes biens, où force églises sont recueillies, à
ma sœur, qui estoit de la Religion romaine. Dieu en
disposa autrement. Soudain, le roy de Navarre,
qui avoit esté averty, m'envoye ses médecins et chirurgiens, qui, après m'avoir pansé, furent d'avis de
me mener à Badefort[1], suivant la prière qu'en faisoit
Mons'' de Saint-Helmes, à qui estoit la maison; là, ils
me jugèrent en grand danger, estimans que quantité
de sang m'estoit tombé sur le diafragme, qui me cau-
soit une extresme douleur au costé, et que, se faisant
un sac qui ne pouvoit s'évacuer, me continueroit la
fièvre, qui m'emporteroit. Cela leur pensa me faire
une ouverture au costé. Voyans cette opération très dou-
teuse, ils usèrent de saignées aux bras et aux pieds, de
ligatures et ventouses, si bien qu'après quelques jours
ma playe se consolida, ayant tousjours une fièvre lente,
amaigrissant, et ma douleur de costé me continuant.

La paix[2] se fit : le roy de Navarre me meine ainsi

1. Badefol (Dordogne), arr. de Bergerac, près Lalinde.
2. C'est l'édit de 1577, connu sous le nom de paix de Poitiers, signée le 17 septembre.

mal à Agen ; là on commença à establir et exécuter
l'édict, le Roy disant vouloir maintenir cette paix, qu'il
avoit faite, et non la précédente, où il avoit esté forcé.
Continuant à estre mal, je m'en vins à Turenne.
Après avoir eu l'avis des médecins et chirurgiens,
Monsr Joubert me dict à part que si je le voulois croire,
que je prendrois de l'eau qu'on appelle d'arquebu-
sade, où il entre des escrevisses ; ce que je fis par
quinze jours, avec tant de profit, que je crachay tout
le sang pourry qui m'estoit demeuré dans le corps,
et depuis je ne m'en suis pas senty.

Cette paix fut souvent interrompue par des surprises
de places, qui se faisoient d'une part et d'autre, et
plus encore de ceux de la Religion, pressés, non tant
par le roy de Navarre que par quelques autres particuliers, principalement de ceux de Languedoc, qui estoient
entrés en une grande méfiance du mareschal d'Amville,
leur gouverneur, estimans que, si par ces moyens ils ne
maintenoient quelques armes, qu'ils ne se pourroient
conserver ; quoyque cela se fist sans commandement
dudict roy, si ne vouloit-il les désavouer, pour n'obliger ceux qui leur tenoient la main, ou de séparer le
party ou de se réconcilier avec le Roy. Le roy de
Navarre n'avoit voulu consentir que la reine Marguerite le vinst trouver, à cause du mauvais mesnage
qu'ils avoient eu estans à la Cour, les divers soupçons
qu'elle luy avoit donnés de ses comportemens ; quoy
que le Roy son frère ne l'aymast, si luy sembloit-il
estre honteux pour luy de voir sa sœur comme répu-
diée par le roy de Navarre, lequel estoit blasmé des
uns de ne se porter assez vertement à la réparation
des contraventions à l'édict, des autres d'attirer sur le

party une grande haine, à cause des mescontentemens du Roy contre sa personne, à l'occasion de la reyne sa sœur.

Ledict roy de Navarre m'envoya prier, estant à Turenne, de l'aller trouver; ce que je fis soudain. Il m'exposa ses peines, les blasmes susdicts de son procédé, me demandant avis de ce qu'il avoit à faire. Mon opinion fut qu'on devoit convoquer une assemblée générale de ceux de la Religion, pour, avec un avis commun, se résoudre sur ces difficultés et se décharger par après des blasmes qu'on luy donnoit sur le général. Le Roy, la Reyne mère et Monsieur, par diverses voyes, négocioient pour la venue de la reine Marguerite. Ainsi que l'assemblée fut résolue et les députés venus à Montauban, le Roy y envoya le sieur de Bellièvre qui, depuis, a esté chancelier de France, pour déclarer sa bonne volonté à maintenir son édict, sa patience à supporter tant d'entreprises contre ledict édict par ceux de la Religion, le désir qu'il avoit de revoir la reine sa sœur près du roy de Navarre. Il fut résolu que, de part et d'autre, on envoyeroit des députés par les provinces pour réparer les contraventions faites à l'édict de ce costé et d'autre, et remporta ledict sieur de Bellièvre de plus douces paroles du roy de Navarre pour le regard de la reine Marguerite qu'il n'avoit auparavant, son esprit estant fort offensé, jusque-là qu'il doutoit de la seureté de sa personne, elle se rapprochant. La pluspart de ceux qui estoient près de luy n'adhéroient à sa venue, et aussi peu le corps des églises, estimans qu'elle porteroit beaucoup de corruption et que le roy de Navarre mesme se laisseroit aller aux plaisirs, en donnant moins de temps et d'affection aux affaires.

Les députations allentirent un peu les aigreurs, qui estoient prestes à éclater en une guerre ouverte, et cependant firent peu ou rien du tout, ce à quoy les uns et les autres avoient contrevenu.

La Reyne mère[1] se laisse entendre de vouloir venir et amener sa fille[2]; elle part, quoy qu'elle n'eust pas la parole du roy de Navarre de la recevoir, s'achemi-

1. Un projet de mariage, que tout naturellement l'auteur des *Mémoires* a passé sous silence, eut lieu au milieu de 1578 entre le vicomte de Turenne et sa jeune cousine, Charlotte-Catherine de la Trémoïlle. C'est la reine mère qui semble avoir été l'instigatrice de cette union, si on en juge par une lettre du 7 juillet à la duchesse douairière, dans laquelle, non seulement elle lui écrit qu'elle seroit bien aise de ce mariage; mais elle ajoute : « Je vous prie qu'il se puisse effectuer aussitost que faire se pourra. » Or, la jeune fille n'avait que onze ans (née en 1567, morte en 1629, à soixante-deux ans). Catherine de Médicis avait aussi trop préjugé le consentement de la grand'mère commune, la connétable de Montmorency. Car celle-ci mandait d'Écouen, à sa fille, à la fin de juin : « Je ne vous cellerai que la reine mère, passant par Chantilly, me parla du mariage de votre fille avec mon fils, le vicomte de Turenne, et parce que je sais la crainte que vous en avez, je vous ai bien voulu avertir de ce qui se présente, affin que, en attendant que vous serez par deçà, vous y passiez, car il y a apparence. » (Archives de Thouars.) La reine mère séjourna quelques jours à Chantilly au commencement de juin 1578. (Voir *Lettres de Catherine de Médicis*, t. VI, p. 28 et suiv.) Charlotte de la Trémoïlle fut demandée vers la même époque par le prince de Conti, frère cadet du prince de Condé, qu'elle devait épouser, le 16 mars 1586, d'une façon si romanesque.

2. La reine mère s'était mise en route avec sa fille au commencement d'août 1578; et elles arrivaient à Bordeaux le 17 septembre.

nant, priant et menaçant que, menant sa fille, si elle estoit refusée, que la honte qu'on feroit au Roy et à elle seroit telle que, prenant le seul roy de Navarre à partie et donnant la jouissance de l'édict à ceux de la Religion, qu'ils ne voudroient favoriser ledict roy de Navarre à une si mauvaise cause, ny qu'aucun prince estranger se voulust formaliser pour ledict roy, qui, averty de cecy, entendant force murmures des provinces, qu'ils n'avoient eu les armes en la main que pour la Religion, que, cette occasion cessant, ils estoient sujets du Roy, qu'il leur seroit fort dur d'abandonner le roy de Navarre, mais qu'ils y seroient contraints, si la cause générale se rendoit particulière.

Cela fit changer d'avis, à sçavoir de dire à la Reyne mère qu'elle vinst, et que, sa fille se comportant selon son devoir, que tout le passé seroit mis en oubly. Le lieu de sa réception est arresté à la Réole[1], ville de seureté; le sieur Favas[2] y commandoit. La Reyne avoit le mareschal de Biron[3] près d'elle, qui avoit fort mal recognu l'obligation qu'il avoit au roy de Navarre d'avoir fait chasser le marquis de Villars de la lieutenance de Guyenne pour l'y mettre. Ledict

1. L'entrevue de la Réole eut lieu le 3 octobre 1578, à peu près comme le raconte Turenne, qui y fut présent. Tous les détails se trouvent dans la lettre écrite le jour même par la reine mère à Henri III. (Voir *Lettres de Catherine de Médicis*, t. VI, p. 47 et suiv.)

2. Jean de Favas, baron d'Auros, capitaine protestant, dont les aventures sont connues.

3. Armand de Gontaut, baron de Biron, qui, comme lieutenant général en Guyenne, eut tant de démêlés avec les protestants, le roi de Navarre et Marguerite de Valois.

Biron cherchoit tous les moyens qu'il pouvoit pour brouiller. A cette première réception, les choses se passèrent assez doucement, et néantmoins la reyne Marguerite demeura avec la Reyne sa mère, qui s'en devoit venir au port de Sainte-Marie, et le roy de Navarre, accompagné de cinq ou six cens gentils-hommes, s'en retourna à Nérac. Aussitost que la Reyne fut arrivée audict port, elle le fit sçavoir audict roy de Navarre, le conviant d'appeller les députés des provinces, pour conférer et restablir les choses esbranlées aux édicts[1]. Le roy de Navarre l'alla trouver audict port, qui n'est distant que de deux lieues de Nérac; et là, il refusa d'accepter ce lieu-là pour s'assembler, si ce n'estoit que la Reyne le dispensast d'y estre.

Je vous ay dict qu'après que j'eus pris les armes, qu'on m'avoit fermé les portes à Casteljaloux, où commandoit le sieur de Rosan, puisné de la maison de Duras; je m'estois résolu de me faire réparer ce mépris. Duras l'aisné, passant un jour par Leytoure[2], parlant à Monsr de Lavardin, lui avoit tenu quelques propos de moy sur ce sujet, plus libres qu'il ne me sembloit pour les endurer; ledict Duras estant avec la Reyne mère, je me résolus de le faire appeller. Je pars de Nérac et envoye le sieur de Frontenac[3] au

1. Les discussions furent longues pour savoir où devaient se tenir les conférences, qui ne commencèrent à Nérac que dans les premiers jours de février 1579. Catherine de Médicis et Marguerite de Valois avaient séjourné au Port-Sainte-Marie (Lot-et-Garonne), à 20 kil. d'Agen, à la fin de décembre et tout le mois de janvier.

2. Lectoure, ch.-l. d'arr. du Gers.

3. Antoine de Frontenac, de la maison de Buade, écuyer du

port, lequel n'y trouva plus ledict Duras. Cela failly, j'attendis l'occasion que vous sçaurez. Enfin, après plusieurs allées et venues, le lieu du port est refusé, mais celuy de Nérac choisi ; et d'autant qu'il falloit du temps pour faire venir les députés, la Reyne mère donna jusqu'à Thoulouse pour voir ces villes-là, où je fus envoyé vers elle, sur les avis qu'avoit le roy de Navarre qu'on faisoit des entreprises sur des places tenues par ceux de la Religion, qui s'excusoient d'envoyer leurs députés des provinces pour se trouver à Nérac au temps assigné. Arrivant à Thoulouse, je trouvai beaucoup de peuple amassé le long des rues par où je devois passer pour aller au logis qu'on m'avoit préparé. Ce peuple mutin, ennemy de ceux de la Religion, me monstroit avoir désagréable ma venue, et qu'il ne voyoit pas volontiers que j'allasse trouver la Reyne mère[1].

Après estre arrivé, je fis avertir ladicte Reyne, pour prendre l'heure qu'il luy plairoit me donner ; elle me remit au lendemain à deux heures, là où je l'allay trouver ; et, luy ayant rendu mes lettres qui portoient créance, je luy fis entendre qu'en Dauphiné et Languedoc on avoit descouvert diverses entreprises qui se faisoient sur les places de ceux de la Religion ; que le

roi de Navarre, chargé souvent de porter ses dépêches, plus tard gouverneur de Marans.

1. L'entrevue de Turenne et de la reine mère à Toulouse eut lieu le 23 octobre 1578 et les jours suivants. On peut comparer le récit qu'en fait ici le vicomte et ce qu'en dit son historien, le chanoine Marsollier (*Histoire de Henri de la Tour d'Auvergne, duc de Bouillon*), avec la version envoyée le jour même par Catherine de Médicis au roi. (*Lettres*, t. VI, p. 83 et suiv.) Naturellement, de part et d'autre, on s'accuse de mauvaise foi.

mareschal de Biron en menoit une sur Périgueux ; que
le pouvoir qui luy avoit esté donné estoit restreint
dans les conditions auxquelles le roy de Navarre ny
ceux de la Religion ne se soumettroient point ; que, s'il
ne luy plaisoit faire cesser les entreprises, et se faire
authoriser suffisamment, que ce seroit en vain de
s'assembler, prévoyant le roy de Navarre qu'on estoit
plus près d'une rupture que d'un accord ; de quoy il
ne vouloit ni ceux de son party estre blasmés, estant
ce qui luy en faisoit donner avis, pour luy donner sujet
de prévenir cela, qui donneroit occasion aux mignons
(ainsi appelloit-on les ducs de Joyeuse et d'Espernon),
qui taschoient à lui rendre de mauvais offices près du
Roy, de le faire, de ce qu'au lieu d'avoir accomodé
le roy de Navarre et la reine sa fille et empesché la
guerre, qu'en sa présence les affaires se fussent aigries
et portées à une rupture entière.

Elle me dict qu'elle ne pouvoit empescher les catholiques, qu'on pilloit et travailloit en diverses façons,
d'en faire de mesme, qu'elle estoit mère du Roy,
qu'elle sçavoit estre de si bon naturel, qu'on ne luy
pourroit rendre de mauvais offices près de luy ; que,
pour couper chemin à tout cela, il falloit que le roy
de Navarre reprist sa fille, et que le jour de l'assemblée fust pris sans aucun délay ; que cela osteroit
l'occasion à tous remueurs de ménage, d'une religion
et d'autre, de ne rien entreprendre, estimant qu'aussi
bien, s'ils n'estoient chastiés, il faudroit réparer ce
qu'ils auroient fait, me conviant d'y tenir la main,
estant obligé, outre ce que je devois au Roy, d'affec-
tionner ce qui la regardoit, ayant cet honneur d'estre
descendu de la maison de Boulogne et d'Auvergne

comme elle ; que c'estoit une grandeur et bonne fortune de m'approcher du Roy, lequel elle sçavoit qu'il
m'aymoit et estimoit. Je ne luy donnay loisir de para-
chever ces propos, que je cognoissois vouloir venir à
me donner des espérances d'accroissement d'honneur,
en me départant de la fidélité que je devois et voulois rendre à ma religion et au roy de Navarre qui
m'avoit employé ; je la remerciay très humblement,
luy témoignant que j'estois de ceux qui ne donnoient
jamais de l'accroissement à leur particulier, en dimin-
uant ce qui estoit de leur devoir et faisant actions
contraires à ce qu'ils témoignoient extérieurement se
sentir obligés ; que les remueurs s'accommodassent ;
que le roy de Navarre fust content ; et lors je cher-
cherois toutes occasions pour témoigner au Roy et à
elle que j'estois capable et fort disposé pour les bien
servir.

Alors elle me dict qu'elle vouloit venir à Ausche, que
si le roy de Navarre s'en vouloit approcher, qu'ils
prendroient un lieu pour se voir, que cependant elle
escriroit pour arrester le cours de ces remuemens,
ainsi qu'elle prioit le roy de Navarre d'en faire de
mesme, et désira que de Thoulouse mesme j'en escri-
visse aux églises de Languedoc : ce que je fis avec
grande discrétion, ne voulant que mes lettres servis-
sent à asseurer ceux de la Religion et donner plus de
moyen par là d'entreprendre sur eux, et d'estre
asseuré ou de malice ou d'ignorance, estant aisé à
voir que la volonté de la Reyne n'estoit entièrement
sincère, ni aussy si bien obéie, qu'il ne parust qu'on
avoit besoin de se garder. Elle me renvoya avec cette
asseurance de se vouloir assembler, et qu'à Ausche

on résoudroit le lieu et le jour ; qu'elle prioit qu'on hatast les députés, afin qu'elle pust s'en retourner retrouver le Roy.

Je donnois avis d'heure à autre au roy de Navarre de tout ce qui se passoit ; sur mes avis, il s'avance à Leytoure, où je le fus trouver, et lui rendis compte de toute ma négociation ; après quoy il se résolut de s'approcher d'Ausche, lors qu'il sçauroit que la Reyne mère y seroit. Sçachant son arrivée, il s'en alla en la maison de Monsr de Roquelaure, qui n'est pas loin d'Ausche, d'où, ayant sceu l'arrivée de la Reyne, il prit résolution de s'y en aller, et assez légèrement, veu les défiances qu'il avoit[1].

Ausche est une petite ville presque peuplée de prestres. Le mareschal de Biron estoit venu là trouver la Reyne ; nous arrivasmes à Ausche sur le midy, où nous ne trouvasmes la Reyne, estant allée à une tente de palombes[2], le mareschal de Biron et autres personnes de qualité estans avec elle. Nous trouvasmes la reine Marguerite et les filles. Le roy de Navarre et ladicte reine se saluèrent et se témoignèrent plus de préparation à un accommodement qu'ils n'avoient fait les autres fois qu'ils s'estoient veus : les violons vinrent ; nous commençasmes tous à danser.

La danse continuant, le jeune Armagnac arrive[3],

1. Le séjour de la reine mère à Auch eut lieu du 20 novembre au 10 décembre 1568.

2. La chasse aux palombes se faisait avec des filets tendus au débouché d'une vallée, dans lesquels on poussait les oiseaux, qu'on regardait prendre assis dans une « tente. »

3. Ce jeune Armagnac était sans doute le premier valet de chambre de Henri de Navarre, sauvé par Marguerite du massacre de la Saint-Barthélemy.

estant party de Nérac, dépesché vers le roy de Navarre pour l'avertir que, la nuit précédente, la Réole[1], qui estoit une des villes de seureté, avoit esté surprise par le chasteau. Il fit son message à l'oreille du roy, qui soudain m'appela; le premier mouvement fut si nous estions assez forts pour nous saisir de la ville; il fut jugé que non. Soudain, je dis qu'il nous falloit sortir, et qu'avec justice nous pouvions nous saisir du mareschal de Biron et autres principaux qui estoient avec la Reyne, pour r'avoir la Réole. Nous prenons congé de la compagnie, qui trouva nostre départ plus prompt qu'elle ne se l'estoit promis, n'en sçachant l'occasion; ils monstroient de l'estonnement : tout cela hastoit nostre départ, interprétans tous les propos et gestes de ceux d'Ausche à une suitte délibérée contre nous, ainsi qu'il avient ordinairement que, quand on a quelque chose à entreprendre où il y a du hazard, tout ce qui se meut semble se mouvoir à l'opposition de ce que nous projettons.

Estans hors de la ville, mon ouverture fut proposée et non suivie, s'y trouvant du péril, pour estre ledict mareschal bien monté, et ayant assez d'hommes de main pour rendre le combat douteux; que c'estoit faire affront à la Reyne, y ayant apparence qu'elle n'en sçavoit rien; que cela estant, elle feroit restituer la Réole, que nous pouvions nous saisir de Fleurance[2],

1. La Réole, que le capitaine Favas avait occupée avec les protestants, fut livrée aux catholiques par le gouverneur d'Ussac, que les huguenots accusèrent de trahison.

2. Fleurance est une jolie petite ville sur la rive gauche du Gers, à 11 kil. de Lectoure. La surprise de cette place par le roi de Navarre et Turenne eut lieu dans la nuit du 22 au 23 novembre; tous les historiens l'ont racontée.

qui estoit sur nostre chemin, et de Leytoure; et qu'à cet effet il falloit faire avancer les mareschaux des logis et les accompagner d'une partie des gardes, afin qu'ils nous peussent garder une porte, et que le roy iroit au devant de la Reyne, pour luy témoigner son offense et son respect, chose qui ordinairement engendre plustost du mespris, en ce qu'on croit que c'est plustost par faute de moyen de faire autrement que par volonté, et ne se void guères qu'en pareil cas on se souvienne de telles courtoisies.

Au rencontre de la Reyne, le roy de Navarre l'abordant, elle fit fort l'estonnée, et avec raison, ne sçachant ce que nous ferions; elle donne quantité de paroles pour asseurer une réparation. Le mareschal de Biron, autheur de cette exécution, qui n'estoit aymé du roy de Navarre, et qui ne s'asseuroit de moy, qu'il croyoit sçavoir qu'il avoit poussé la Reyne mère à m'imputer toutes les procédures du roy de Navarre qui ne luy agréoient, se jette hors du chemin séparé des carroses, accosta quelques-uns des nostres, se justifiant et promettant de faire tout devoir pour luy faire rendre cette place. Nous nous séparasmes ainsi, et ne peusmes arriver à Fleurance qu'il ne fust trois heures de nuit.

Sur l'arrivée des mareschaux des logis, quelques-uns de la ville se jettèrent dans une porte où il y a deux tours et commencèrent à faire quelques barricades. Comme nous eusmes mis pied à terre, le capitaine des gardes du roy de Navarre, nommé Saint-Martin, alla pour faire une ronde, venant au droit de cette porte saisie; on luy demanda qui vive, et à mesme instant bonnes arquebusades; il demeure là et avertit le roy, qui me commanda d'aller voir ce que c'estoit.

Je fus parler à ces habitans, pour sçavoir l'occasion de leur retraite à cette porte, veu que tout estoit en repos, que nous venions de laisser la Reyne, laquelle nous devions retourner trouver dans peu de jours; ils nous firent paroistre de sçavoir autres nouvelles, nous disans ne vouloir partir d'où ils estoient sans commandement. Je mandai au roy leur réponse, et commençay à les attaquer, leur faisant quitter leurs barricades; retirés dans les tours, ils se voyent en danger du feu et de la sappe; ils se rendirent et sceusmes qu'aussitost que nous eusmes laissé la Reyne, il leur avoit esté mandé de nous fermer la porte; mais, les mareschaux des logis estans dedans, ils n'avoient osé entreprendre de les faire sortir. Nous mismes garnison, et nous en allasmes à Nérac, où toute la négociation fut en allées et venues pour avoir réparation de la Réole; à la fin, il fut résolu qu'elle seroit remise à ceux de la Religion; mais que le sieur d'Ussac en auroit le gouvernement, et le sieur de Favas n'y rentreroit. Cela convenu, on résolut d'appeller les députés, et envoyet-on par tout. Les provinces s'y disposent et s'assemblent pour députés envoyer à Nérac. La Réole est remise entre les mains de d'Ussac, qui, gagné, quitta au bout de quelques mois la Religion, et tint cette place, la guerre suivante, contre ceux de la Religion, au préjudice de son ame et de son honneur, contrevenant à ce qu'il avoit promis.

La conférence se tint, où furent accordés les articles nommés la Conférence de Nérac : la Reyne part et s'en va à Agen[1], où le sieur de Duras la vint trou-

______

1. C'est le 7 mars que la reine mère arriva à Agen. Le 10,

ver; ce que sçachant, je pars de Nérac avant la pointe du jour, et me rendis vis-à-vis d'Agen, du mesme costé de Nérac, d'où j'envoyay un gentilhomme au sieur de Duras, luy dire le lieu où je l'attendois avec une épée et un poignard, pour tirer raison de luy des paroles qu'il avoit dictes de moy[1]. Le message fut bien fait; mais, peu après, ledict Duras fut arresté; je ne le sceus point qu'il ne fut plus de dix heures, n'ayant cessé de pleuvoir toute la matinée. Averty que je fus, je montay à cheval et m'en allay à Nérac, où le roy de Navarre estoit prest de monter à cheval pour apprendre de mes nouvelles. Il estoit question de faire exécuter, de sa part, des catholiques romains et de ceux de la Religion, les articles accordés. Le roy de Navarre voulut que je prisse cette commission en toute la Guyenne. Ayant receu ses commandemens, j'allay à Agen trouver la Reyne; je prenois cette charge mal volontiers, cognoissant que ce ne seroit que des contestations odieuses, estant presque impossible, en tel cas, de satisfaire les uns et les autres, et le plus souvent les laissans tous mal-contents; d'ailleurs, il ne se présentoit nulle occasion où estre employé; ce

elle chargeait le vicomte de Turenne d'aller conjointement avec le maréchal de Biron faire exécuter l'édit de paix en Quercy, Rouergue, Périgord et Limousin. (Voir *Lettres de Catherine de Médicis*, p. 297.)

1. Ce duel fameux, que tous les écrits du temps ont relaté, eut lieu le 17 mars 1579; Jacques de Durfort assistait son frère Rosan, et le baron de Salignac était le second du vicomte de Turenne. Il donna lieu à de nombreuses récriminations et à une longue enquête. Le 23 juin, le roi, par un acte spécial, fit défense aux deux adversaires de continuer leur querelle. (Voir *Lettres de Catherine de Médicis*, t. VI. Pièces justificatives, n° XLIV.)

qu'un jeune homme qui veut parvenir doit rechercher de ne demeurer oisif.

Estant à Agen, la Reyne nous accorda, le sieur de Duras et moy, qui m'estois satisfait par cet appel, n'y ayant nuls propos injurieux. Ainsi qu'on travailloit pour l'ordre de l'exécution des articles, s'y estans passés quelques jours, estant retiré en mon logis, le sieur de Duras y vint. Je le receus avec honneur ; nous approchasmes d'une fenestre, nous reculans de la troupe de force gentilshommes qui estoient dans ma chambre. Il me dict que son frère de Rosan estoit venu, et que si je voulois parler à luy, qu'il le feroit trouver où je voudrois. Je luy dis qu'encore que j'eusse des défences et que j'estois là pour les affaires publiques, que son avertissement m'obligeoit à jouir de son offre, et que, le lendemain de grand matin, je me trouverois au bout du gravier (ainsi appelle-t-on la place qui est entre la ville et la rivière de Garonne, du costé qui va à La Foz), monté sur un courtaut, avec une épée et un poignard, et que là, son frère et moy nous nous contenterions. Il me dict qu'il vouloit estre de la partie ; je refusay cela : il me le contesta ; je m'accorde d'y mener un amy, adjoustant que personne n'avoit ouy nos propos, et que de ma part rien ne m'empescheroit. Nous nous donnons le bon soir ; je le conduisis jusques dans la rue. Soudain, après estre retourné en ma chambre, je donnay le bon soir à tout le monde, et envoyay querir le baron de Salagniac[1],

1. Jean de Gontaud-Biron, baron de Salignac et de Saint-Blancard, chambellan du roi de Navarre, gouverneur du comté de Périgord, mort en 1610. Il était né en 1553 à Salignac, au diocèse de Cahors, et commença par faire l'office de

auquel je dis ce qui s'estoit passé entre Duras et moy, et que je le priois de m'assister en cela; ce qu'il accepta volontiers. Nous avisasmes nos épées et poignards, et en prismes chacun une, longue de trois pieds, épées que nous portions ainsi ordinairement, et aussi deux poignards, n'estant lors cette vilaine et honteuse coustume, introduite depuis, de porter aux duels des épées de cinq ou six pieds, des poignards avec des coquilles, comme des demy rondaches. Cela fait, nous nous séparons.

Le matin, avant jour, il me vint trouver; ayant accommodé la pointe de nos épées, nous résolusmes d'user de toutes les courtoisies que les occasions nous offriroient envers ceux à qui nous devions avoir affaire. Je pris un pourpoint découpé, en quoy je fallois, pour se pouvoir aisément embarrasser dans les découpures les gardes du poignard ou de l'épée. Le jour venu, nous prenons chacun un courtaut, des esperons sur nos bas de soie, nous faisant suivre par un petit laquais; nous sortons par la porte du Pin, et nous nous rendons au lieu désigné, où nous demeurasmes près de deux heures; à la fin, nous voyons venir les deux frères, montés sur deux chevaux d'Espagne, contre ce qu'ils avoient arresté. Ils s'approchent de nous et veulent mettre pied à terre; je leur dis : « Allons plus loin, voilà des gens qui courrent après

courrier diplomatique entre Henri de Béarn et la reine mère, puis il servit brillamment sous Du Plessis, Rosny, Turenne, combattit à Coutras, fut nommé en 1596 lieutenant-général en Limousin et enfin ambassadeur à Constantinople. Il avait épousé Marguerite Hurault, petite-fille de l'Hospital. (Voir *les Gontaud-Biron et les réformés de Salignac*, par Joseph Beaune. Périgueux, 1896, in-8°.)

nous qui nous sépareroient. » Nous galoppons environ deux cents pas, bouillans de venir aux mains, et craignans que de la ville on ne courust et fussions empeschés. Je m'arreste et mis pied à terre, et, le baron près de moy, faisons oster nos esperons et priasmes Dieu; eux mirent aussi pied à terre. Duras s'avance pour nous visiter; nous estions tous détachés, la chair nous paraissant par les ouvertures de nos chemises; eux ne l'estoient, mais seulement déboutonnés de quelques boutons. Ainsi que Duras me visitoit, je luy mis la main sur le pourpoint, luy disant qu'il n'estoit maillé, le tenant trop galant homme; je dis de mesme à son frère, qui estoit à dix ou douze pas de moy; je vis qu'il avoit des esperons; je luy dis qu'il les ostast, le pouvans faire tomber, ce qu'il fit; Duras me dict ce que j'avois à demander à son frère; je responds que nous n'estions là pour nous en éclaircir que par les armes, lesquelles nous mismes au poing, et allasmes les uns aux autres. Je luy donnois des estocades, que je croyois le percer; il me blesse un peu à la main gauche; il tombe : je le fais relever; je veux aller aux prises en me jettant sur luy; je rencontre le bout de son épée du bras gauche et m'en blesse; l'ayant mené plus de soixante pas, j'ouïs le baron de Salagniac qui disoit à l'aisné : « Prenez une autre épée. » Il survint neuf ou dix hommes de Duras, qui commencent à me charger par devant et par derrière, de sorte qu'ils me donnèrent vingt-huict coups, de quoy il y en avoit vingt-deux qui me tiroient du sang, et les autres dans mon habillement; je ne tombe ny mes armes; pensans m'avoir donné assez de coups, ils me laissent.

Il arrive quelques gens de la ville, mesme le gouverneur, le sieur de Lusignan[1], qui me rameine; estant pansé, mes coups se recognoissent sans danger. Le roy de Navarre vint le lendemain sur le gravier pour me querir, où la Reyne l'alla trouver. Il témoigna un très-vif ressentiment de la supercherie qu'on m'avoit faite. Je m'en allay à Nérac, où je fus tost guéry.

Il ne se peut rien faire aux actions de nostre vie de plus injuste envers Dieu, ny qui doive tant offenser les souverains, que tels combats, auxquels nous nous faisons meurtriers de nos ennemis ou de nous, et bien souvent de tous deux; nous disposons de nos vies, qui ne nous sont libres, dépendantes des commandémens de nos souverains pour les employer à la défense de nostre patrie et en ses querelles; la seule fantaisie fait l'offense, et soumettant nostre honneur à pouvoir estre blessé par la seule imagination de moy ou d'autruy, et, pour le réparer, nous allons offenser Dieu grièfvement, nostre prince, mettre nostre honneur au hazard; n'estans les armes décisives pour celuy qui a la meilleure cause, les événemens arrivans souvent au contraire, nous hazardons nostre vie et nostre bien. C'est pourquoy, mon fils, si l'édict[2] qui est maintenant observé sur ce sujet vient à n'estre observé lors que vous serez en aage de porter les armes, je vous commande, prie et conseille que vous évitiez toutes occasions de querelles, avisiez de n'offenser personne;

1. Henri de Lusignan ou Lezignan, capitaine huguenot, ami du roi de Navarre, qui eut plus tard le gouvernement de la ville et du château de Puimirol.

2. L'édit de Henri IV contre les duels.

rendez-vous discret entre les gens de vostre aage et avec tous autres de ne leur dire rien qui les puisse fascher; gardez-vous de vous mocquer, la mocquerie suscitant souvent des querelles; empeschez-vous des jeux de mains, qui sont ordinairement occasion de faire des offenses entre les meilleurs amis; si on vous offense, avisez de ne la recevoir légèrement; mais, l'estant, prodiguez tout pour conserver vostre honneur et vostre réputation, à laquelle ayant laissé faire bresche, toutes les autres vertus sont inutiles aux hommes de vostre qualité; et est celui-là incapable de s'agrandir jamais en sa condition, mesmement entre les François, où la vaillance est si commune que, celuy qui ne l'est, paroist comme un homme indigne d'aucune louange ny mérite; mais, si vous estes sage et discret, vous vivrez avec une honneste et bienséante société qui vous empeschera de querelles, et n'aurez à porter vostre vie au péril, et vous donnerez de la réputation au service de Dieu et de vostre Roy. En mesprisant les dangers, vous témoignerez vostre courage; et, si en telles actions vous y trouvez ou des blessures ou la perte de la vie, vous aurez trouvé cela où il faut le chercher, et aurez, soit en vos douleurs, soit en mourant, cette satisfaction, que vostre honneur en sera accreu, et la mémoire en sera bonne à ceux qui vous survivront.

J'ay fait cette disgression, d'autant que ce sont les plus importantes actions qui se pourront présenter au cours de la vie.

La Reyne mère s'ennuyoit; elle avoit fait son traitté, qui luy sembloit estre suffisant pour contenter tout le monde de l'issue de son voyage, et qu'elle avoit remis sa fille avec le roy de Navarre ; néantmoins, elle jugeoit que ces choses ne seroient de durée ; elle part, et s'en va à Toulouse, et de là prit son chemin par Castelnaudary vers le Bas-Languedoc, où le roy de Navarre l'alla trouver, et se dirent adieu avec témoignage d'affection [1]. Nous nous en retournons à Nérac ; on poursuit l'exécution des édicts et conférence de Nérac, en quoy plusieurs choses furent omises de part et d'autre, mesmement en Languedoc, où quelques petites places que tenoient ceux de la Religion devoient estre délaissées, ne le furent point ; aussi du costé des catholiques il y eut diverses omissions à l'exécution de la conférence, estant certain que les uns et les autres, qui avoient leurs esprits portés à la faction, estoient bien aises par les désobéissances se garder tousjours quelques armes en la main ; cela nourrit et continua les méfiances de part et d'autre. Monsr le mareschal d'Amville monstroit se vouloir séparer du roy de Navarre ; ceux de la Religion en Languedoc se préparoient ; Monsr de Chastillon, fils de Monsr l'admiral, mort à la Saint-Barthélemy, pour leur commander sous le roy de Navarre. Les soupçons croissans, on tint une assemblée générale de ceux de la Religion à Montauban[2], où l'on fit union plus estroite de tout le corps ; et, pour estre plus certain des commandemens et résolutions, lors qu'il faudroit que tout le général suivist une mesme délibération, on rompit

1. La séparation eut lieu à Castelnaudary le 7 mai 1579. La reine mère en a raconté les incidents avec une véritable émotion. (Voir *Lettres*, t. VI, p. 357 et suiv.)

2. C'est l'assemblée de janvier 1580, où fut décidée la prise d'armes.

quelques escus, desquels toutes les moitiés demeurèrent entre les mains du roy de Navarre, et les autres furent données à Monsr le Prince, et à chacun de nous les principaux du party, et à chaque province, pour les garder entre les mains de gens eslus, et ensuite ordonner ce qu'ils auroient à faire, lors qu'on les avertiroit de quelque résolution générale.

Nous séjournasmes à Montauban quelque temps; chacun s'employoit à se préparer à un nouveau remuement et à recognoistre des places. Monsr le Prince avise à se restablir dans le gouvernement de Picardie, estimant qu'il le luy falloit faire par surprise de place, mais que, l'ayant fait, il falloit qu'un remuement grand divertist le Roy de l'attaquer, ou pour le moins si fortement que, s'il n'estoit point diverty d'ailleurs, il bastit une entreprise sur la Fère, nous aussi aucunement pressés par divers attentats au préjudice des édicts, mais ayans aussi envie d'avoir les armes à la main.

Monsr le Prince résout son partement de Saint-Jean[1], avec cinq ou six hommes, leurs barbes et cheveux teints et des emplastres sur le visage, pour se faire mécognoistre, alla en poste, passe près de Paris et se rend à la Fère[2], de laquelle il se saisit. Nous prismes aussi jour pour la prise des armes, qui tom-

---

1. Condé partit déguisé de Saint-Jean-d'Angély avec quelques partisans; il en trouva d'autres qui l'attendaient à Mouy et à Brieux (Oise). (Cf. d'Aubigné, *Hist. univ.*, t. VI, p. 48.)

2. La surprise de la Fère est du 29 novembre 1579. Ce ne fut que trois ou quatre mois plus tard que les protestants du Languedoc coururent aux armes. Le récit de Turenne tient assez peu de compte des dates précises.

boit quelques vingt jours ou un mois après celuy de la saisie de la Fère. Monsr le Prince, estant à la Fère, envoye vers le Roy l'avertir de son arrivée, s'excusant de ce qu'il avait entrepris cela sans son commandement, sur la crainte qu'il avoit que Sa Majesté eust plustost déféré aux persuasions de Monsr de Guyse qu'à ses prières; mais qu'il n'estoit là pour remuer, mais pour faire tout ce qui luy seroit commandé; conseil pris avec nous de ce procédé amuser le Roy, qui, au lieu de s'aigrir, commence à traiter avec ledict Prince pour régler l'authorité qu'il pourroit avoir, et exercer son gouvernement; ce que croyant, ledict Prince estima que la prise des armes ne feroit qu'empescher son establissement, envoye vers le roy de Navarre pour le divertir de la prise des armes[1]. Le jour donné, un chacun pouvant avoir fait un mouvement qui seroit mal aisé de réparer, Monsr le Prince, n'ayant qu'une partie des raisons de la prise des armes dépendante de luy, nous luy redepeschons, l'avertissant que les choses estoient si avancées, qu'elles ne s'estoient pu retarder. Nous nous en revenons à Montauban, d'où le roy de Navarre part pour aller à Agen, et me donna le commandement du Haut-Languedoc[2].

1. C'est à cette époque qu'on place les amours de Turenne avec Marguerite de Valois, dénoncées au roi de Navarre par Henri III. Tout cela pourrait être de la légende, aussi bien que l'anecdote grivoise racontée par Tallemant des Réaux.

2. Vers le même temps, Turenne résolut de prendre le gouvernement du Haut-Languedoc, où il serait seul et pourrait facilement surveiller les agissements de Damville, devenu duc de Montmorency par la mort de son frère aîné, et qui semblait se rapprocher de la cour.

Je pris congé du roy de Navarre, y ayant eu plusieurs qui trouvèrent estrange comment je prenois le Haut-Languedoc, et laissois la lieutenance de Guyenne, où j'avois si long-temps commandé, et où j'avois pris une grande créance. Je désiray de prendre une charge où je fusse seul, afin que le bien ou le mal que j'y ferois me fust imputé, estant l'ordinaire que la louange des grandes actions est souvent emportée par le chef, et ceux qui sont dessous en recouvrent souvent fort peu. J'avois, outre cela, un sujet qui me convioit à m'éloigner dudict roy, pour m'éloigner des passions qui tirent nos ames et nos corps après ce qui ne leur porte que honte et dommage; à quoy Dieu nous assiste, lors que nous nous gardons assez puissans pour nous servir et prendre les occasions qui nous éloignent du mal. Avant que je partisse, les catholiques avoient pris la ville de Sorèze[1] par surprise, qui avoit mis un chacun en allarme; de sorte que je courois beaucoup de danger avant que d'estre à Puylaurens[2], où je me rendis; et là, me vinrent trouver tous les députés des villes de Lauraguais, avec les principaux gentilshommes, me témoignans une grande joye de mon arrivée, et de ce qu'ils auroient à m'obéir. De là, j'allay à Castres[3]; les armes

1. Sorrèze (Tarn), cant. de Dourgne, à 26 kil. de Castres. La ville, prise par les catholiques le 3 mars 1580, fut reconquise par les protestants le 14 septembre suivant.

2. Puylaurens (Tarn), arr. de Lavaur. — Le vicomte de Turenne, à la tête de ses troupes, y séjourna très fréquemment du mois d'avril au mois d'août 1580.

3. Castres (Tarn) était à cette époque une sorte de petite capitale, ayant évêché, sénéchaussée, justice royale. Les protestants y étaient peu nombreux et avaient obtenu qu'on y éta-

se prenoient. Avant que rien entreprendre, j'estimay
qu'il falloit establir un ordre aux finances, aux armes
et à la police, qui me fit faire une convocation de
toutes les villes dépendantes de mon gouvernement,
de la noblesse et des ministres à Castres, où estans
assemblés, je leur fis entendre la cause de la prise
des armes, qui leur pouvoit estre mieux connue qu'à
nuls autres, d'autant que cette province avoit pressé
mon envoy pour leur commander, suivant ce qu'ils
avoient désiré ; que je désirois en leur commandant y
avancer les affaires publiques, les garder des dommages de leurs ennemis, et y acquérir de l'honneur ;
que pour le faire il falloit establir un ordre par lequel
les gens de guerre peussent, estans entretenus, vivre
avec discipline et obéissance qu'il falloit pour la garde
des places, et pour ceux qui serviroient à la campagne,
tant pour pouvoir entreprendre que pour s'opposer
aux ennemis, qu'ils sçavoient pouvoir estre beaucoup
plus forts que nous, ayans et plus de moyens et plus
d'hommes. Je me retire de l'assemblée, afin de les
laisser libres et recueillir leurs voix ; peu de temps
après, ils envoyent vers moy en mon logis deux de
chaque corps, pour me remercier de ce que j'avois
quitté de plus grandes charges pour leur venir com-

blît pour eux une « chambre de l'édict. » Turenne s'y posait en
chef de parti, entendant faire respecter son autorité. Il arriva
à Castres le 17 avril, et l'assemblée dont il parle se tint le
22 avril 1580, au lendemain d'une entrée solennelle où il fut
acclamé comme « général en ce pays. » — Tous les détails
relatifs au séjour du vicomte et à ses exploits dans cette région
se trouvent mentionnés au *Journal de Faurin sur les guerres
de Castres*, publié à Montpellier, en 1878, par M. de la Pijar-
dière, archiviste de l'Hérault. Gr. in-8°, 268 p.

mander, qu'ils vouloient suivre mes conseils et départir les moyens qu'ils avoient selon ce que je jugerois le plus nécessaire, et me prioient me trouver le lendemain au lieu de l'assemblée, pour y présider et y résoudre toutes les affaires.

Le lendemain, ils me font voir de quoy ils pouvoient faire estat pour l'entretenement de toutes les dépenses, leurs deniers dépendans de trois natures, sçavoir : des impositions en forme de taille, qui se jetteroient sur chaque consulat, desquelles il y en avoit une partie de certaines, qui estoient celles des consulats de la Religion, les autres douteuses, pour estre toutes ou partie du consulat de Rome; l'autre nature de deniers estoit les biens ecclésiastiques; et la troisiesme les biens des catholiques romains qui faisoient la guerre. Le revenu estimé, on avisa combien chaque diocèse avoit de places qui tinssent pour nous, et les garnisons qui leur falloit, tant pour les garder de surprise que pour empescher que les garnisons des ennemis n'empeschassent leurs vivres, commerce et autres libertés. Cette dépense tirée à part, on avisa ce qui restoit pour entretenir près de moy quelques forces, qui furent seulement de huict cens hommes de pied, cent chevaux et cinquante arquebusiers de ma garde, avec cela quelques forts pour se servir de trois canons qui estoient dans la province. Pour les autres parties inopinées, elles restèrent à prendre sur des moyens inopinés et incertains. Cela résolu, chacun se sépare.

J'avois autour de la ville de Castres huict ou dix garnisons des ennemis comme la Brugère[1], où com-

___

1. La Brugière, à 9 kil. de Castres, ch.-l. cant. du Tarn.

mandoit le sieur de La Croisette[1], lieutenant de Monsr d'Amville; l'autre Villemur[2], Soucelle-Saint-Martin[3], et quelques autres : la plus éloignée à deux lieues. Je pris grand soin de bien commencer, afin de donner une bonne opinion de moy aux nostres et de la crainte aux ennemis, estant une chose de grand profit à la guerre de donner une bonne impression de son courage et de sa conduite. La garnison de toutes celles qui nous estoient contraires, là où il y avoit le plus d'hommes meilleurs et le mieux commandés, c'estoit la Brugère. Après avoir bien fait cognoistre les avenues et observé leur ordre pour sortir aux allarmes, j'appris qu'il y avoit un chemin creux assez proche de la ville, dans lequel on se pouvoit embusquer sans que la sentinelle du clocher de la ville peust voir l'avenue de ce chemin creux, et qu'aux allarmes ils estoient prompts à sortir et en désordre, ce à quoy ils avoient esté cognus par plusieurs petites courses de peu de gens que j'avois fait faire le jour précédent à leurs portes. Je pars de Castres avec deux cents hommes de pied, quatre-vingts chevaux et mes gardes pour m'aller embusquer dans ce chemin, et donnay au sieur Boisselin[4], mon lieutenant, vingt chevaux pour aller à la porte de la ville, et ainsi qu'ils verroient qu'ils sortiroient qu'il se retirast, de

1. Jean de Nodal, s[r] de La Croisette, gentilhomme catholique.
2. Villemur-sur-Tarn, où commandait le seigneur de Reniès.
3. Texte difficile à corriger. Peut-être faudrait-il lire : « Villemur sous [le capitaine] Saint-Martin? »
4. Jean de Boisselin, ou peut-être Jean de Boisselet, sgr de la Cour d'Arcy et de Mailly-la-Ville, capitaine d'une compagnie d'arquebusiers à cheval.

sorte qu'il ne fist pas paroistre aux ennemis qu'il eust
autre attente de salut qu'à Castres et qu'il prist le chemin de sa retraite par un endroit que je luy dis,
lequel je pouvois voir du lieu où j'estois embusqué.

Nous nous acheminons; tout se conduit selon
l'ordre donné; nous sommes en nostre embuscade;
Boisselin donne près la porte; les ennemis sortent, la
cavalerie pousse les nostres, qui estoient bien soixante
chevaux; environ deux cents hommes de pied les suivoient : ils outrepassent nostre embuscade; l'infanterie, les suivant par un autre chemin, la recognut :
ce que voyant, je désembusque et coupe la cavalerie
entre la ville et en tuasmes ou prismes la pluspart;
nous pressasmes l'infanterie, desquels il ne nous en
demeura que peu, le païs estant plein de fossés, qui
nous empescha de nous pouvoir bien mesler, ainsi
que l'eussions fait autrement.

Ce premier coup me prévalut tout le long de cette
guerre vers les nostres et vers les ennemis; il se passa
quelques mois sans qu'il se fist rien de notable. Le
mareschal de Joyeuse, qui commandoit en Languedoc, et le sieur de Cornusson, séneschal de Thoulouse, assemblèrent toutes leurs forces vers Carcas-
sonne pour venir renvitailler Sorèze, que nous tenions
comme investie par les forts que nous avions autour;
ils traisnèrent trois canons pour forcer lesdicts forts.
Sorèze est une petite ville assise au pied de la montagne, qu'ils appellent au païs Nègre. Ayant avis de
leur assemblée et de leur dessein, je mande toutes les
garnisons et donne leur rendez-vous à Ravel[1], ville

1. Ravel, ch.-l. de cant., arr. de Villefranche-de-Lauraguais.

que nous tenions à une lieue de Sorèze, où je me
trouvay le jour que les ennemis descendirent la montagne pour venir à Sorèze, ayans demy lieue de plaine
à passer avant que d'estre à Sorèze. Je montay à cheval avec environ deux cents chevaux, tant pour
recognoistre l'armée ennemie que pour asseurer ceux
qui estoient dans nos forts que, s'ils estoient atta-
qués, je les secourerois. Après avoir veu entrer et
loger l'armée contraire le long des fossés de leur ville
et veu ceux qui estoient dans les forts en bonne
occasion, je me retire à Ravel. Le capitaine Franc, qui
venoit de Puylaurens au rendez-vous, entendant
dire que j'estois à cheval et que les ennemis arrivoient
à Sorèze, estima que je pourrois avoir affaire de luy;
au lieu de venir à Ravel, il alla droit à Balbausse[1], un
des forts que je tenois, qui estoit un moyen corps de
logis de pierre de taille, avec des guérites aux quatre
coins et deux petits ravelins au milieu de chaque face
du corps de logis; il joint à la susdicte maison un bois
renfermé de fossés, ainsi que le sont presque tous les
champs en ce païs-là. Les ennemis, voyans et enten-
dans par les tambours cette infanterie, remontent à
cheval, prennent leur infanterie et viennent attaquer
la nostre, qui, au lieu de se renfermer, se résolut de
garder le bois. Les ennemis, avec six ou sept cents
chevaux et trois mille hommes de pied, attaquent
les nostres; la cavalerie ne le pouvant à cause du
fossé, tout le combat se démesla par l'infanterie.

---

1. Ne serait-ce point le fort de la Balbaugie, ou Valbaugie,
près Sorrèze, dont Turenne venait de s'emparer? (Voir *Journal de Faurin sur les guerres de Castres*, p. 106.)

Cela dura depuis les quatre heures jusqu'à la nuit[1].

J'estois à Ravel, sans le moyen de secourir les nostres, n'ayant pas plus de deux cents chevaux et sept ou huit cents hommes de pied, le païs fort contraire, pour la quantité de fossés, ceux qui sont les premiers placés ayans grand avantage sur ceux qui attaqueroient. J'assiste les nostres de poudres portées par quelques gens de cheval, qui, avec hazard et sçachant bien les avenues de ce lieu, passoient : la nuit les sépara ; les nostres se retirèrent proche de la maison, laissant quelques hommes dans le bois pour tenir les ennemis en croyance qu'ils le gardoient ; lesdicts ennemis font leurs feux, posent leurs gardes, démonstrant de les vouloir attaquer le lendemain, recognoissans la faute qu'ils avoient faite de n'y avoir mené leur artillerie. La nuit venue, je mis en délibération ce que nous devions faire pour le salut des nostres, leur perte nous estant de conséquence, telle qu'il s'ensuivroit celle de la pluspart du païs. Nous prismes résolution de partir dudict Ravel tous à pied, avec les armes de main que nous peusmes trouver, n'ayant en cette heure-là nostre infanterie que peu ou point de picques. Nous fismes trois petits corps de nos hommes armés ; le mien estoit de cent hommes, et chacun des autres de cinquante ou soixante ; ayans logés à nos flancs quelques arquebusiers, le gros de nostre infanterie marchoit entre nos petits gros d'hommes armés, qui avions pris deux chemins peu éloignés l'un de l'autre, qui se venoient rencontrer assez proche du lieu où nous pensions trouver les ennemis. Nous

____

1. La petite expédition fut assez meurtrière, puisque « deux cents papistes » y trouvèrent la mort ; elle eut lieu le 16 juin 1580.

n'avions peu avertir les nostres de nostre acheminement pour leur secours.

En cet ordre, nous arrivons et trouvasmes les ennemis retirés, sans que les nostres en eussent eu avis; aussi, nous les prismes avec nous, et, laissans dans la maison quelque cinquante hommes, je me retiray à Ravel, las du chemin qu'avions fait tous armés, bien aises d'avoir retiré les nostres. Les ennemis, le lendemain matin, se mettent en bataille, font marcher moins de mille pas de la contrescarpe de Sorèze leurs trois canons et commencent à battre la pallissade et le logis de la Borie-Blanque[1]. Ceux que j'avois laissé dedans relèvent un peu de terre entre le fossé et la maison, où ils se tenoient pour empescher l'assaut, à quoy ils voyoient l'ennemy préparé aussitost que la pallissade seroit rompue et que les ruines pourroient avoir un peu remply le fossé. Entendant la batterie de Ravel, je sors avec mes troupes et commence à marcher droit aux ennemis, lesquels, me voyans venir, retirent quelques compagnies de cavalerie qu'ils avoient avancé sur mon chemin; ils donnent l'assaut, duquel ils furent repoussés; je continue à marcher, ayant fait ma teste de deux troupes d'infanterie d'environ six cens hommes de pied; les ennemis retirent leur artillerie et viennent prendre leur place sur leur contrescarpe; j'essaye, par quelques escarmouches, de les convier de s'avancer, mais ils ne le voulurent faire; ce que voyant, et la nuict s'approchant, ayant visité si nostre Borie se pouvoit réparer et mettre en estat, qu'estans retour-

---

1. Petit fort, qui tenait son nom d'un capitaine du pays.

nés à Ravel, les ennemis la retourneroient assaillir avant que nous peussions la secourir : ce qu'ayant esté jugé impossible, avec l'avis des capitaines, je la fis brusler; les ennemis, délogeans le jour d'après, reprennent la montagne, se retirent, se séparans chacun en leur garnison.

Ceux de Thoulouse, qui ont esté fort cruels à ceux de la Religion, estimans que leur armée nous osteroit de la campagne, font brusler diverses maisons appartenantes à ceux de la Religion, qui me fit envoyer vers eux leur signifier que, s'ils ne faisoient cesser telles rigueurs et se maintenir dans l'usage de ce que la guerre permet, que j'en ferois de mesme. M'ayant fait réponse, qui ne me contenta, je résolus de faire cesser la cruauté par la cruauté, quoique plusieurs qui avoient leurs biens au pouvoir des ennemis n'approuvassent ma résolution. Je ne laissay de partir le lendemain avec trois canons, m'estant venu joindre le sieur Daudou[1], de la maison de Leran, qui commandoit à Foix, et marche vers Thoulouse, envoye quelques troupes, qui bruslèrent quelques métairies[2] appartenantes à quelques principaux de Thoulouse et pris huict ou dix forts assez importans avec mon canon, entre lesquels fut la maison de Beauville, appartenante à ceux de Malras[3], où il arriva une

1. Jean-Claude de Lévis, baron d'Audou et Balesta, gouverneur du comté de Foix, capitaine huguenot, qui, de sa résidence de la Bastide d'Audou, près Toulouse, répandait la terreur dans les régions voisines.

2. Comme les châteaux de Fayet, Ferrières et Beauville, qui furent brûlés le 28 juin.

3. Le ms. de P. Dupuy, l'un des meilleurs qui aient été con-

chose estrange, néantmoins très vraye. Ayant tiré quelques canons au machicolis, nos soldats, les plus hardis que j'aye jamais veu, vinrent au pied de trois tours qui faisoient un triangle eu égard à elles, ayans une galerie à chacune pour leur estre communicables les unes aux autres ; les nostres en prennent les deux : à la plus grosse ils mettent le feu à la porte ; la porte bruslée, ils remplissent le bas estage de matière bruslante en telle quantité que, quoique les estages fussent bien hauts et voustés, les voustes s'échauffent tellement, qu'estant les soldats et le peuple qui s'estoit mis là-dedans retiré au plus haut, la chaleur les contraignoit de telle sorte que ny eux, ny nous, n'ayans moyen de les délivrer de ce piteux estat, ils se précipitoient du haut en bas avec grande pitié.

Un enfant de douze ans[1], à ce qu'il m'a dict depuis, s'estant réservé au second estage, la fumée et le feu le pressant, se montre à la fenestre, où il luy fut tiré beaucoup d'arquebusades, desquelles deux luy donnèrent dans la barrette bleue ; deux gentilshommes qui estoient à moy firent cesser de luy tirer : cet enfant monte sur la fenestre, tourne son visage vers

servés, s'arrête à ces mots : « ... ceux de Malras. » Il est à observer que cette copie est datée de 1627, tandis que l'édition de l'avocat du Parlement, Pierre le Franc, est achevée d'imprimer le 30 juillet 1666, le privilège royal étant daté du mois précédent. — Pierre de Malras, baron d'Yolet, capitaine de Mur-de-Barrès, fut un des gentilshommes protestants du Languedoc les plus dévoués à Henri de Navarre : il était l'ami de Turenne. Il avait un frère, François de Malras, marié à Gasparde de Taillac.

1. L'anecdote est racontée à peu près dans les mêmes termes par le *Journal de Faurin*, p. 107.

la tour, qui estoit ronde, et, sans aucun soin, commence à s'appuyer des mains et des pieds contre la tour (foible appuy sans l'admirable assistance de Dieu), descend de là jusques au bas, où il y avoit plus de trente pieds, sans tomber; il est reçeu par les miens, qui me l'ameinent; enquis comme il avoit fait, ne le sçavoit bien, sinon qu'il avoit toujours prié Dieu. Je le voulus retenir pour le nourrir, il ne voulut; au contraire, il désira d'aller chez sa mère, qui estoit en un village proche, appartenant au comte de Cramail[1] : je l'y fis conduire et luy donnay quelque argent; il estoit borgne, et croy qu'il est encore en vie.

Cela pris, je me retiray à Castres et remis mes troupes en garnison; bientost après, on commença à parler de la paix[2]. Le roy de Navarre m'envoye querir, me faisant cet honneur de ne résoudre aucunes affaires d'importance sans m'en communiquer[3]. Monsieur, frère du Roy, vient luy-mesme en Guyenne, avec le pouvoir du Roy pour la traiter, assisté de quelques conseillers d'Estat. J'avisay[4] à

1. Hubert le Vergeur, comte de Cramailles.

2. C'est le traité de Fleix, négocié par le duc d'Anjou et signé un peu plus tard, le 26 novembre 1580. Les pourparlers avaient lieu au château de Fleix, appartenant à Gaston de Foix, marquis de Trans.

3. Turenne ne fait aucune allusion dans ses *Mémoires* ni au voyage de Strozzi en Guyenne, pendant que lui et sa sœur résidaient à la petite cour de Nérac, ni au désir de ce même Philippe Strozzi d'épouser sa sœur, veuve du comte de Tende, ni à la conduite singulière du roi, qui déjà poursuivait de sa haine Marguerite de Valois. (Voir Mathieu, *Hist. du règne de Henri III*, l. VII.)

4. On lit dans le *Journal de Faurin* : « En ce mois de septembre, presque sur la fin, Monsr le viscomte de Turenne

laisser la province asseurée et en bon odeur du service que j'y avois rendu. Ils eslurent quelques députés, ainsi qu'il fut fait par toutes les autres provinces qui recognoissoient le roy de Navarre pour leur protecteur, pour assister audict traitté, qui fut fait à Coutras, où, par Monsr le prince d'Orange, de la part de toutes les provinces des Pays-Bas, furent envoyés des députés pour offrir leurs provinces à Monsieur[1].

La paix conclue, Monsr le prince de Condé, père de celuy qui vit, se trouva mal content du traitté, estimant qu'on ne s'estoit assez souvenu de luy, qui ne faisoit que d'arriver d'Allemagne, ayant trouvé en la province des esprits qui flattoient son mescontentement, en sorte qu'ils ne vouloient y laisser publier la

est party de la ville de Castres et s'en est allé vers la France avec toute sa suite. »

1. Le célèbre patriote Marnix de Sainte-Aldegonde avait suivi le duc d'Anjou pour rendre compte aux États-généraux des Pays-Bas de ses dispositions de chaque jour. En même temps, il leur racontait froidement ce qui se passait sous ses yeux. Il écrivait de Fleix, le 30 octobre 1580, que Turenne était arrivé à Bergerac, mais qu'il était retenu par la fièvre, ce qui pourrait retarder les négociations de la paix en France. Puis, le 21 novembre, il disait que le vicomte discutait les conditions avec le duc d'Anjou, le roi de Navarre, les députés protestants du Languedoc et de la Guyenne et MM. de Bellièvre et de Villeroi, envoyés par la cour. Enfin, le 17 décembre 1580, il mandait de Coutras au prince d'Orange : « Hier, vers le soir, est arrivé icy le roy de Navarre avecq Monsieur le vicomte de Turrayne et ont approuvé la paix, ayant quicté la Réolle, et, au lieu d'icelle, accepté Figeacq et Montsegure, de sorte qu'il ne reste plus nulle doubte au faict de ladicte paix. » (*Documents concernant les relations entre le duc d'Anjou et les Pays-Bas*, publiés par Muller et Diegerick, t. III, p. 569 et 603.)

paix, mais seulement une suspension d'armes, accordée à Monsr le mareschal de Montmorency, gouverneur pour le Roy en ladicte province; Monsieur et ledict roy de Navarre me convièrent d'y aller, pour persuader ledict prince de s'accommoder, luy faisant entendre les raisons sur lesquelles le traitté s'estoit fait, et, qu'où il voudroit se roidir, je fisse recevoir le traitté à la province[1]. J'accepte cette commission, quoy que j'y recognusse beaucoup de difficultés, l'humeur du prince arresté et ferme aux choses où il s'estoit déclaré. Le traitté avoit donné plus d'avantage à d'autres qu'à luy, et à quelque autre province plus qu'à celle du Languedoc, et sçavois, comme j'ay tousjours esté sujet à estre envié, qu'on m'avoit préparé cette commission, qu'ils estimoient ruineuse.

Le mal que je voyois si cette division eust pris trait, l'affection singulière que j'ay toujours eue à voir les églises unies et un bon repos à l'estat me firent entreprendre cette négociation. Je pars d'auprès du roy de Navarre deux ou trois jours après que Monsieur et luy se furent séparés; je m'acheminay en Languedoc vers Monsr le Prince, que je trouvay à Nismes[2],

1. Sur la mission de Turenne près du prince de Condé, qu'il alla trouver à Montpellier, puis à Nîmes, voir l'*Hist. univ.* de d'Aubigné, t. VI, p. 146, et les *Mémoires de la Huguerie*, t. II, p. 90.

2. Turenne arriva à Nîmes le 12 février 1581. Le 15, il écrivit aux Églises réformées à l'occasion d'une assemblée que le prince de Condé avait convoquée pour le 21 avril. Puis, il demanda aux consuls de la ville d'écrire au capitaine Merle, pour l'engager à remettre Mende au sieur d'Apchier, que le roi avait désigné comme gouverneur de la ville. Le 6 juin, les magistrats et le Consistoire de Nîmes attestaient la sage con-

duquel je fus fort bien receu, encore qu'on luy avoit dict que, s'il ne consentoit à la publication des articles de la paix, que je m'efforcerois de les faire publier. Cette jalousie faisoit rechercher les volontés de ceux qui s'y voudroient opposer et tenoit la province en grande division. Je fis voir audict Prince que j'avois toute mon adresse vers luy, que je n'avois, en aucune ville où j'eusse passé, rien exposé de ma commission, qui avoit pour fin à luy faire cognoistre les raisons qui avoient pressé le traitté, sans l'y pouvoir attendre; qu'il avoit esté malicieusement informé que le roy de Navarre ny autres eussent eu des avantages secrets à son préjudice; que les siens égaloient ceux dudict roy, Saint-Jean estant d'aussi grande conséquence qu'Agen; combien il estoit impossible de rompre le traitté et de quelle conséquence et ruine seroit la division. Ledict Prince avoit deux secrétaires, nommés La Huguerie[1] et Sarrazin, le premier très-mes-

duite de Turenne. (Voir Ménard, *Hist. de Nîmes*, t. V, p. 166, réimpression de 1875.) — On croyait que de Nîmes Turenne se rendrait dans les provinces voisines. En effet, le 27 février 1581, l'un des chefs des Réformés du Dauphiné, Allemand d'Allières, écrivait de Die à M. de Hautefort, premier président du parlement du Dauphiné, en lui confirmant son grand désir de voir conclure une prompte paix : « Il seroyt bien expédiant que quelques-uns des plus amateurs de paix, tant de vostre party que du nostre, peussent parler ensemble, pour faciliter et disposer les choses à une bonne exécution, par l'arrivée de Monsieur le vicomte de Turaine en ceste province, commis par Monseigneur le roy de Navarre pour laditte exécution... » (Bibl. nat., Ms. fr. 15564, fol. 50.)

1. La Huguerie est trop connu pour lui consacrer une note ; il suffit de renvoyer à ses *Mémoires*, publiés par la Société de l'Histoire de France, en trois volumes (1877-1880). Quant à

chant, qui avoit des pensées à la ruine de l'Estat, ainsi qu'il l'a témoigné au reste de sa vie. Ceux-cy donnoient des espérances à ce Prince que, n'acceptant la paix, il se rendroit chef du party, et le poussèrent à de très mauvais conseils; son esprit, bon et porté à aymer l'Estat, fit qu'il prit résolution de s'en aller à Montauban, où estoit le roy de Navarre; que je demeurerois en Languedoc pour y faire publier la paix, lorsque j'aurois avis de Montauban après qu'il y seroit arrivé. Il part : soudain, ceux de la province des trois diocèses de Nismes, Montpellier[1] et Uzès s'assemblent et envoyent de Montauban[2] déclarer qu'ils désiroient qu'on publiast la paix; ces deux secrétaires estoient demeurés nonobstant leurs pratiques. Soudain, que j'eus une lettre du roy de Navarre, je fis publier la paix, allay trouver Monsr de Montmorency, avec lequel je convins de ce qu'il falloit faire pour l'exécution dudict traitté.

J'appris soudain que Monsr le Prince avoit témoigné un grand mescontentement contre moy; il avoit estimé que cela se fit sans un particulier consentement de luy, La Huguerie luy ayant tousjours asseuré

Théophile Sarrazin, seigneur de Salneuve, c'était aussi un agent du duc Casimir de Bavière; conseiller à la cour des comptes de Montpellier, il avait de bonne heure embrassé le protestantisme.

1. D. Vaissète, dans l'*Hist. générale de Languedoc* (nouv. édit., t. XI, p. 695), dit que le vicomte de Turenne, étant à Montpellier, persuada aux habitants de faire leur soumission, d'accepter l'édit, et leur procura une abolition générale à partir du 1er mai 1581.

2. Le roi de Navarre avait convoqué à Montauban une assemblée de protestants, où vint le prince de Condé.

qu'il l'empescheroit[1]. Le roy de Navarre me donne avis de cela, et remettoit en moy d'aller à Montauban ou non. Soudain, je me résous d'y aller[2]; de Montpellier, j'y fus en trois jours, bien asseuré de n'avoir donné nul mescontentement raisonnable audict Prince et que ce que j'avois fait estoit aussi avantageux pour son service comme luy estoient dommageables les conseils de ses secrétaires[3]. Après quelques difficultés qu'il fit de me voir, en la présence du roy de Navarre, je luy déduisis mon procédé, auquel, n'ayant rien trouvé à redire, il me recognut pour son serviteur.

Le voyage de Monsieur[4] se préparoit; je pris congé du roy de Navarre et m'en allay en mes terres d'Auvergne et me préparay d'aller trouver Monsieur, lors que je le sçaurois sur la frontière de Picardie, où l'assemblée de ses forces se faisoit pour le secours de Cambray, que le duc de Parme tenoit assiégé.

En ce temps, chacun pensoit estre bien payé en dépensant son argent pour faire des troupes, avec lesquelles on peut acquérir de l'honneur; j'y allay volontaire et menay avec moy cinquante gentils-

1. Ce mescontentement provenait de l'acceptation par Turenne du titre de lieutenant-général du roi de Navarre, que Condé prétendait lui revenir de droit.

2. Turenne était à Montauban vers le milieu de mai 1581; il y fut rencontré par Bellièvre, qui se loua beaucoup de son attitude. — *Lettres de Catherine de Médicis*, t. VII, p. 471.

3. A cette assemblée politique des protestants à Montauban assistaient le roi de Navarre, le prince de Condé, récemment revenu d'Allemagne, Pierre Beutterich, représentant de l'électeur Palatin.

4. Turenne s'était remis avec le duc d'Anjou pendant les conférences de Fleix.

hommes de très-bonne qualité, qui ne se dédaignoient pas de porter mes casaques orangées de velours, avec force passemens d'argent et les armes dorées par bandes. Je fis acheminer nos équipages et partis de Joze, avec partie de ceux qui venoient avec moy; je me mis sur la rivière d'Alier; et, ayant atteint les postes, j'allay trouver Monsieur, n'ayant voulu le Roy que je passasse à Paris, ne voulant voir ceux qui alloient voir son frère, afin d'oster sujet de plainte au roy d'Espagne. Sa Majesté avoit donné commandement au sieur de Puy-Gaillard[1], avec huict cens chevaux et quatre mille hommes de pied, de costoyer l'armée de Monsieur, afin, disoit-on, d'empescher qu'il n'entreprist rien contre son service; mais, ce nonobstant, il avoit charge que si ces deux armées s'affrontoient, de paroistre et faire le holà en nostre faveur : conseil prudent de la Reyne mère, qui ne se lassoit emporter par la jalousie du Roy, pour le flatter sur les moyens de s'en délivrer; mais satisfaisoit à cette raison d'Estat que la perte de Monsieur, accompagné de plus de trois mille gentilshommes françois, par un lieutenant du roy d'Espagne, importoit trop au Roy et à son Estat.

L'armée jointe, nous prismes le logement du Catelet[2]. Je suppliay Monsieur me permettre de convier quelques volontaires, jusques à cinquante, et ce que j'avois, pour m'en aller jeter dans Cambray, afin de

1. Jean de Léaumont, seigneur de Puygaillard, gentilhomme gascon, gouverneur d'Angers jusqu'en 1575, célèbre par ses violences contre les protestants, mort en 1584.

2. Le Catelet (Nord), près Douai. On y arriva vers le 15 août 1581.

luy donner avis des ennemis, et, qu'au cas qu'ils
levassent le siége, estans fortifiés de ce qu'il me pourroit envoyer et ce que nous serions dedans, que nous
peussions embarrasser leur retraite, en sorte qu'il eust
loisir d'y venir avec toute l'armée. Il y fit de la difficulté, luy semblant cette expédition périlleuse, qu'avec
si peu de gens j'allasse me jetter dans une ville qui
estoit bloquée il y avoit quatre mois, durant lesquels
ils avoient fait tout ce qu'ils jugeoient convenir pour
empescher qu'il n'y entrast vivres ny hommes. Il me
faisoit cet honneur de m'aymer et jugeoit que ma
perte exciteroit de la méfiance entre ceux de la Religion et qu'il n'y eust quelque intelligence à la ruine de
ceux qui en estoient; la première raison estoit celle
qui me convioit d'y aller, afin que le péril me servist
de degré à la réputation. J'obtins mon congé; j'eus
peine à restraindre le nombre, plusieurs, outre ceux
que j'avois demandé, y voulans venir. Je pars demi-
heure devant la nuict, avec des guides, et m'acheminay,
ayant fait trois troupes.

Comme nous fusmes à une lieue de Cambray, le
sieur de Chouppes[1], à qui j'avois ordonné ma troupe
de retraite, me mande qu'il avoit les ennemis sur les

1. Pierre de Chouppes, seigneur dudit lieu (Vienne, arr. de
Loudun), dont nous avons parlé plus haut, était né en 1531 et
avait débuté en qualité de page de Diane de Poitiers; il fit
ensuite la campagne de Piémont, comme gendarme de la compagnie de la Roche-du-Maine, assista au siège de Metz, et
devint gentilhomme ordinaire de la chambre du roi de Navarre;
puis, il était en 1591 capitaine et gouverneur de la ville de
Loudun. Veuf de Jeanne Favereau, il épousa, en 1588, Jeanne
de Ségur-Pardaillan.

bras; je fais alte et fis commander le semblable à mes coureurs : soudain, ledict de Chouppes, avec ce qu'il avoit, vint à moy, me disant que ceux qu'il avoit avec luy estoient venus me joindre. C'estoit au mois d'aoust, la nuict très-claire, la lune estant dans son plein; je tasche de remettre en l'ordre que nous estions. Les ennemis, qui n'estoient que deux compagnies d'ordonnance, viennent à nous. Cette noblesse courageuse et volontaire, peu, pour une bonne partie, qui se fussent trouvés en telles occasions, commence de se séparer et tirer vers la ville; je vais aux ennemis avec environ vingt chevaux, où je fus porté par terre d'un coup de lance au bras gauche, au-dessus du coude, ce qui estoit à l'espreuve du pistolet; néantmoins, le brassart fut bien offensé, de sorte que le surfais de ma selle rompit : elle se tourna et je tombay, où le sieur de La Vilatte, qui m'avoit si bien assisté lors que je fus blessé auprès de Bergerac[1], mit pied à terre, pensant que je fusse mort. Ainsi que nous parlions ensemble, luy ayant osté son casque, trois ennemis vinrent à la lueur de mes armes, qui estoient dorées, saluent ledict sieur de La Vilatte de trois coups d'espée sur la teste : il se laisse tomber sur moy, qui n'estois relevé, et se recommande à Dieu; ils luy disent de se rendre : je le convie à se lever et parler à eux; il se rend et les convie de me sauver la vie, sans me nommer; je me lève : ils commencent à nous faire trotter dans les herbes fort hautes et à vouloir oster mon casque, que je conteste si bien que je le garday. Ils commencent à disputer entre

1. Voir plus haut, p. 125.

eux qui auroit plus de part à nos rançons, dont l'un, estimant le droit de son compagnon meilleur que le sien, concluoit à nous tuer, et l'autre à nous sauver, auprès duquel je m'approche, le convie d'avouer tout ; je luy donne mon gantelet droit, pour l'asseurer que, lorsque je serois enquis, je m'avouerois son prisonnier[1] : cela nous préserva[2]. Les armes, les herbes grandes, le chemin de plus de demy-lieue et ce que l'appréhension pouvoit occasionner me donna une telle soif, que je n'en pouvois plus ; eux, estimans que je faisois cela pour voir si nous serions secourus, me faisoient marcher du bout d'en bas de la lance sur le haussecou ; je tasche plusieurs fois à vouloir pisser, mais ils ne me laissoient arrester, avec ce que mes tassettes m'en ostoient le moyen ; à la fin, je trouve de l'eau très-fangeuse : avec un peu, je rafraischis ma gorge. Je fus mené à un fort, à une petite lieue de Cambray, où ils menèrent tous ceux qui avoient esté pris, entre lesquels étoient Mons' de La Voute[3], mon cousin germain, blessé de trois coups d'espée sur la teste, les sieurs de Chouppes, mon lieutenant,

1. Turenne fut fait prisonnier sous les murs de Cambrai en avril 1581, et il resta entre les mains des Espagnols jusqu'aux premiers jours de juin 1584. — Voir sa correspondance aux Arch. nat., R² 53 ; et d'Aubigné, *Hist. univ.*, édit. de M. le baron de Ruble, t. VI, p. 329.

2. On avait saisi sur le vicomte de Turenne deux lettres de Paris, écrites les 12 et 13 août 1581, qui donnaient des nouvelles de la reine mère et de Bellièvre. — Voir *Documents concernant les relations du duc d'Anjou avec les Pays-Bas*, publiés par MM. Muller et Diegerick, t. IV, p. 155 et 157.

3. Gilbert de Lévis, comte de la Voute, fils du duc de Vantadour.

La Feuillade[1], de Neufvie[2], Peunian, et jusques au nombre de seize ou dix-sept.

Là, nous contasmes les diverses actions en nostre prise, jusques au point du jour, que ceux qui nous avoient pris eurent convenu de quitter la tour et mesme de mener l'infanterie avec leurs prisonniers au duc de Parme, qui estoit général pour le roi d'Espagne aux Pays-Bas. Il fut question d'en faire aller une partie à pied et à tous de nous faire porter nos armes; plusieurs des nostres y consentoient; je m'y opposay, en sorte que nous eusmes des chevaux, et les preneurs s'accommodèrent de nos armes, sauf les miennes, que le duc de Parme voulut voir, et les retint, estant belles et fort bien faites, pour la folle et malséante coustume dont on s'habilloit si long, qu'il m'est difficile maintenant de croire que l'on ait eu cela en usage, et moins aux armes qu'aux habits. Nous trouvasmes le duc de Parme prest à monter à cheval, ayant retiré son armée, qui estoit séparée, pour tout ensemble se retirer vers Arleu[3], mettant la rivière entre Monsieur et luy, ne voulant combattre à nostre bord. Après m'avoir salué et receu courtoisement, il me dict ces propres mots : « Monsieur le

---

1. François d'Aubusson, seigneur de la Feuillade, etc., chevalier de l'ordre du roi, conseiller et chambellan du duc d'Anjou en 1580, qui avait épousé, en 1554, Louise Pot, fille de Jean de Pot, seigneur de Rodes, et de Georgette Balsac.

2. Il y avait deux frères du nom de Neufvy; le protestant était Bertrand de Malet de Fayolles.

3. Sans doute Arleux (Nord), à 11 kil. de Douai, château fort sur un bras de la Sensée. Tous les textes manuscrits et imprimés portent « Arlon; » ce qui est une faute évidente.

vicomte, la fortune qu'avez courue n'arrive qu'aux personnes de courage, et ceux de vostre aage cherchent l'honneur par les périls; » que nous ne recevrions tous qu'un bon traitement. Je le remerciay, et lui dis que nous ne pouvions attendre autre chose d'un prince si généreux. On nous meine disner en une grange, où tous les principaux seigneurs de l'armée nous menèrent et disnasmes ensemble. Durant le disner, ce ne fut qu'entretiens, offres de courtoisies; on ordonne deux compagnies de lances pour nostre garde, qui nous menèrent à Bouchin[1], où commandoit un gentilhomme que j'avois vu en France, nommé Nocelles[2], près de Monsr de Montmorency, où il s'estoit retiré fugitif pour avoir servi Monsr le prince d'Orange au commencement des troubles des Pays-Bas. Cela me faisoit espérer que nous pourrions avoir quelque faveur; mais il ne se souvint plus du passé.

L'armée de Monsieur, ayant eu avis de ma prise, qui marchoit, s'arresta ce jour-là; et, ne s'estant avancée à Cambray, le duc de Parme ne vit personne jusques à Arleu, où les deux armées, ainsi que je l'ouys dire, se virent, le ruisseau entre deux; il y eut quelques escarmouches de peu ou point d'effet. Le duc de Parme envoye Monsr de Rans[3], père du comte

1. Bouchain (Nord), place forte sur l'Escaut, à 18 kil. de Valenciennes.

2. Ponce de Noyelles, seigneur de Bours, qui avait déjà combattu pour l'indépendance des Pays-Bas.

3. Le mot « Rans » doit être mal écrit. — Maximilien de Longueval, premier comte de Bucquoy, chef des finances aux Pays-Bas et conseiller de guerre de Philippe II, était baron de Vaulx et seigneur de Fresne-les-Condé par sa femme. Il mourut sous

de Bucquoi, qui est aujourd'huy, pour s'informer de ma maison, de ma fortune, de ma religion et sentir si je désirois estre son prisonnier. Je satisfis à ses questions, en sorte que je luy laissois à croire que mon aage me portoit à la recherche de la guerre plus que nulle autre passion ; mais je fis contre moy de luy avoir fait cognoistre que, si j'estois son prisonnier, je craindrois l'estre du roy d'Espagne, et ma détention seroit plus longue que si j'estois au marquis de Robech[1], général de la cavalerie, qui avoit affaire d'argent, estant grand dépensier ; qu'il solliciteroit ma délivrance pour l'émolument qu'il en tireroit, qu'on ne le voudroit fascher, estant homme de caprice, qui, à la révolte générale, avoit esté des premiers à prendre les armes pour chasser les Espagnols. Ces raisons se trouvèrent fausses, d'autant qu'on craignit que, si une fois ledict marquis avoit receu ma rançon, qu'elle luy donneroit du moyen pour relever ses affaires et se passer plus aisément des bienfaits du roy d'Espagne et se soucier moins de servir avec ce que la Ligue commença. Monsieur fut chassé des Pays-Bas, malade, dont il mourut, non sans soupçon de poison[2].

les murs de Tournai le 27 novembre 1581, laissant un fils, Charles-Bonaventure, comte de Bucquoy, né, en 1571, à Arras, général et diplomate connu, élevé par le duc de Parme.

1. C'est évidemment le marquis de Roubaix, Robert de Melun, vicomte de Gand, marquis de Richebourg, marié à la fille de Charles, comte de Lalaing, qui avait le commandement de toute la cavalerie espagnole aux Pays-Bas.

2. Le duc d'Anjou était réconcilié avec Henri III depuis le commencement de l'année ; il se préparait à retourner aux Pays-Bas, quand il mourut le 10 juin 1584.

Cela donc fit durer ma prison deux ans dix mois et payer, au bout de là, cinquante-trois mile escus, dont j'en dois encore, ayant cet argent esté pris à Paris à rente sous les asseurances de Monsr de Montmorency.

De Bouchin, nous fusmes menés à Valenciennes; ces villes n'avoient encore receu garnison. Le duc de Parme estoit bien aise qu'ils vissent quelque fruit de ses armes. Nous arrivasmes à Valenciennes un jour de feste, conduits par trois compagnies de cavalerie; nostre escorte estant descouverte du beffroy, la cloche d'alarme commença à battre; le peuple s'amasse et vint au-devant de nous au fauxbourg, tenans les portes de la ville fermées, pour la jalousie qu'on leur donnast garnison. Cette crainte tourne en fureur contre nous et le peuple commence à nous assaillir d'injures jusques à la porte de la ville, où estans entrés, au lieu de nous mener droit au logis qu'on nous avoit destiné, nous fismes toutes les rues principales; durant ce chemin, le peuple se renouvelloit et aussi se fortifioient leurs cris, leurs injures et commencement de coups de pierre. Injurié de cette sorte, je m'adresse à ceux qui commandoient à nostre escorte, qui témoignoient estre marris de cela, en s'y opposant d'effet, ou qu'au moins, si ce peuple barbare, contre le droit de la guerre, avoit à assouvir sa rage sur nous, qu'ils nous donnassent des armes pour, les tenans en la main, mourir avec elles. Enfin, nous arrivasmes en nostre logis, avouant que cette injure m'est toujours demeurée sur le cœur, en sorte que je prie Dieu m'oster le moyen de m'en venger.

De là, on me meine à Hesdin[1], où j'eus permission
de choisir un des prisonniers, qui fut le jeune Neufvie; mon cousin demeura à Arras et les autres en
divers lieux, qui sortirent bientost. Durant ma prison,
le Roy fit dire à mes amis qu'ils me fissent sçavoir
qu'il me tireroit de prison, pourveu que je luy pro-
misse de ne prendre jamais les armes pour ceux de
la Religion. Monsieur, averty de cela, me mandoit de
promettre, et que la première chose qu'il traiteroit
avec le Roy seroit de luy demander ma parole. Estimant qu'une promesse doit estre faite de bonne foy,
avec délibération de la tenir, qu'ainsi que j'aurois promis au Roy que je luy tiendrois, ce que Sa Majesté me
demandoit me paroissant contraire à ce que j'estimois
estre de mon devoir vers les églises persécutées, je
respondis que j'aymois mieux attendre dans ma prison une sortie libre et honnorable, que d'en sortir laissant en doute si le moyen duquel je me serois servy
auroit esté raisonnable[2].

1. Hesdin (Pas-de-Calais, arr. de Montreuil-sur-Mer). Cette
place n'est française que depuis 1639.

2. Il existe aux Archives nationales (R² 54) tout un dossier
sur la « Rançon de Mgr Henry de la Tour, vicomte de Turenne,
depuis duc de Bouillon. » On y trouve quatre lettres datées du
7 avril 1584, adressées au duc de Parme et au marquis de
Roubaix pour les prier de hâter la mise en liberté du vicomte,
et ces lettres sont du roi Henri III, de la reine Louise et de la
reine mère, Catherine de Médicis. Le 26 avril, le prince répond
à cette dernière en lui annonçant que la rançon est réduite
de « cinquante mille escuz soleil, à cent cinquante florins, » ce
qui diminuait les premières exigences de douze mille cinq
cents florins, à la condition très expresse que « le sieur de
Balançon, capitaine du Roy monseigneur, prisonnier dudict
viscomte, sortiroist aussy avecq son filz, en payant trois

Ainsi que j'ay dict, au bout de trois ans ou à peu près, j'eus ma liberté, un jour ou deux avant la mort de Monsieur. De Chasteau-Thierry, j'allay à Chantilly voir ma grand'mère, où je séjournay quelques jours pour reprendre ma santé, que le long repos avoit incommodée ; et puis j'allay à Paris, où j'eus toutes les bonnes chères du Roy que je pouvois désirer[1]. Monsr de Joyeuse, vers qui estoit toute la faveur, et Monsr d'Espernon, jeunes gens, me traitoit et n'espargnoit rien à me témoigner de l'amitié, nous estans issus de germain. Après un peu de séjour, je m'en allay passer par l'Auvergne, où je n'ay point retourné, et m'en vins en Limousin[1], où je n'ay esté depuis, où

années de ses revenuz. » Le sieur de Limeuil, cousin de Turenne, était chargé de mener à bien ces négociations. On voit que le chiffre n'est pas tout à fait d'accord avec celui indiqué par les *Mémoires*. — Dans le même carton se trouve une liasse considérable de lettres et de billets autographes écrits par Turenne, durant sa captivité d'Hesdin, à son valet de chambre Guichart. Elles sont signées : « ... Vostre bon amy, ... vostre maistre. » Turenne demande qu'on lui envoie des vêtements : « Mon manteau et mes pourpoints, car il commance à faire froid icy. » Puis il voudrait des livres, et il les désigne : « Thucidide, Quinte-Curce, Salluste, Plutarque, Appien, Polybe, l'Iliade et l'Odyssée, les Métamorphoses d'Ovide, l'Énéide de Virgile, » puis, parmi les modernes, « Commines et Scévole de Sainte-Marthe, et une bible des plus petites. » Il n'oublie pas les démarches qui peuvent mettre fin à ses maux; car il ajoute : « Fectes souvenir Madame de Chastelleraut d'anvoier vers Monsieur le prince de Parme, dans le seize ou dix-huict de ce mois, pour voir quelle responce il aura eu d'Espagne. » Mme de Châtellerault était, on le sait, Diane d'Angoulême, fille légitimée de Henri II, veuve du maréchal François de Montmorency et par conséquent tante de Turenne.

1. Turenne ne dit rien d'une assemblée générale des églises

le roy de Navarre me convia de l'aller trouver, ce
que je fis à Nérac, où estoit Monsr d'Espernon[1], qui,
voyant Monsieur mort, le roy de Navarre la première
personne après le Roy, vouloit chercher le moyen de
s'en pouvoir appuyer, ayant Monsr de Guyse pour
ennemy, avec qui Monsr de Joyeuse sembloit s'accommoder. Les mal entendus estoient très-grands entre
le roy et la reine, qui depuis fut démariée; ledict
d'Espernon fust, pour la contrariété de ces deux
naturels, pour n'y trouver seureté, ayant des fins fort
diverses. Cette intelligence ne prit aucune racine; toutesfois, le Roy ne laissa d'en prendre jalousie, et sans
une cheute que ledict d'Espernon fit, en arrivant à la
Cour, de laquelle il perdit tous les sens, ayant esté
quelques jours qu'on le tenoit pour n'en réchapper,

de France, qui eut lieu au milieu de l'année 1584 à Montauban
et que les *Mémoires de Mme de Mornay* signalent en ces termes :
« En cette assemblée, où se trouvent le roy de Navarre, monseigneur le prince, M. de Laval, M. de Turenne, M. de Chastillon, plusieurs seigneurs et gentilzhommes et personnages
qualifiés de toutes les églyses du royaume, fut fait une remonstrance au Roy, par laquelle il estoit très humblement supplié
de pourvoir aux inexécutions et contraventions de ses éditz
de pacification en ce qui estoit de la religion, de la justice et
des seuretez. » (T. I, p. 151.)

1. C'était Henri III qui avait envoyé d'Épernon au roi de
Navarre pour le persuader, dans son propre intérêt, de ren-
trer dans l'Église catholique. Henri de Bourbon voulut que les
conférences se tinssent en présence de son chancelier Du Ferrier, du ministre Marmet, de Roquelaure et de Turenne. Ce
dernier et Du Ferrier furent opposés à la convention. Mais
Roquelaure, dans la discussion, avait répondu à Marmet :
« Mettez sur le tapis une paire de pseaumes et une couronne,
et demandez s'il faut songer à choisir. » C'est, dix ans plus
tôt, le mot célèbre de Henri IV.

cela émeut la pitié au Roy, rallentit son mescontentement, et l'autre, relevé, trouva facilité à reprendre sa
place et dissiper les projets de sa ruine.

Le roy de Navarre me témoigna toute sorte d'amitié et confiance, me disant ses perplexités et consul-
tant des remèdes. Nous voyons les pratiques de la
Ligue croistre et paroistre de jour à autre, auxquelles
évidemment la reine Marguerite participoit, et voyons
un sien valet de chambre aller et venir; je conseille
audict roy de le faire prendre, le mener à Pau, et
soudain luy faire confesser ce qu'il sauroit. La charge
en fut donné au capitaine Maselière, de Nérac, qui
l'alla attendre sur le chemin de Bordeaux, venant
trouver Mons' de Guyse : ainsi fut-il exécuté; mais,
arrivé à Pau, on obmit le principal, qui estoit de le
faire chanter, et, encore à Nérac, sçavoir les formes
qu'on y tiendroit, et tout cela pour gagner temps,
durant lequel le Roy et la Reyne mère furent avertis de
la prise, font une dépesche, se plaignans de ce qu'un
françois pris dans la France en auroit esté tiré en
une autre souveraineté, le redemandant avec menaces.
Le roy de Navarre est conseillé de le rendre, de ne se
devoir opiniastrer de conserver Maselière, si le Roy
continuoit à le demander; blasmant le conseil,
l'homme fut rendu; de là, haine contre moy excitée
pour avoir donné un très-nécessaire et utile avis, si
on l'eut suivy en toute ses parties : chose qui fort souvent rend les meilleurs conseils, sinon dommageables,
au moins infructueux, en n'en faisant qu'une partie.

Vous remarquerez qu'il faut estre fort retenu aux
conseils qu'on donne aux rois, parce qu'ils en mesurent
le gré et le blasme selon leur succès, qui est souvent

un faux témoin contre raison, et aux Cours, où l'on ne craint de desservir son maistre, pourveu qu'à ceux qu'on envie on leur fasse de la peine[1].

Au bout de quelques jours, cette princesse, craignant et persuadée de se retirer, ne pouvoit donner couleur à cette retraite qui la deust contenter, et moins choisir un lieu où elle fust bien. Elle part de Nérac et va à Agen[2], où le sieur de Lignerac[3] l'attendoit avec cinq ou six de ses amis, la charge en croupe sans coussinet, et, en cet équipage, la meine au Mur de Barrez[4]. Ce partement accroit les méfiances, fait que

1. Il ne faudrait pas trop se laisser séduire par les vertueuses tirades qui se rencontrent de temps en temps dans les *Mémoires*. Au fond, le vicomte de Turenne avait le caractère le plus aigre et le moins désintéressé. Il jalousait toutes les influences que les chefs protestants pouvaient exercer sur le roi de Navarre. Cette année même, 1585, il venait d'avoir une querelle de préséance avec Du Plessis et Clervant. (Voir *Mémoires et correspondances de Du Plessis-Mornay*, t. III, p. 2.)

2. Le départ de Marguerite d'Agen eut lieu, à la suite d'une émeute populaire, le 25 septembre 1585, non pas quelques jours avant, mais six mois après la rencontre du roi de Navarre et de ses partisans à Castres. Ce n'est pas au Mur-de-Barrès (Aveyron) qu'elle se rendit, mais bien à Castelnau (Gers), Bournazel (Aveyron), Entragues (Aveyron), et enfin à Carlat (Cantal), où, après beaucoup de fatigues et de peines, elle arriva dans la soirée du 30 septembre.

3. François-Robert de Lignerac, sgr de Saint-Chamant, gentilhomme de la chambre du roi, bailli de la Haute-Auvergne.

4. Lorsque, le 19 mars, quittant Nérac, Marguerite était venue s'établir à Agen, Lignerac lui avait offert ses services avec un petit corps d'infanterie et de cavalerie, recruté dans le Quercy. Le vicomte de Duras était son lieutenant; leur domination dans Agen dura donc six mois. Turenne a confondu le départ de Nérac avec celui d'Agen.

le roy envoye convier les églises d'estre sur leurs gardes, convie Monsr de Montmorency de prendre quelque lieu pour se voir, où on feroit trouver Monsr le Prince et autres plus autorisés dans leur party; le Roy l'avertissoit des entreprises de Monsr de Guyse, qui avoit failly de se saisir de Chaalons, et le prioit de l'assister, s'il en avoit besoin. Le roy de Navarre se servoit des avis que luy donnoit le Roy, encore qu'il jugeoit qu'ils s'accorderoient; le lieu de Castres[1] fut choisi, où se trouvèrent près dudict roy Monsr le Prince, Monsr de Montmorency et tous les signalés des provinces, capitaines et seigneurs du party.

Après s'estre veus quelques jours, et s'estre un peu éclairci des sentimens des uns et des autres, on assembla un Conseil, pour délibérer si on prendroit les armes ou si on attendroit que le Roy, contraint par Monsr de Guyse, nous déclarast la guerre. Les opinions furent diverses, et ces deux opinions furent fort contestées. Les premiers disoient qu'il ne falloit point douter que le traité de Monsr de Guyse[2] ne fust fait et

---

1. Le roi de Navarre passa à Castres la seconde moitié du mois de mars; mais le conseil de guerre, tenu à cette époque, est raconté un peu différemment par d'Aubigné (t. VI, p. 207) et par l'historien local : « Le 14 du mois de mars, jeudy, est arrivé dans la ville de Castres le sieur Henry de Bourbon, roy de Navarre, et son cousin, Henry de Bourbon, prince de Condé, accompagnés de M. le viscomte de Turenne et autres grands seigneurs et gentilshommes, ayant couchés la nuit passée à Puylaurens. On lui a faict entrée honorable. » (*Journal de Faurin*, éd. de Ch. Pradel, 1878, p. 124.)

2. C'est le traité de Nemours, signé par les ligueurs et les représentants du roi, le 7 juillet 1585.

à nostre désavantage, puisque le Roy nous le celloit, contre les asseurances qu'il avoit données de nous tenir avertis de tout ce qu'il feroit avec ceux de la Ligue, qui, commençans, nous les préviendrions; que nous exécuterions des entreprises sur plusieurs places, que les plus expérimentés capitaines d'entre nous proposoient, avec grande apparence de bon succès; qu'estans à la campagne des premiers, que nous attirerions les gens de guerre à nous; que leurs affaires n'estoient encore bien prestes, tant pour n'avoir fait levées, ny fait le fonds pour le payement de l'armée; qu'on pourroit s'avancer vers la rivière de Loire et les empescher de lever des troupes en deçà, sans les mettre en danger d'estre battus. Ceux de l'autre opinion disoient qu'ils croyoient, avec les premiers, que l'orage tomberoit sur nous et que le Roy et la Ligue estoient d'accord, mais que nous en serions accusés; si nous prenions les armes, le Roy nous accuseroit de l'y avoir nécessité, afin de ne demeurer entre les deux partis la proye de l'un et de l'autre; les catholiques pacifiques, craignans la Ligue et haïssans la Religion, nous donneroient le tort; ceux de la Religion, tièdes, non informés, et ceux des provinces qui n'avoient point de retraites, mais soumises à la rigueur des édits, en accuseroient le procédé, y chercheroient leur justification aux moyens autres que d'une commune défiance qu'ils pourroient tenir; que les princes estrangers se laisseroient aisément persuader à croire cela; que dedans et dehors nous sentirions plus affoiblir nostre défense, pour avoir manqué à justifier la prise de nos armes, qu'elle ne seroit fortifiée par les avantages susdicts; qu'il nous falloit avoir égard à attirer la bénédiction de Dieu sur nos armes, que nous n'avons prises que pour garantir son église de la fureur de ses ennemis ; que les provinces où nos églises sont fortes et les autres où elles n'ont point de seuretés, voyant nos procédés, les conjurations à nostre ruine, nostre patience, se joindroient des personnes de moyens et de prières, pour saintement et courageusement s'opposer à la ruine du public et à celle de l'Estat ; mais qu'un chacun pouvoit se préparer, avisant à arrester des hommes, nos places se garder de surprises, et estre, au premier acte que le Roy feroit de déclaration contre nous, à la campagne.

Cette dernière opinion l'emporta, de laquelle j'avois faict l'ouverture, et Monsr de Montmorency de l'autre ; ainsi on se sépara, chacun allant à sa charge. Le roy de Navarre vint à Montauban, où il n'eut demeuré que peu de jours, qu'il ne fut asseuré de la perfection du traité de Monsr de Guyse avec le Roy, à condition de nous faire la guerre. Desjà, on voyoit la noblesse en Gascogne, qui y estoit en grand nombre, commencer à faire de petits rendez-vous, pratiquer des hommes ; ce qui fit partir le roy de Navarre plus tost et passer la Garonne au Mas-de-Verdun[1], pour s'en venir à Leytoure[2], et de là à Nérac. Nous vinsmes avec quelque défiance, n'ayant que sa cour et bien petite ; un chacun s'estant séparé, j'estois demeuré près de luy, qui, durant les chemins, me reprit à diverses fois pour

1. Verdun-sur-Garonne, arr. de Castelsarrasin (Tarn-et-Garonne).

2. La petite ville de Lectoure, située dans l'Armagnac, à moitié chemin entre Verdun et Nérac, fut souvent prise et reprise par les deux partis pendant les guerres de religion.

discourir de la grandeur des affaires qui luy alloient tomber sur les bras ; de la foiblesse du Roy, qui voyoit en la puissance de la Ligue la puissance qu'ils pourroient avoir de Rome et d'Espagne, tant d'argent que d'hommes ; qu'il estoit mal asseuré de Monsr de Montmorency ; le Dauphiné fort divisé, et Monsr de Lesdiguières ne s'unissant jamais en toutes choses avec les résolutions communes ; nos places mal garnies et aussi peu fortifiées ; qu'on visoit à luy pour le rejetter de la succession.

Après avoir faict plusieurs lieues sur tels et semblables discours, remarquans bien plusieurs choses leur manquer, mais non à l'égard des autres, nous concluons que la cause estoit fondée en la justice divine et humaine ; que Dieu la maintiendroit ; qu'il falloit quitter tout plaisir pour penser à nostre deffense ; que les estrangers s'y intéresseroient, devant voir que nostre ruine ne feroit que préparer la leur ; que Dieu le maintiendroit en son droit, si la nature luy en ouvroit l'occasion. Sur cela, il me dict avec ferveur : « C'est de là que j'attends mon secours, et sous cette enseigne je combatray nos ennemis ; m'abandonnerez-vous pas, ainsi que vous l'avez déjà fait ? »

Arrivé à Nérac, on y célébra le jeusne avec une très-grande dévotion. Le roy de Navarre passa la Garonne et vint à Nérac, où il commença à donner des commissions et pouvoirs de faire la guerre. Il m'envoye vers la Dordogne avec le sieur d'Aluie, Couroneau, La Moue et autres, pour faire des régimens et compagnies de cavalerie[1]. A quoy je travaillay si

____

1. On lit dans un mémoire du chanoine Leydet (Coll. Péri-

diligemment, que dans moins de cinq semaines je fis cinq à six mille hommes de pied, et cinq à six cens chevaux, nous estans venu quelques troupes de la Loire, que les édits rigoureux faits par le Roy, d'aller à la messe ou sortir du royaume dans peu de jours qui estoient donnés, nous faisoient venir, ne voulans délaisser la vérité, et aimans mieux porter les armes avec nous que de demeurer hors du royaume spectateurs. Je passe avec ces troupes, qui grossissoient de jour à autre, la rivière de l'Isle. Le Roy avoit fait avancer le sieur de Saint-Chamarans[1], mareschal de camp, avec six mille Suisses, vers Confolans[2], pour commencer à former son corps d'armée, duquel feu Monsr du Mayne devoit estre général; le roy de Navarre s'en estoit retourné à Nérac, et mesme donné jusques en Béarn.

Cependant qu'ils faisoient levées en Gascogne, Monsr le Prince vers la Xaintonge et Poitou assembla ses forces, et alla investir Brouage[3]. Passé que j'eus la rivière de l'Isle, n'ayant nul commandement du roy de Navarre, mes troupes, selon la coutume des François, s'ennuyans de ne rien faire, je jugeois qu'elles s'affoibliroient plustost qu'autrement. J'envoye vers le roy de Navarre, l'avertissant du nombre

gord, t. V, fol. 229) : « Lors (juillet 1585), Monsieur de Turenne estant à Bergerac, en qualité de lieutenant général pour le Roy en Guyenne, bailla commission au sieur de Geoffroy de Vivant de commander les villes et juridictions de Caumont, Sainte-Bazeille et Damezan. » On trouve dans le même recueil plusieurs lettres du vicomte de Turenne datées de cette époque.

1. Sans doute Marc de Peyronenc, sgr de Saint-Chamarant.
2. Confolens, ch.-l. d'arr. de la Charente.
3. Condé assiégea Brouage vers la fin de septembre 1585.

des forces que j'avois, le lieu où j'estois, à dix-
huit ou vingt lieues de Confolans, où estoient les
Suisses, l'attaque de Monsr le Prince à Brouage, le conviant de venir avec ce qu'il avoit de delà, qui pouvoient faire quatre mille hommes de pied et cinq cens
chevaux, pour faire un bon et grand corps d'armée,
afin d'empescher ceux de la Ligue, sous le nom du
Roy, de faire le leur. En mesme temps, j'envoye à
Monsr le Prince, luy donnant les mesmes avis de mes
forces et le lieu où elles estoient, de plus la despesche
que j'avois faite au roy de Navarre, ajoustant que je
craignois qu'on ne suivroit mes avis et que les plaisirs
de la compagnie de la comtesse de Guiche[1] retien-
droient le roy de Navarre de delà plus long-temps
que le bien des affaires générales le requéroit ; que si
le roy de Navarre ne venoit ou ne me commandast
chose très-importante, que, s'il me mandoit, que je
l'irois trouver. Les plaisirs et les jalousies prévalent
ordinairement dans les grandes affaires plus que la
raison !

Le roy de Navarre ne vint ny ne me donna aucun
commandement, sinon de me maintenir aux lieux et
avec l'employ que je jugerois le meilleur. Monsr le
Prince estoit sur la délibération de l'exécution d'une
entreprise sur le chasteau d'Angers, conduite par le
sieur de Clairmont d'Amboise[2], par le moyen de

1. La belle Corisande, Diane d'Andoins, veuve depuis 1580
de Philibert de Guiche, comte de Gramont, vicomte d'Aure
d'Aster.

2. Georges de Clermont d'Amboise, baron de Bussy, frère
puîné de Louis, serviteur dévoué du roi de Navarre, qui le
chargeait souvent d'importantes ambassades. Lieutenant du

quelques hommes qu'il avoit pratiqués, qui estoient
dans le chasteau. Voyant ceux qui estoient près de
luy mes offres, la jalousie de mon arrivée, qu'ils jugèrent leur devoir oster et de l'authorité et de la réputation, portèrent ledict prince à me remercier, et que
je n'avançasse, duquel avancement il fust réussi de
très-grands avantages, soit que j'eusse peu rompre
cette incertaine et très-mal digérée exécution d'Angers, ainsi qu'elle parut telle, comme vous l'entendrez,
ou, y allant ledict prince, j'eusse facilement mené à fin
le siége commencé à Brouage. Il part donc de devant
Brouage, va passer la rivière de Loire avec sa cavalerie, laisse son infanterie dans quelques retranche-
mens, à quelques lieues de Brouage : passé qu'il eut
la rivière de Loire, il trouva l'entreprise découverte
sans moyen de repasser; ses troupes se rompent; luy
va en Bretagne, Monsr de La Trimouille[1] avec luy,
duquel il avoit espousé la sœur[2]; se met sur mer et
passe en Angleterre, où cette vertueuse Reine les
receut fort bien. Monsr de La Val[3] retourne à Saint-

prince de Condé, il échoua avec lui le 22 octobre 1585 devant
Angers, et leur retraite fut une vraie déroute. Ce fut, dit d'Aubigné (t. VI, p. 259), sur Clermont qu'on rejeta toute la responsabilité, « pour avoir mal conduit l'affaire » et aussi « pour
ce qu'il estoit là comme emprunté et au roi de Navarre. »

1. Claude de la Trémoïlle, né en 1566, fidèle serviteur de
Henri IV, mort en 1604.

2. Charlotte-Catherine de la Trémoïlle, seconde femme du
prince de Condé, qu'elle épousa le 16 mars 1586.

3. Guy de Coligny, comte de Laval, ou la Val, fils aîné de
d'Andelot, blessé mortellement à Taillebourg en 1586. Ses
trois frères, les sieurs de Tanlay, de Riant et de Sailli, étaient
morts avant lui.

Jean avec peu de gens; à Brouage, tout se retira[1]. Ainsi ces forces, ces desseins et la personne de ce prince fort valeureux revinrent à néant. N'ayant donc peu servir aux susdictes occasions, j'avisay, en servant le public, de servir à mon particulier, puis qu'il en faisoit une bonne part, ce qu'autrement je n'eusse fait; et ne vous conseille de le faire, de laisser périr le public, quelque profit que vostre particulier en puisse recevoir.

J'avois eu avis de Paris que Monsr du Mayne, poussé par un de la maison de Haultefort[2], serviteur de Monsr de Guyse, pressoit le Roy de venir dans la vicomté de Turenne, et, en y passant une partie de l'hyver, prendre mes maisons; mais que si je voulois cela en asseurant le Roy, que la guerre ne se feroit de ma maison. Soudain, je fis réponse à Madame d'Angoulesme[3], Messieurs de Chavigny[4] et La Guiche[5], qui

---

1. Après la retraite du prince de Condé, Saint-Mesme poursuivit le siège de Brouage pendant vingt et un jours, mais fut contraint de se retirer le 29 ou le 30 octobre 1585. C'était Jean de Rochebeaucourt, sieur de Saint-Mesme, gouverneur de Saint-Jean-d'Angély.

2. Edme de Hautefort, seigneur de Thenon, capitaine de cinquante hommes d'armes, gouverneur et sénéchal du Limousin, qui se signala dans toutes les guerres contre les protestants et mourut en 1589 au siège de Pontoise.

3. Diane de France, maréchale de Montmorency, qui avait en apanage le duché d'Angoulême; la même qui est désignée plus haut sous le nom de duchesse de Châtellerault.

4. Voir sur Chavigny la note 3 de la p. 6.

5. Philibert de la Guiche, serviteur dévoué de Henri III et de Henri IV, grand maître de l'artillerie depuis 1578, gouverneur de Lyon, en 1588, après François de Mandelot, mort en 1607.

estoient ceux qui avoient manié cela, que je les remerciois, que puisque je mettois ma personne et ma vie au hasard pour me conserver la liberté de ma conscience, et le moyen de délivrer le Roy de l'oppression où il estoit, que j'y voulois aussi mettre mon bien. J'en donne avis au roy de Navarre, luy ajoustant les avantages que ses affaires avoient, le duc du Mayne, allant à la vicomté, où je ne croyois qu'il pust prendre Turenne ny Saint-Céré[1]; que par ce moyen il nous donnoit loisir de voir et oster la crainte de son armée à nos villes, que nous fortifierons et munirons cependant; qu'ainsi donc mes dommages servoient; pourquoy, sans luy en demander avis, j'avois fait telle réponse qui est dicte cy-dessus. Il m'en remercia et m'en sçut bon gré. Je tourne teste avec mes troupes, que je ne peus garder de quelque diminution, et m'en vins en Limousin prendre Tulle[2], n'ayant point de canon, afin de loger dedans, comme je fis, partie des forces qu'il me falloit pour jetter dans Turenne; Monsr du Mayne approchant, j'y mis le maistre de camp La Morie et quelque huict cens hommes de pied; je reprens mon chemin vers la Dordogne et Bergerac, où le roy de Navarre m'avoit mandé se devoir trouver.

1. Saint-Céré, petite ville de Quercy, ch.-l. de cant. de l'arr. de Figeac (Lot).

2. Le 6 novembre 1585. (Voir de Thou, t. IX de l'éd. française, p. 399.) Pierre de Chouppes secondait Turenne dans cette attaque contre Tulle et se retira avec lui, laissant dans la ville le capitaine huguenot La Maurie « fort haï des bourgeois. » C'était un gentilhomme périgourdin, qui avait en 1580 combattu le prince de Parme aux Pays-Bas. — Voir *la Prise de Tulle*, par René Fage (1891, in-8°), et Brantôme (t. V, p. 365) qui appelle le s[r] de La Maurie « l'Épouvante de la Frise. »

Monsr du Mayne part de Paris, ayant pourveu à l'entretenement de l'armée où il commandoit de deux millions de livres, d'une vente du temporel des biens ecclésiastiques (de quoy Scipion de Sardiny[1], près du vicomte que vous cognoissez, avoit fait le party), s'en-vint en Xaintonge, menaça Saint-Jean et s'achemina à Ville-bois[2], où il devoit avoir son armée ensemble, et y faire, comme il fit, sa monstre générale. Le roy de Navarre, ayant près de luy son conseil et les plus suffisans capitaines, vouloit demeurer à la teste de la Dordogne, où il y avoit ces trois places, Bergerac, Sainte-Foy[3] et Chastillon[4], beaucoup moins accomodées qu'elles ne le sont à cette heure. Personne n'estoit de cet avis; le courage néantmoins trop grand de ce prince le portoit à vouloir suivre son avis. Ce que voyant, je le suppliay de faire délibérer en conseil cela, et de vouloir donner son consentement à ce que par la pluralité des voix y seroit résolu : ce qu'il pro-mit de faire, avec beaucoup de difficulté, estimant qu'il iroit de sa réputation si, Monsr du Mayne estant si près, on le voyoit reculer; mais que néantmoins, et puisqu'il l'avoit promis, il suivroit ce qu'on résou-droit.

1. Sardini, gentilhomme lucquois, financier très connu, qui avait épousé Isabelle de Limeuil, l'ancienne maîtresse de Condé. Il devint baron de Chaumont-sur-Loire.

2. Villebois-La-Valette, à 23 kil. d'Angoulême.

3. Sainte-Foy-la-Grande (Gironde), à 39 kil. de Libourne.

4. Castillon-sur-Dordogne (Gironde), un des fiefs de la duchesse de Mayenne (Henriette de Savoie), qui, en 1586, s'était déclaré pour les protestants; mais Mayenne reprit la ville le 1er nov., malgré une belle défense du gouverneur qui y com-mandait au nom du roi de Navarre, Alain, baron de Savignac.

Le conseil assemblé, les avis de tous furent que ledict roy devoit s'en aller à Montauban, et me laisser à la garde des places sur la Dordogne, et autres au deçà de la Garonne; ce qu'il fit, avec commandement de faire ce que la nécessité des affaires requerroit[1], pour, en deffendant ces places, ruiner cette armée, composée de quinze cens chevaux françois, douze cens reistres, de neuf mille hommes de pied françois et six mille Suisses, avec un bon équipage d'artillerie. Le mareschal de Matignon, lieutenant au gouvernement de Guyenne, avoit outre cela cinq à six mille hommes de pied et mille chevaux. Le roy de Navarre party, j'appellay à Bergerac tous les gouverneurs des places, à sçavoir : de Sainte-Foy, Chastillon, Montségur[2], Saincte-Bascille[3], Clérac, Monflanquin[4] et Bergerac, pour apprendre l'estat de leurs places pour les fortifications, garnisons, munitions de vivres et de guerre, ensemble les volontés et délibérations des habitans, tant des villes que de la campagne, où il y en a grand nombre de la Religion. Lesdicts gouverneurs venus, il me sembla qu'ils me donnoient assez exacte cognoissance de l'estat de leur gouverne-

1. En effet, le 10 octobre 1585, le roi de Navarre écrivait de Mont-de-Marsan à ses amis pour leur dire qu'il avait chargé le vicomte de Turenne d' « assembler ses serviteurs » et qu'il les priait de se rendre « au lieu et au temps » qu'il leur indiquerait. (*Lettres missives*, t. II, p. 135.)

2. Monségur (Lot-et-Garonne), cant. de Monflanquin (Gironde), dans le Bazadais, à 13 kil. de la Réole.

3. Sainte-Bazeille (Lot-et-Garonne), à 6 kil. de Marmande.

4. Monflanquin (Lot-et-Garonne), à 18 kil. de Villeneuve-sur-Lot.

ment; je pris résolution de les aller toutes voir : ce que je pouvois faire en peu de jours, afin qu'avec eux nous jugeassions de celles qui se pouvoient garder, ensemble de l'ordre et moyens qu'avions fait tenir.

Je les vis donc l'une après l'autre, et fusmes d'avis que nous les devions toutes tenir, sauf Sainte-Baseille; nous ne trouvasmes dans toutes que vingt ou vingt-deux milliers de poudre, peu de salpestre, presque rien de toute autre chose, dans les magazins non plus; mais les villes, combatantes pour la liberté de leurs consciences, et les habitans, presque tous de la Religion, faisoient des efforts volontaires à travailler et se munir de leur pouvoir, suivant ce que j'avois avisé et ordonné à chaque place d'y faire. J'avisay d'où chaque place, qui avoit la jalousie d'estre assiégée, auroit à prendre des hommes; les rivières, où elles estoient pour la pluspart, nous donnoient cet avantage qu'elles n'y pouvoient estre en mesme temps. Ainsi je donne avis au roy de Navarre de nostre estat, et les avis que nous avions pris sous son bon plaisir; ce qu'il approuva, fors qu'il voulut qu'on deffendist Sainte-Baseille, de quoy après il en fut marry. Je fis un corps de deux mille cinq cens hommes de pied pour demeurer à la campagne, afin d'en jetter dans les places assiégées ou à assiéger, et avois deux cens gentilshommes avec moy.

L'armée du duc du Mayne et celle du mareschal de Matignon[1] ne se joignirent; ledict duc s'achemine vers

---

1. Mayenne et Matignon étaient convenus de se réunir à Sainte-Bazeille le 25 février 1586.

ma vicomté ; en son chemin nous tenions Montignac-le-Comte[1], sur la rivière de Vézère ; il fut mis en grande considération si nous le devions garder, le voyant hors de moyen de luy donner aucune assistance et la place très-mauvaise. Les considérations estoient que c'estoit perdre de la réputation et les hommes qu'on mettoit dans le chasteau, qui seul se pouvoit garder, la ville ne pouvant attendre aucun effort ; au contraire, qu'au lieu de perdre de la réputation, c'estoit en gagner, qu'on tireroit des conséquences du moins au plus, que si Montignac avoit osé se laisser battre et deffendre, ce que devoient faire les grandes villes. Ainsi je résolus d'y mettre quelque soixante hommes et de bons, le sieur de La Porte de Lissac[2] pour les commander. Monsr du Mayne, n'estimant pas que cela se défendist, vint avec nonchalance l'attaquer ; ainsi il luy fallut former un siége, faire des approches, asseoir la batterie et le battre pour y faire bresche, où il fut donné sans l'emporter. Cela dura neuf jours, de sorte que nos affaires receurent un fort grand avantage que cette grande armée, que peu de nos gens de guerre en avoient veu de semblable, ayt eu de la peine et mis du temps à emporter cette bicoque. La place fut rendue avec une honorable capitulation, perte de six ou sept hommes[3].

1. Montignac (Dordogne), à 21 kil. de Sarlat. La ville fut prise par Mayenne le 4 février.

2. Le sieur de la Porte était un capitaine au service du roi de Navarre, dont le nom est plusieurs fois cité dans les *Lettres missives*.

3. Mayenne avait alors vingt-cinq ans. Le récit de sa campagne a été publié, l'année même, sous ce titre : *Discours*

Le mareschal alla assiéger Castels[1], maison appartenante au sieur de Favas, où il demeura devant plus d'un mois[2]. Le duc du Mayne, avec son armée, après ledict siége de Montignac, alla loger dans ma vicomté, dans la ville de Martel[3], au délogement de Montignac; il fit recognoistre ma maison de Montfort[4], où s'allèrent jetter dedans vingt-cinq ou trente gentilshommes, qui partirent de Bergerac, où j'estois, et quelque trente soldats de mes gardes. Auprès de ladicte maison il y a, à quelque deux cents pas, une montagne, que ceux qui furent envoyés pour recognoistre voulu-

du progrès de l'armée du Roy en Guyenne, commandée par Charles de Lorraine, duc du Mayne, pair et chambellan de France. Paris, 1586, in-8° de 102 feuillets. C'est la contre-partie des *Mémoires* de Turenne.

1. Castets-en-Dorthe (Gironde), cant. de Langon. Le maréchal de Matignon échoua devant cette vieille forteresse le 20 février 1586; mais elle fut prise le 9 avril suivant. Le château appartenait au seigneur protestant Jean-Geneste de Favas, vicomte de Castets. (Voir les *Mémoires de Sully* et aussi le t. I, p. 213, des *Mémoires de la Société des bibliophiles de Guyenne*, et Mézeray, 1685, in-fol., t. III, p. 605.)

2. Le 21 février, le roi de Navarre écrivait, de Monpouillan, à M. de Saint-Geniez : « Je veulx bien vous avertir comme j'ay esté avec mes troupes jusque près de Langon, à une lieue, et fus hier dîner à Castelz. »

3. Martel, ancienne petite ville du Quercy (Lot), à 36 kil. de Gourdon, place principale de la vicomté de Turenne. C'est le 13 février 1586 que Mayenne y fit son entrée avec ses troupes; et il s'établit au palais de la Raimondie, vieille résidence des vicomtes. (Arch. départ. du Lot, citées par M. l'abbé Marche dans *la Vicomté de Turenne et ses principales villes.* Tulle, 1888, in-8°, p. 457.)

4. Le château de Montfort est situé près de Souillac. La résistance de la petite garnison découragea le duc de Mayenne, qui passa outre.

rent gagner, où il fut fait une escarmouche, et tellement deffendue, qu'elle demeura aux nostres; ainsi
ils s'en retournèrent faire leur rapport à Monsr du
Mayne de ce qu'ils avoient veu, lequel fit jugement
que le courage de ces hommes, quoyque la place fust
bien foible, luy feroit perdre plus de temps à la
prendre et hazarderoit plus son armée qu'il n'y auroit
de profit à la prendre, et ainsi ne s'y amusa point. Il
logea toute son armée dans la vicomté, dans laquelle
il prit toutes les petites places, Montvalant[1], Gaignac[2],
Beaulieu[3], Rosème, Meissac[4], Turenne et Saint-Ceré,
dans lesquelles j'avois mis bonne garnison; dans
Turenne, j'avois jetté, comme j'ay desjà dit, le régiment de La Morie, que j'avois auparavant entretenu
dans Tulle[5], laquelle j'avois fait quitter à l'abord de
l'armée de Monsr du Mayne, comme ne se pouvant
deffendre. Monsr de Bouzoles[6], avec trente ou quarante
gentilshommes, s'y estoient jettés durant le séjour de
Monsr du Mayne. A Martel[7], il se fit plusieurs escarmouches sur le haut de Turenne, au Marchedial, à

1. Montvalent (Lot), cant. de Martel.

2. Gagnac (Lot), pris par le s^r de Hautefort, gouverneur du
Bas-Limousin, en février 1586.

3. Beaulieu-sur-Dordogne (Corrèze).

4. Meyssac (Corrèze), arr. de Brives.

5. Voir de Thou, *Hist. univ.*, t. IX, p. 403.

6. Turenne doit désigner ici Antoine de Bégoles, un des
capitaines du roi de Navarre, qui avait épousé l'année précédente Jeanne de Bourbon-Lavédan. (*Lettres missives*, t. II,
p. 142, et t. VIII, p. 131.)

7. De Thou raconte l'affaire dans laquelle le capitaine de la
Maurie fut tué par ce Birague, bâtard du chancelier, surnommé le capitaine Sacremore, le 12 février 1586.

l'une desquelles le sieur de La Morie ayant logé une
embuscade, s'estant avancé pour attirer le sieur de
Sacremore, qui commandoit à deux cens chevaux des
ennemis, ledict de La Morie l'amenant à ladicte
embuscade, d'où fut faite une décharge d'arquebusade
sur les ennemis, ledict La Morie allant le mesme chemin par où les ennemis le suivoient, une arquebusade
tirée par un des nostres luy donna dans la teste et le
tua : estant une maxime que lors qu'en pareil cas on
va pour attirer les ennemis, il faut que ceux qui les
attirent cherchent un autre chemin pour la retraitte
que celuy qui va droit à l'embuscade.

, Durant ce temps-là, le roy de Navarre, estant à
Montauban[1], s'exerçoit à prendre de petites places à
l'entour de la ville et à faire la guerre guerroyable
avec les villes voisines, avec le petit corps de troupes
qu'il avoit, qui pouvoient estre environ deux mille
hommes de pied et trois ou quatre cens chevaux. Il
luy prit fantaisie de venir voir les villes de Gascogne,
et passa la Garonne au Mas, s'en vint à Nérac, d'où il
partit pour aller en Béarn, plus pour y voir la comtesse de Guiche que pour occasion que luy en donnoient les affaires publiques. Monsr du Mayne en estant
averty, estima qu'avec la diligence il pouvoit aller
passer la rivière de Garonne, pour par ce moyen l'assiéger dans quelques-unes des places que ledict roy
tenoit au delà de la rivière de Dordogne auprès de
Souillac, auquel lieu n'ayant point de bateaux suffisans

1. A la tête d'un petit corps d'armée, Henri de Bourbon
était à Montauban le 20 janvier 1586, au Mas-de-Verdun le 29,
à Nérac du 6 au 13 février, à Caumont le 21.

pour passer son artillerie, et n'en pouvant faire approcher qu'il ne luy fallust perdre quelque jours, il la fit
passer par le fond de l'eau avec des cables forts et
puissans, ayant bien fait recognoistre que le fond
estoit dur et sans vase; s'avança avec douze cens
chevaux et quelques deux mille hommes de pied
pour l'effet susdict; ce qu'il ne put faire que ledict
roy n'en fust averty, et ne fust venu à Caumont, d'où
il passa la rivière pour aller en Gascogne[1]. Moy, cependant, je partis au mesme temps de Bergerac[2] que
ledict duc partit de Martel, sur l'advis que j'eus que
ledict duc alloit en Quercy, et m'en allay avec trois
mil hommes de pied et quatre cens chevaux passer
par la Gascogne, me jetter à Montauban, pour estre
à la teste dudict duc s'il eust prins le chemin de
Quercy. Ayant sceu le changement de son dessein,
après estre arrivé à Montauban, je repartis soudain
avec ces mesmes forces, repassay la rivière de Garonne
et vins me jetter dans Nérac; estant l'armée dudict
duc logée à Éguillon[3], Port-Sainte-Marie, Tonnins et
autres lieux aux environs; ils menacent les places de
Nérac, Casteljaloux, Clérac, Montségur et Sainte-
Baseille[4]. Le mareschal de Matignon, en ce mesme

1. Tous ces événements sont racontés en détail par de Thou,
t. IX, p. 578 et suiv.; mais les dates exactes manquent souvent.

2. Le vicomte ne craint pas d'accuser son antagonisme avec
le roi de Navarre, affectant d'avoir seul compris les opérations
militaires.

3. Aiguillon (Lot-et-Garonne), à 30 kil. d'Agen.

4. Mayenne assiégea Sainte-Bazeille le 10 avril 1586, qu'il
prit assez facilement; puis, faisant sa jonction avec Matignon,
il attaqua le 24 avril Monségur, qui capitula le 10 mai suivant.

temps, eut achevé son siége de Castels; ledict duc, ayant envie de joindre ces deux armées, avisa d'assiéger Sainte-Baseille, où le roy avoit fait jetter huict à neuf cens hommes, lequel siége ne dura qu'onze ou douze jours, estant la place, comme il a esté dict cy-dessus, jugée très-mauvaise; cependant nous fortifions toutes les places, et moy particulièrement Nérac, où je fis commencer et fort avancer la pluspart des fortifications qui y sont encore, jugeant que ledict duc nous devoit attaquer, encore qu'il y eust de bons hommes, où, s'il en fust venu à bout, il eust trouvé, puis après, peu de chose qui luy eust résisté, son armée estant puissante, les deux estant jointes, et n'y ayant rien qui luy disputast la campagne.

Néantmoins, au lieu de venir à nous, il alla assiéger Monségur, qui est une ville en Agénois, d'une belle assiette sur une montagne, en laquelle commandoit le sieur de Melon, dans laquelle on jetta moins d'hommes et de munitions qu'il n'en fut de besoin. Le roy de Navarre estoit encore à Bergerac, où il avoit peu d'hommes; moy, voyant ces choses, j'allay passer la rivière, et m'en vins à Clérac, et n'osay dégarnir Nérac[1] que je ne visse l'armée des ennemis bien éloignée, qui fut occasion que je n'y en pus pas jetter. Monsr du Mayne feignit une maladie durant ledict siége, pour avoir sujet de s'en aller faire panser à Bordeaux, et laissa le sieur de Matignon pour para-

André de Meslon, sgr de Sailhan, conseiller du roi de Navarre, maître des requêtes de son hôtel, en était gouverneur.

1. Le roi de Navarre, après avoir passé par Nérac le 14 mars, vint s'établir à Sainte-Foy-la-Grande le 19 mars 1586.

chever le siége; ledict duc, cependant, se ménageoit de la créance dans Bordeaux pour s'en asseurer, y ayant tousjours une notable mésintelligence entre les serviteurs du Roy et ceux de la Ligue[1]. Le siége finy, l'armée de Monsr du Mayne s'estant répandue dans les provinces pour se rafraîchir un peu, je m'en vins sur la Dordogne, où je voyois qu'ils jettoient leurs desseins, la ville de Bordeaux continuant à solliciter son élargissement, qu'on avoit desjà commencé par la prise de Castels, Sainte-Baseille et Montségur, n'ayant plus proche d'elle que la ville de Castillon[2].

1. Mayenne était à cette époque (mai 1586) fort malade à Bordeaux. Mais la version de J.-A. de Thou, p. 281, ne diffère pas beaucoup de celle de Turenne; il est vrai que lui aussi était plus « serviteur du Roi que de la Ligue. »

2. Castillon, malgré une héroïque résistance et le secours que le vicomte jeta plusieurs fois dans la place, fut obligé de capituler au bout de deux mois. La ville fut reprise au milieu d'avril 1587 par les troupes de Turenne et de Sacremore; les protestants y trouvèrent six gros canons et une grande quantité de balles et de poudre. (*Journal de Faurin*, p. 251.) — On sait que le second fils du duc de Bouillon, le grand Turenne, voulut que son cœur fût déposé dans l'église de Castillon, qu'il avait bâtie.

APPENDICE

LETTRES DU ROI DE NAVARRE

(HENRI IV)

AU VICOMTE DE TURENNE.

I.

A MONSIEUR DE TURENNE.

[Sans lieu, ni date[1].]

Capitaine Turenne, vous ne faudrés, vu la présente, me venir trouver, pour ce que j'ai envie de parler à vous.

A Dieu. Je vous prie aussi que Monsr de Saint-Geniès[2] vienne.

Votre meilleur cousin et plus parfait ami,

HENRY.

II.

A MON COUSIN MONSIEUR DE TURENNE.

[Sans lieu, ni date[3].]

Mon capitaine, si vous n'eussiés eu peur que l'on

1. Cop. Bibl. nat., f. fr., Nouv. acq. 4533, p. 42.
2. Jean de Gontaut, sgr de Saint-Geniès, capitaine protestant, qualifié par le roi de Navarre de « mon lieutenant général en mes royaulme et pays souverain. »
3. Cop. Bibl. nat., f. fr., Nouv. acq. 4533, p. 49.

vous eut faict recevoir quelque honte en courant
mieux que vous, vous eussiés bien trouvé moyen
qu'un de vos amis se fut trouvé masqué sur la carrière et eut vu sa maitresse. Mais, Dieu mercy, quand
vous etes à votre aise, vous ne vous souvenés de
personne. Vous ne m'avés rien mandé de nouvelles
particulières; n'en faites ainsi aujourd'huy. Mèréglise[1] suit votre exemple, si bien qu'il faudroit
autant que je fusse à cent lieues de la Cour et sans y
avoir aucun ami, que d'etre comme je suis.

Je baise les mains de votre maitresse, de pensée;
je vous prie les lui baiser de fait, de ma part; et je
vous ferai quelqu'autre service.

Le tout votre,

HENRY.

Recommandés-moy à Laverdin.

III.

A MON COUSIN, MONSIEUR LE VICONTE DE THURENNE.

[Château-Renault, mai 1576[2].]

Mon cousin, j'estois jà bien avant en chemyn, suyvant le commandement de Monsieur[3], pour l'aler trouver et assister à la conclusion de la paix, quand le
sieur de La Rocque[4] m'a rencontré et faict entendre

1. Simon, sgr de Mère-Église, chambellan du duc d'Alençon.

2. Collection Alfred Morrisson, n° 6. — *Autograph letters and
historical documents.* Catalogue publié par M. W. Thibaudeau.
Londres, 1885, gr. in-4°, t. II, p. 260.

3. Le roi de Navarre venait de s'échapper de la Cour pour
aller rejoindre son ami et compagnon de captivité le duc
d'Alençon.

4. Le s^r de la Roque, gentilhomme de la chambre du roi de
Navarre.

qu'elle estoit résolue[1], dont je loue Dieu et en reçoy ung singulier plaisir, moyennant qu'il luy plaise mectre fin aux misères et calamitez de ce pauvre royaume; mais, comme il m'avoit esté promis que ladite conclusion ne se feroit sans moy, aussi ne puy-je estre satisfaict, voyant tant de gentilzhommes, qui m'ont suivy pour le service de mondit sieur, s'en retourner mal contans pour avoyr esté oublyés, et que pas ung d'eulx ne se rescent d'aucun bienfaict, grade, ny honneur des charges qu'il a départies. Le sieur de Mommartin[2], que j'envoye vers luy, vous en fera plus particulier discours, sur lequel me remectant, ne vous en feray la présente plus longue, pour vous dire que je m'en voys en mon gouvernement de Guyenne, où, s'il vous plaist que nous nous voyons, vous congnoistrez le desir que j'en ay; et, cependant, je vous prye de m'aymer tousjours et faire estat de moy comme du meilleur parent et amy que vous ayez. Priant le Créateur, mon cousin, qu'il vous ayt en sa saincte garde. De Chasteau-Renault, ce jour de may 1576.

Vostre bien bon cousin et entier amy,

HENRY.

IV.

A MON COUSIN MONSIEUR DE TURENNE.

[Août-septembre 1577[3].]

Monsieur le grand pendart, vous vous etes sou-

1. La paix fut signée au camp d'Étigny le 6 mai 1576.

2. Jean du Mats de Montmartin, un des porteurs ordinaires de dépêches du roi de Navarre, qui fut plus tard gouverneur de Vitré et maréchal de camp. (Voir *Lettres missives*, t. II, p. 115, 185, et t. III, p. 457.)

3. Cop. Bibl. nat., f. fr., Nouv. acq. 4533, p. 52. La même

venu de la sœur de mon frère et non pas de la mienne. J'eus au soir des nouvelles du comte de Guerson[1], qui me mande que Meslian[2] est assiégé ou, pour le moins, investi. Hâtés vos affaires, afin que nous nous en allions vitement; car je me fache ici. Je me remets de tout sur votre suffisance.

A Dieu, cheval de poste. Je suis votre affectionné cousin et parfait ami,

HENRY.

V.

A MON CAPITAINE.

[Octobre ou novembre 1578[3].]

Mon capitaine, je m'aime là où on me desire, qui est cause, avec ce que vous pensés qu'il n'y a point de danger, que je m'achemine où me mandés. Dites à

lettre a été publiée par M. Feuillet de Conches, comme toujours sans indication de provenance, dans *les Causeries d'un curieux*, t. III, p. 63.

1. Louis de Foy, comte de Curson, vicomte de Meille, gentilhomme catholique, fils de Gaston de Foy, marquis de Trans, qui reçut les négociateurs de la paix dans son château de Fleix en 1580. Cette même année Curson fut tué avec ses deux frères au combat de Montraveau.

2. Meillan, petite ville du duché d'Albret, aujourd'hui ch.-l. de cant. de l'arr. de Marmande (Tarn-et-Garonne), ou Meilland (Gers), dans l'ancien Armagnac.

3. Cop. Bibl. nat., f. fr., Nouv. acq. 4433, fol. 50. — Publiée dans les *Lettres de Catherine de Médicis*, t. VI, *Appendice*, n° XV, p. 404, et aussi dans le t. III, p. 61, des *Causeries d'un curieux*, de M. Feuillet de Conches, qui la date, sans motif, de Vincennes en mai 1574, la lettre faisant une allusion évidente à la première ou à la seconde rencontre du roi de Navarre avec la reine mère à Auch, en 1578. (Voir plus haut les *Mémoires de Turenne*, p. 130 et suiv.)

Laverdin, à Miossans[1] et à tous nos gens qui[2] se trouvent là, afin que je sois mieux accompagné. Si vous disiés à la Reine que peut-etre je me trouverai là à son diner et que, si toute cette noblesse y etoit, il y auroit danger qu'il y arrivat quelque scandale, parce qu'il y en a qui m'ont fort offensé, et aussi des miens, comme Gondrin[3], Barannau[4], Saintorens[5], Bastre[6]. Faites de façon qu'il en vienne le moins que pourrés. Mandés-moy ce qu'aurés fait par Mèréglise, qui me trouvera à mon camp : entre autres choses, quels hommes y viendront. Baisés les mains de ma part à votre maitresse et à la mienne.

Votre petit serviteur,

HENRY.

VI.

A MON COUSIN MONS[r] LE VICOMTE DE TURENNE.

[Nérac, 26 décembre 1578[7].]

Mon cousin, ayant à présent entendu ce qui est arrivé à Langon, j'en ai eu un extrème déplaisir, parce que, comme vous savés, j'ai une telle affection

1. Jean d'Albret, baron de Miossans et de Coarase.
2. *Qui*, qu'ils.
3. Hector de Pardaillan, sgr de Gondrin.
4. Le sgr de Barannau, chevalier de l'ordre, sénéchal d'Armagnac.
5. Cassagnet du Tilladet, sgr de Saint-Aurens.
6. Sans doute Manaud de Batz, gouverneur d'Eauze (Gers), gentilhomme catholique, très dévoué au roi de Navarre.
7. Cop. Bibl. nat., f. fr., Nouv. acq. 4533, fol. 45. — Cette lettre a été publiée, d'après l'original de la collection de Mme Digby-Boycott, au t. VIII, p. 131, des *Lettres missives de Henri IV.*

au bien de la paix et à arrester le cours des maux que
beaucoup nous préparent et avancent malgré nous,
que je voudrois, aujourd'hui plustôt que demain il y
fut pourvu par bons et convenables remèdes; ce qui
m'a fait dépescher présentement vers vous le sieur de
Bégoles[1], présent porteur, pour assurer la Reyne de
l'ennui que j'ai reçu de tel accident et du désir que
j'ai que la justice qui y est requise en soit promptement faite, lui offrant mes moyens et ma personne
pour cet effet, comme toujours a été mon intention,
qui se trouvera si droite et si pure, que j'espère que
le Roy Monseigneur, ladicte Dame et tous les gens de
bien reconnoîtront que, sans moy et la bonne affection que j'y ay apportée, les choses ne fussent long-
temps à un si bon état comme elles sont; comme toujours je n'obmettray aucune chose de mon devoir pour
établir une bonne paix, et pour couper chemin aux
maux qui nous gagnent et surmontent peu à peu, si
nous ne nous aidons tous d'une commune main à
faire justice et à observer sincèrement les édits de
Sa Majesté. C'est ce que je vous peus faire entendre,
que vous savés mieux qu'autre être toute mon intention, et qui me gardera de vous en dire davantage,
si ce n'est pour prier Dieu vous tenir, mon cousin,
en sa sainte garde et protection.

De Nérac, le 26 décembre 1578.

Je vous envoye un des habitans de Losserte[2] qui
demande justice. Ceux de la cour d'Agen, députés

1. Antoine, seigneur de Bégoles, capitaine catholique au service du roi de Navarre. (Voir *Lettres de Catherine de Médicis*,
t. VI, p. 189 et note.)

2. Lauzerte avait été prise par les Catholiques le 5 mai 1578.

pour aller sur les lieux, disent qu'on ne leur donne aucun moien pour exécuter leur commission. Devant hier on en fit sortir les femmes et les enfants.

Votre plus affectionné cousin et parfait ami,

HENRY.

VII.

A MON COUSIN MONSIEUR DE TURENNE.

[Avril 1580[1].]

Cousin, tant plus je vais en avant et plus je connois combien me ferés de faute, au cas que quelque chose se meuve, à quoy il y a plus d'apparence qu'autrement. Le maréchal de Biron ne vient point; toutefois, il ne m'en résout par la réponse qu'il m'a faite, désirant, ce semble, attendre le dernier de ce mois pour voir ce que nous ferons des villes. Nous lui avons fait aujourd'hui une recharge par Monsr Destrosse, pour lui faire lever le masque. Monsr de Benac m'a mandé qu'il ne viendroit point. Après la réponse de Monsr Destrosse, je ferai ce que vous sçavés que j'avois résolu. Frontenac vous contera tout ce qui s'est passé à Mouissac[2], et comme Monsr de Duras[3] m'a voulu faire un bon tour à Agen, où d'apparence j'ai eté le très bien venu. Tous les Messieurs du Conseil seront ici aujourd'hui ou demain. Je suis après à

1. Cop. Bibl. nat., f. fr., Nouv. acq. 4533, fol. 43. — La mission de Philippe Strozzi en Guyenne, pour essayer d'empêcher la guerre, est de la fin de mars 1580. Il devait calmer les catholiques et tenter de réconcilier le roi de Navarre avec le maréchal de Biron : tâche difficile, car ils avaient l'un contre l'autre de nombreux griefs.

2. Moissac (Tarn-et-Garonne).

3. C'était le mari de la favorite de la reine de Navarre.

accorder les deux frères; je ne pense pas en venir à bout. Je n'ai point eu de nouvelles de la Reine[1] depuis La Roche[2]. Je ne parle plus à Rebours[3]; ce serment ne se rompra plus. Frontenac[4] y est, comme il vous dira ..... a une fièvre continue. Il y a ici des Espagnols qui sont venus pour me proposer des choses belles, que le porteur vous dira : vous en userés comme bon vous semblera. Je vous envoye ces blancs. Voilà tout ce que je sçais; je vous prie me vouloir toujours aimer et faire estat que n'aurés jamais ami qui vous aime plus que moy. A Dieu, mon ami; mandés-moi de vos nouvelles souvent; je vous recommande mes gens : tout le plaisir que leur ferés, je le prends comme fait à moi-même.

Vostre plus parfait et affectionné cousin et ami à jamais,

HENRY.

VIII.

A MON COUSIN, MONSIEUR LE VICOMTE DE TURENNE.

[1584[5].]

Mon cousin, Boisrenard[6] m'est venu trouver, par

1. La reine lui avait écrit par Pierre de Masparaut le 31 mars 1580. (Voir *Lettres de Catherine de Médicis*, t. VII, p. 233.)

2. C'est sans doute celui qu'on appelait « le petit La Roche, » un des fils de Philippe de la Roche, baron de Fontenille, capitaine de cinquante hommes d'armes et chevalier de l'ordre depuis 1568.

3. Mlle Rebours, fille de Guillaume Rebours, président au Parlement, l'une des maîtresses les plus connues du Béarnais; elle fut bientôt remplacée par Mlle de Montmorency-Fosseux, et se jeta dans les bras de ce Frontenac, dont il est parlé deux fois dans la lettre.

4. Sur Frontenac, voir la note de la p. 132.

5. Cop. Bibl. nat., f. fr., Nouv. acq. 4533, p. 99.

6. Le capitaine Boisrenard fut, avec le s[r] de Meslon, l'un des

lequel ayant entendu la division qui est entre luy et Marsolau, laquelle ne se peut bien accorder, j'ai avisé de le renvoyer vers vous, afin de la vous faire entendre. Il me semble que le meilleur seroit que vous mettiés ledict Boisrenard dedans Saincte-Bazeille, avec les trente hommes qu'il a pour la garde et sureté de ladicte place, laquelle est menacée et pourroit être en danger, attendu le peu d'affection que montrent avoir les habitans, ainsi que Lausère[1] me mande : il sera fort soigneux de la faire fortifier, ainsi qu'il m'a assuré. Il vous faudra mettre en sa place, à Monségur, telle autre compagnie que vous aviserés, à quoy je vous prie bien fort, mon cousin, de pourvoir et faire aussy que la compagnie de cheval du sieur de Vivans soit entretenue sur les contributions de delà la Garonne, parce que ce qui est de deçà est si mangé et pillé et si chargé d'autres compagnies de gens de cheval qui s'en vont être toutes dressées, qu'il est impossible qu'il puisse suffire pour leur entretenement et porter les contributions qu'il faudroit lever, si la compagnie dudict sieur de Vivans[2] y étoit de surcroit. Je vous manderay de mes nouvelles par homme exprès que je vous depêcheray; cela me gardera de vous faire

défenseurs de Montségur en 1584. Le roi de Navarre l'autorisait, le 3 mars 1584, à prendre des vivres où il pourrait, afin de nourrir la garnison.

1. Lauzère ou Lauzères, capitaine gascon, qui fut plus tard valet de chambre de Henri IV.

2. Geoffroy de Vivans, ou Vivant, seigneur de Doynac-en-Sarladois, né en 1543, était capitaine de cinquante hommes d'armes, gouverneur du Périgord et du Limousin. Il fut tué d'un coup de mousquet, le 21 août 1592, en défendant le château de Villandreau contre le maréchal de Matignon.

celle-ci plus longue, si ce n'est pour vous prier d'aimer toujours votre plus affectionné cousin et parfait ami à jamais,

Henry.

Mon ami, croiés que vous êtes l'homme du monde que j'aime le mieux. Je vous enverray Constans[1] demain. J'ai donné charge à ce porteur de vous dire quelque chose.

Si vous voiés la lettre que m'a écrit Monsr de Lusignan, de la façon que l'on traite les régiments du maréchal, il vous feroit pitié.

IX.

A MON COUSYN, MONSIEUR LE VYCONTE DE TURENNE.

[1585[2].]

Ayant sceu la mort du capyteyne Mesny, Sauvat[3] m'est venu demander le gouvernemant de Castyllon et sa compagnye, dysant que, pansant qu'elle seroyt atacquée la premyère[4], il me voulloyt fayre paroytre son courage et sa dylygence; ce que ne luy ay voullu refuser à plat : aussy, de vray, me surprynt-yl; mès je luy dys que je le luy acordoys, sy vous n'y avyez poynt pourveu, et que je vous an escryroys par luy. J'y ay myeus pançay depuys : il est papyste, assés volage,

1. Augustin de Constans, sgr de Rebecque, gentilhomme de la chambre du roi de Navarre.

2. Nous nous permettons, pour que la série soit complète, de reproduire ce billet sans date, publié déjà par M. Guadet dans le Supplément aux *Lettres missives*, t. IX, p. 332. — Bibl. nat., f. fr., Nouv. acq. 4553, p. 56.

3. Il serait intéressant de savoir quel était ce « papyste » Sauvat, que le roi de Navarre traite si bien en Gascon.

4. Voir plus haut, p. 187 et 196.

peu prévoyant; de brave, il le l'est tout outre. Il
n'est nullement propre pour ceste charge : pourvoyés-
y donc; et, lorsqu'il vous portera ma lettre, dytes-luy
que, suyvant le pouvoyr que avés de moy, vous y
avyés pourveu; que, sy il eut esté sur les lyeus, vous
ussyés esté très ayse de luy mettre, voyant sa bonne
volunté. Je vous anvoye mon advys sur ce que avés à
fayre. Il ce présante quelque chose de beau, sy vous
vous advancés. Fautryère[1] est fort partyculyèrement
ynstruyt de tout, quy me fera fynyr, à vous jurant
que vous estes l'homme du monde que j'ayme autant.
Je porte 8 cens pyques, mays ils n'ont poynt de fers;
fètes an fayre aus vylles. An prenant le chemyn que je
vous mande, vous pourvoyrrés à Monflanquyn[2]. A Dieu.
Je suys vostre plus afectyoné cousyn et parfayt amy,

HENRY.

X.

A MON COUSYN MONSIEUR DE TURENNE.

[Août 1585[3].]

J'ay guagné le tamps, avec ces députés, que nous
désyryons. Je vous anvoye ce porteur en dylygence
pour fayre sursoyr toutes entreprynses : croyés ce
qu'yl vous dira. Je vous prye, venés avec dys ou
douse, me treuver ycy dymanche sans faute, car
lundy je partyray pour ramener ce que vous sçavés.
Je lesse ma seur où elle est. Duras[4] va voir le roy

---

1. Ailleurs, ce personnage est appelé « La Fautrière. »
2. Voir plus haut, p. 188.
3. Cette lettre, provenant de la collection Feuillet de Conches,
est aussi imprimée dans les *Lettres missives*, t. IX, p. 333.
4. Duras, toujours ennemi de Turenne, du roi de Navarre et

d'Espagne, quy (depuys troys semaynes) est anfermé dans son logys à cause de la contagyon. La coqueluche s'est mellée avec la peste, sy byen qu'on an réchape peu. Ledyt Duras va cepandant par les enemys, demandant qu'yls aydent de moyens à la Reyne de chasser les érétyques, quy sont avec celuy que l'on nomoyt son mary. Venés pour Dyeu! Il y aura plus à fayre que nous ayons eu, ny que nous n'aurons peut-estre d'un an. J'ay byen ocasyon de me passer de vous : je ne vous guarderé guières; mais que je vous voye. Croyés que je vous ayme plus que vous ne faytes moy[1]. Sur ceste véryté, je vous prye ancore un coup venyr.

C'est vostre plus parfayct cousyn et antyèremant vray amy,

HENRY.

XI.

A MON COUSYN MONSIEUR DE TURENNE.

[1585[2].]

Mon cousyn, depuys yl m'est souvenu que je n'avoy poynt pourveu au fayt du sieur Bartélemy, que j'ayme ynfynyemant, comme je luy feray paroystre. Je mande à Pedesclau[3] de luy bayller deux cens escus :

des huguenots, servait en outre les passions de Marguerite de Valois.

1. Le roi de Navarre avait raison : le ton même des Mémoires prouve que Turenne n'était attaché au Béarnais qu'avec bien des réserves.

2. Autogr. Collection Morrisson, n° 38. — *Catalogue*, etc., p. 266.

3. Vincent de Pedesclaux, trésorier et receveur général des finances du roi de Navarre.

fètes les luy bayller, et l'assurés, je vous prye, de ma bonne volonté. Ce qu'avoyt Vyssouse[1], quy est fort peu, a esté tout amployé et n'a duré que deus ou troys jours, et en mauvèses pièses[2]. C'est

Vostre très afectyonné mestre et parfet amy à jamès,

HENRY.

XII.

A MON COUSYN MONS[r] LE VYCONTE DE TURENNE.

[Septembre 1585[3].]

Mon cousyn, je n'ay poynt eu novelles de vous que despuys hyer par Moreau[4], par lequel vous me mandés qu'yl vous sera mal aysé de vous rendre (au tems) au lyeu arresté, ce quy sera byen dyfysylle aussy à nos troupes de Guyenne; mays yl faut se delygenter le plus qu'on pourra : surtout, avansés le canon le plus près que pourrés. Et, pour le regart de Monsr de La Force, yl me fyt byen conoytre, à son despart, son

---

1. Raimond de Viçose, ou Bissouse, qualifié « un de mes secrétaires des finances » dans une lettre du 3 juin 1588. (T. II, p. 380.)

2. Dans l'état de la maison du roi de Navarre, dressé le 1er janvier 1585, le vicomte de Turenne est indiqué comme « chef du Conseil, » MM. de Ségur, de Clervant et Duplessis comme « surintendans de la maison, affaires et finances. »

3. Collection Morrison, n° 27. *Autogr. letters*, etc., t. II, p. 264. — Cop. Bibl. nat., f. fr., Nouv. acq. 4533, p. 89.

4. « Maistre » Moreau, lieutenant de la baronnie de Châteauneuf, était un des plus fidèles serviteurs du roi de Navarre. (Voir le billet en date du 7 août 1586, dans les *Lettres missives*, t. II, p. 232.)

mescontantement, quy ne peut estre que pour le fayt
de la maison de Monsr de Beauregart[1]; car, pour l'autre
que vous savés, je le rendys contant. Sy vous conoyssés
que se soyt pour cella, je vous prye de le contanter
et luy dyre que vous en avés commandement de moy;
je ne voudroys pour ryen perdre un sy bon servyteur.
Quant à mon cousyn, Monsr le comte de Soyssons[2], yl
a esté fort marry d'avoyr veu par vos letres le bruyt
quy a couru; yl est resolu de vous aymer fort, say-
chant combyen l'amytyé de telles personnes que vous
luy est utylle. Pour moy, je vous ayme plus que vous
ne faytes, et faysons à l'envy. Mandés-moy souvant
de vos novelles; et à Dyeu, mon cousyn. Je suys
    Vostre très afectyonné cousyn et assuré amy,

HENRY.

J'ay mandé à Monsr du Plessys de pourveoyr à la
delyvrance de Vobereau[3]. Quant à mon syrurgen et à
Moreau, se ne sont pas gens quy doyvent estre mys
à ranson. Mandés à Monsr le mareschal que quant j'en
auroys des syens de ceste qualyté, que je les luy ren-
voyerès; que, s'yl le fayt, yl me donrra ocasyon de
trayter aynsy les syens : cepandant, én prenant les fors
que vous ataquerés, je vous prye garder quelques-
uns, pour les pouvoyr retyrer. Je suys marry contre
vous de ce que ne m'avés envoyé Bonyères et Dujon;
je m'en prendray à vous et non à eus.

---

1. Sans doute Jean de Montberon, seigneur de Beauregard.

2. Charles de Bourbon, comte de Soissons, fils de Louis Ier,
prince de Condé.

3. Nous ne trouvons rien dans la volumineuse *Correspondance* de Duplessis-Mornay qui se rapporte à cette affaire.

XIII.

A MON COUSIN MONSIEUR DE TURENNE.

[Janvier 1586[1].]

Cousin, ces forts se rendent demain matin, de sorte que je m'en irai assiéger Causac[2], que mon logis pourra être à la Bastide, qui sera votre chemin. Je vous prie d'y faire trouver tous les maîtres; et me ferés amener mes chiens, mes écuyers et mon oiseau.

A Dieu. De Casals[3], ce jeudy, à huit heures du soir, 28 janvier. C'est

Vostre affectionné cousin et parfait ami,

HENRY.

XIV.

A MON COUSIN MONSIEUR DE TURENNE.

[Février 1586[4].]

Cousin, j'oubliay hier à vous dire que je treuve bon ce que Bysouse a conclu pour... Le Pin[5] m'a parlé pour vous de quelque chose : vous estes une beste;

1. Cop. Bibl. nat., f. fr., Nouv. acq. 4533, p. 42.
2. Cauzac (Lot-et-Garonne), arr. d'Agen.
3. Cazals (Tarn-et-Garonne), près Verdun. Une lettre du 2 février 1586 est datée « de la Cazals. » (*Lettres missives,* t. II, p. 189.)
4. Publiée dans le t. II, p. 194, des *Lettres missives,* d'après l'autographe des archives de M. le vicomte de Gourgues, à Lanquais.
5. Le Pin, ou plutôt Jacques Lallier, sgr du Pin, secrétaire du roi de Navarre.

ne savés-vous pas que nous n'avons rien à départir?
Ayés l'œil ouvert sur les troupes de Monsr du Mayne[1].
Je vays dormir à Castel Jaloux[2]. Nous ne tenterons
rien follement. C'est de vous de qui j'attends des nouvelles. A Dieu.

Celui qui vous aime plus que valés,

HENRY.

L'on prend les messagers; si c'est chose qui
importe, mandés-le moy par deux.

XV.

A MON COUSYN MONS[r] DE TURENNE.

[Février 1586[3].]

Mon cousyn, je vyens de resevoyr des lettres du
sieur de Favas, quy a sa mayson pourveue de ce
qu'yl luy faut. Les compagnyes de Lestelle[4] ne sont
ancores à Sainte-Bazeylle, dont je suys an peyne. Je
panse que Monsr le maréchal de Matygnon l'ataquera
plustost que place quelconque. La noblesse de se pays

1. Le duc de Mayenne, depuis le commencement de 1585,
commandait en Guyenne conjointement avec Matignon; mais il
s'entendait assez mal avec le maréchal.

2. Le roi de Navarre, quittant Nérac, alla coucher à Casteljaloux les 6 et 13 février 1586; il y séjourna jusqu'au 16.

3. Autogr. Collection Morrisson, n° 35. *Catal.*, t. II, p. 265.

4. Voir t. II, p. 200, des *Lettres missives*, une lettre du
15 mars 1586 à M. de Lestelle. Le roi de Navarre lui dit qu'il a
été à cheval à Casteljaloux. — Tous les petits faits de guerre de
cette année 1586 sont racontés avec beaucoup de verve dans
l'écrit de Duplessis-Mornay intitulé : *Response à ung petit discours sur le voyage de M. de Mayenne en Guyenne.* (*Mémoires
et correspondance*, t. III, p. 380.)

ne bouge, ancores qu'elle soyt mandée au huytyème
de se moys à Marmande et à Coutures[1], et n'y a pas
aparanse qu'elle monte à cheval. Vostre commère parle
byen autre langage, an ses lettres qu'elle ecryt par desà,
que celuy qu'yl a tenu à 98, 35, 64, 46, 52. Il est besoyn de secouryr Sainte-Bazeylle[2]. Dedans dymanche,
j'espère avoyr ansamble troys cens cynquante chevaus,
ce que je n'eusse pas creu, et byentost deus mylle har-
quebousiers ansamble. J'espère que Dyeu nous assy-
stera, auquel je me fye du tout, et que nos anemys ne
feront pas se qu'yls panset. Seryllac[3] vous dira des
nouvelles de Languedoc, sur lequel je me remettray,
et vous pryeray de me mander à toutes heures de
vos nouvelles. A Dieu, mon cousyn, aymés toujours
parfètement,

Vostre très afectyonné cousyn et très parfet et
ymmuable amy,

HENRY.

Mon cousyn, j'ay depuys esté à Castelgelous, où
j'ay veu les sieurs de Fabas, Vyvans : Seryllac vous
en dira des nouvelles : il s'en va byen ynstruyt.

1. Coutures-sur-Garonne (Lot-et-Garonne), arr. de Marmande.
2. Le 18 mars, Henri écrit de Sainte-Foy à M. de Vivans qu'il
faut envoyer le lendemain deux compagnies à Sainte-Bazeille :
la ville capitulera néanmoins au mois d'avril. Il avait dit aussi à
Turenne de « bailler des gens pour Saincte-Baseille et Caumont. » — Plusieurs autres lettres à M. de Vivans se trouvent
dans le t. II des *Lettres missives*.
3. François de Faudoas, seigneur de Serillac.

XVI.

A MON COUSYN MONS^r DE TURENNE.

[Février 1586[1].]

Mon cousyn, depuys ma dernyère, j'ay eu avys que Monsr le maréchal de Matygnon estoyt allé à Casenove[2], et l'avoyt anvyronné avec sa cavalerye, et avoyt fayt tyrer deus canons pour l'assyéger et le batre, ayant douze cens harquebouziers et sys cens Souysses et quatre compagnyes de jandarmes ; mays, ayant antandu que j'estoy an ceste vylle, yl s'est retyré à Langon et s'est fort resserré. Je vous manderay à toutes heures de mes nouvelles ; je vous prye fère le samblable et m'avertyr de ce quy se passe an l'armée du duc de Mayenne. C'est un des plus grans contantemans que je puys avoyr que d'estre souvant averty de vos nouvelles[3]. Je depesche les sieurs de Mondon[4] et Lambert[5] avec une bonne depesche, laquelle je leur ay comandé de fère voyr à la dame de La Roche et prendre sur tout son advys. A Dieu, cousyn ; c'est

Vostre très afectyonné cousyn et très parfet amy,

HENRY.

1. Autogr. Collect. Morrisson, n° 36. *Autograph Letters*, etc., t. II, p. 256. — Cop. Bibl. nat., f. fr., Nouv. acq. 4533, p. 97.

2. Le château de Cazenove en Bazadais était situé près de Villandraut (Gironde), arr. de Bazas, à 3 kil. de Langon. La tour en était célèbre dans tout le pays, et les ruines qui en subsistent encore indiquent une véritable forteresse.

3. Une phrase presque semblable se trouve dans une lettre à M. de Saint-Geniés, du 21 février 1586 : « Nos ennemis en ont été tellement alarmez que Monsr le maréchal de Matignon resserra toute sa cavalerie dedans Langon... » (*Let. mis.*, II, 191.)

4. Le s^r de Mondon était un porteur de dépêches du Béarnais.

5. Pierre de Lambert, sgr de Rouziers et de la Mazardie.

XVII.

A MON COUSYN MONS^r DE TURENNE.

[Mars 1586[1].]

Mon cousyn, quelque mauvays tems qu'yl ayt fet, quelque debordement d'eaus qu'yl y ayt eu, j'ay surmonté toutes dyfycultés et suys venu an cette vylle, sans que nous ayons perdu sys homes; le povre de Ryeu[2], maréchal des logis de ma compagnye de mes chevaus-legers, quy s'est noyé, dont j'ay eu beaucoup de regret. Mon cousyn Monsr de Monmorensy est à Castres, quy est sur le poynt de se retyrer; de quoy j'ay byen voulu vous en avertyr et vous pryer byen fort de vous avanser le plus que vous pourés, parce qu'yl nous le faut voyr, et prendre tous ensemble une bonne résolusyon. Je desyre que vous amenés deus canons avec vous, et, sy cela vous retardoyt trop, Monsr de Clermont[3] les amenera, auquel j'en ecry aussy; et vous vous avanserés en toute dylygense. Vous avés entendu toutes nouvelles par Constans; cela me gardera vous en dyre davantage, sy ce n'est pour vous pryer de rechef, mon cousyn, de venyr yncontynent et de m'aymer et tenyr toujours pour

Vostre très afectyonné cousyn et parfet amy,

HENRY.

1. Autogr. Collection Morrisson, n° 39. *Catalogue*, etc., t. II, p. 266. — Cop. Bibl. nat., f. fr., Nouv. acq. 4533, p. 94.

2. Sans doute, le fils de François de la Jugie, baron de Rieux, gouverneur de Narbonne, qui avait été chambellan du roi de Navarre l'année précédente.

3. Georges de Clermont-d'Amboise.

XVIII.

A MON COUSYN MONS^r DE TURENNE.

[Mai 1586[1].]

Mon cousyn, depuys la lettre que je vous escryvys hyer, il a esté encores atrapé des ennemys, assavoyr vynt-quatre soldats quy estoyent dans un moulyn, une lyeue près de Monségur, dont il y avoyt troys capytènes, armés à preuve, et quatre mousquetères, et encores depuys douse autres soldats, dont y avoyt deus sergens et deus mousquetères; tout cela tué, outre troys beaus chevaus reystres, quy ont esté prys. Ceus de Sainte-Foy[2] et de Genssac sont tousjours à la guerre, d'un costé ou d'autre, et atrapent tousjours quelqun. Ils sont allés cette nuyt dernyère à la guerre; je ne sçay ce qu'yls auront fet. Je vous asseure que nous suyvons fort les erres de ceus de Monflanquyn[3] et de Cleyrac. Je vous prye, mandés-moy tout ce que vous aprendrés et fettes fort travayller. A Dyeu, mon cousyn, je suys

Vostre très afectyonné cousyn et parfet amy,

HENRY.

A Bregeyrac, ce premyer de may.

1. Autogr. Collection Alfred Morrisson, n° 40. *Catalogue,* etc., t. II, p. 266. — Cop. Bibl. nat., f. fr., Nouv. acq. 4533, p. 104.

2. Henri de Bourbon avait convoqué une assemblée à Sainte-Foy en mars 1586. Mais il s'agit ici de Sainte-Foy-la-Grande (Gironde) et de Gensac, également dans l'arrondissement de Libourne, tout près de la petite ville de Castillon.

3. Le sieur de Béthune était gouverneur de Montflanquin;

XIX.

A MON COUSIN MONS^r LE VICOMTE DE TURENNE.

Verteuil[1], 17 mai 1586[2].

Mon cousin, je suis venu jusques en ce lieu sans rencontre. Ce jourd'huy, Monsr le Prince se vient joindre avec moy, lequel a quatre cens bons chevaulx et des harquebuziers à cheval. Monsr le maréchal de Biron est venu à Poictiers sans forces. On dict que le rendez-vous general de ses troupes est à Tours et qu'il est passé devant audit Poictiers, pour encourager la noblesse catholicque et intimider celle de la Religion. Nous prandrons resolution de ce que nous aurons à faire, estant ledit sieur Prince joinct avec moy. Le sieur de Diesbach, gentilhomme bernois, qui a esté nourry avecq vous, est venu me trouver en ce lieu, depesché de la part des Quatre Cantons protestans, pour me prier d'envoyer mes deputez à la Court, pour entendre le faict de la legation des ambassadeurs qu'ilz envoyent vers le Roy monseigneur, et pour estre presens à leur negociation et sur icelle entendre mon intention. Ilz ont requis, à ceste fin, saufconduict du Roy mondit seigneur, pour mesdits deputez, lequel il m'a apporté. A cest effet, je les feray partir dans deux ou trois jours, pour arriver au mesme temps

sur ses exploits, bientôt suivis de sa mort, on peut lire la *Response au discours de M. de Mayenne,* p. 393 et 398.

1. Verteuil-d'Agenais (Lot-et-Garonne), arr. de Marmande.

2. Orig. Collection Alfred Morrisson, n° 42. *Autograph Letters,* t. II, p. 266. — Bibl. nat., f. fr., Nouv. acq. 4533, p. 106.

que les ambassadeurs desdits cantons à Paris. Je leur
fais faire une instruction, qui ne nuira poinct à noz
affaires. Le lieu de la place monstre est donné pour
s'y trouver et rendre à la fin de juillet[1] ; on l'eust
plus tost peu faire, mais on a crainct la difficulté qu'on
a preveue du recouvrement des vivres pour ledit
secours estranger. Il y a bon nombre de princes qui
viennent en ladite armée; elle sera composée de
quatorze mil chevaulx, de dix mil Suisses et aultant
de lansquenets, dix-huict pièces d'artillerie et trois mil
pionniers. Les princes d'Allemagne fournissent plus
de deux cens mil escuz pour leur taxe, sans y com-
prandre ce que le roy de Dannemarch baillera. J'espère
qu'après Montsegur[2] l'armée des ennemis ne pourra
faire grand effect. Suivant ce qu'elle fera, il fauldra
nous gouverner et conduire, et mesmes adviser *aux
moyens de joyndre nos reystres*[3]. Je vous prie me mander le plus souvent que vous pourrez de voz nouvelles
et je feray le semblable. J'atends *Lambert, pour avoir
nouvelles de Monsr de Monpensier*[4]. Je vous en manderay aussitost que j'en auray certaines nouvelles.
Cependant, je vous prieray vous asseurer de plus en
plus de mon inviolable et perpetuelle amitié, comme
aussi je prieray le Createur vous tenir, mon cousin,
en sa très sainte garde. A Verteuil, ce xviie may 1586.

1. Le mot *juillet* a été interligné après coup.

2. Monségur avait obtenu une capitulation honorable le
15 mai 1586.

3. Les mots soulignés sont en chiffres, avec une traduction
contemporaine entre la ligne.

4. Henri de Bourbon, prince de Dombes, puis duc de Montpensier, gouverneur de Bretagne et de Normandie.

Mon cousyn, on me vyent de dyre que vous aryvastes vendredy à Bergerac, qui estoyt le lendemayn de mon partemant ; ce que je ne puys croyre, parce que je m'assure que vous m'en eussyés averty, ou yl faut dyre qu'yl y a de vos messagers prys ; car je n'ay eu une seule nouvelle de vous, depuys que j'en suys party.

Vostre très afectyonné cousyn et parfet amy,

Henry.

XX.

A MON COUSIN MONSIEUR DE TURENNE.

[Juin 1586[1].]

Cousin, je pars aujourd'hui pour aller coucher à Marans ; demain, j'arriverai de bonne heure à la Rochelle[2]. Je n'ai fait cette journée d'une traite, que parce qu'il me faut pourvoir à avancer des trouppes, pour jetter dans Fontenay[3] et autres lieux qui en ont

1. Cop. Bibl. nat., f. fr., Nouv. acq. 4533, p. 96.

2. Le roi de Navarre, abandonnant la Guyenne, où Turenne restait en face du duc de Mayenne, était venu dans l'Aunis, ralliant à la Rochelle le gros du parti protestant. Henri III envoya contre lui le maréchal de Biron, avec l'armée qu'il avait en Poitou. Leur première rencontre eut lieu devant Marans, qui fut secouru par le marquis de la Force, propre gendre de Biron, si bien que le maréchal dut se retirer, laissant la ville aux huguenots, ainsi que Tonnay-Charente. Les hostilités furent à peu près suspendues jusqu'au mois de décembre, où la reine mère, avec les ducs de Nevers et de Montpensier, organisa la conférence de Saint-Bris, à laquelle elle appela le roi de Navarre ; mais toute sa diplomatie échoua devant l'obstination des protestants.

3. Fontenay-le-Comte (Vendée).

fort besoin, l'armée s'avançant comme elle fait. La Bretache vient d'arriver de Champigny[1], qui rapporte avec assurance que Monsr de Nevers[2] est à Saumur, ses trouppes du long de la rivière du Doué, l'artillerie de Tours descendue audict Saumur; ils disent qu'ils attaqueront Mauléon cette semaine; je crains plus le fauxbourg des Loges. Bonjour, cousin, je suis

Vostre très affectionné cousin et parfait ami,

HENRY.

XXI.

A MON COUSYN MONS[r] DE TURENNE.

[Juin 1586[3].]

Cousyn, je vous ay escryt depuys quatre jours par deus voyes. Nous sommes icy après la garde et defense de Marans[4]. Le maréchal de Byron est devant depuys quynse jours et fet tous les preparatys qu'yl peut pour l'emporter[5]. C'est une isle, quy a toujours esté quytée ou abandonnée; mès nous avons entreprys

1. Champigny-le-Sec (Vienne), cant. de Mirebeau-en-Poitou.
2. Louis de Gonzague, duc de Nevers.
3. Autogr. Collection Alfred Morrisson, n° 5. Le catalogue imprimé, t. II, p. 260, place, ce nous semble, à tort cette lettre en 1576. — Cop. Bibl. nat., f. fr., Nouv. acq. 4533, fol. 84.
4. Le roi de Navarre arriva à Marans, dans les marais salants de l'Aunis, près la Sèvre-Niortaise, pour en organiser la défense, le 16 juin 1586. Le siège de Marans fut levé à la fin de juillet.
5. Le 24 août 1586, le roi de Navarre écrit de la Rochelle que « les reistres arrivent. »

de la garder. Les sieurs de la Boulaye[1], de la Forsse[2], de Beaupré, de Fouquerolles[3], de Ranques[4] et autres honnestes hommes sont dedans. Neuvye y est avec son regyment, quy sont byen resolus de la garder. Je vous ay ecryt que Saynte-Dame[5] est arryvé, quy a aporté la certytude de l'achemynement de nos reystres, quy ne faudront d'estre à la frontyère dedans le moys prochayn, et d'un second secours. On parle du voyage du Roy à Pouques[6] et à Lyon. Yl a osté l'edyt des procureurs et l'a revoqué. L'alarme y est à present de nos reystres, qu'yls n'avoyet encores eue à la court, et dysoyet qu'yl n'en vyendroyt poynt pour nous. Le Roy s'en est prys à Chomberg[7], quy le luy avoyt aynsy assuré. Mes tantes de

1. Philippe Eschalard, baron de La Boulaye, ami de d'Aubigné.

2. Jacques Nompar de Caumont, le second fils d'une nombreuse et ancienne famille de Gascogne, échappé par miracle à la Saint-Barthélemy, plus tard duc de la Force et maréchal de France.

3. Le sieur de Fouquerolles, d'une vieille famille de Picardie, était très aimé du roi de Navarre. Il fut chargé par lui en 1597 d'une mission en Angleterre et mourut au siège d'Amiens.

4. Il est question du s^r de Ranque en 1586 et des services qu'il rendit au roi de Navarre, ainsi que du sieur de Sainte-Dame, dans les *Lettres missives*, t. II, p. 188.

5. Le roi de Navarre remercie, à la fin de janvier 1586, François de Ségur d'une lettre qu'il lui a envoyée par ce même Sainte-Dame. (*Lettres missives*, t. II, p. 188.) Mais nous n'avons aucun renseignement sur le personnage.

6. Pougues (arr. de Nevers), où Henri III allait prendre les eaux.

7. Gaspard de Schomberg, baron de Nanteuil, le négociateur de Henri III et de Henri IV en Allemagne.

Soyssons[1] et de Frontevaus[2] me veulent venyr voyr :
on dyt que c'est pour me parler de payx. Nos afères
se portent byen en Franse ; pour le regart de nos amys
et servyteurs, je vous en manderay des nouvelles.
Je vous prye, mon cousyn, m'aymer et me teynir per-
petuellement et ymmuablement pour

Vostre très afectyonné cousyn et parfet amy,

HENRY.

Cousyn, nous avons parlé et byen rys, Roquelaure,
Frontenac, Constans et moy, de quelque chose de
vous ; de coy, à nostre première veue, je vous feray
mouryr de ryre.

XXII.

A MON COUSIN MONSIEUR DE TURENNE.

Taillebourg, 21 juin [1586[3].]

Mon cousin, attendant que je vous renvoye celui
qui est venu de votre part le dernier, duquel on fait
la dépesche, je vous feray ce mot seulement par ce
laquais qui s'en retourne en Béarn, pour vous dire
que nous avons eu nouvelles de la Cour que le grand
prieur[4] a été tué par Altoviti en sa chambre, qui a

1. Catherine de Bourbon, sœur aînée d'Éléonore, abbesse de
Notre-Dame de Soissons.
2. Éléonore de Bourbon, sœur d'Antoine, roi de Navarre,
abbesse de Fontevrault depuis 1550.
3. Cop. Bibl. nat., f. fr., Nouv. acq. 4533, p. 101.
4. Henri d'Angoulême, fils naturel de Henri II, était grand
prieur de France, gouverneur de Provence et amiral des
mers du Levant. Il eut à Aix une querelle avec Philippe Alto-

aussi été tué. Monsr d'Épernon a le gouvernement de Provence, le grand prieur de Toloze a le grand prieuré de France, et le bastard du feu roy Charles a celui de Toloze; Monsr de Joyeuse s'en va commander à l'armée qui étoit dressée pour Givaudan, à laquelle le maréchal d'Aumont commendoit, qui a eu son congé et se retire. Ladicte armée est de 3 mille hommes et d'environ 500 chevaux. Il est vray que depuis que le duc de Joyeuse a pris la charge, on le renforce de quelques compagnies de gens de pied. *Il en faut avertir M. de M..., ils veulent prendre Marans*[1]. Je vais demain à Pons, je vous dépescheray de ci Lartigues[2]; on a détroussé trois hommes depuis dix jours, que je vous envoye, et, entre autres, il en vient de revenir un de Laverdin, qui alloit à Négreplisse[3], qui a perdu toutes vos lettres auprès Pons, ayant rencontré quelques coureurs. Je vous prie, cousin, me mander de vos nouvelles le plus souvent que vous pourrés. *Fouquerolles est arrivé :* il nous dit plusieurs nouvelles de Cour : je vous manderay tout. A Dieu, mon cousin, c'est

Votre très affectionné cousin et parfait ami,

HENRY.

De Taillebourg[4], le XXIe juin.

viti, baron de Castellane, capitaine des galères, et lui porta un coup d'épée dans la poitrine; mais Altoviti, en se défendant, l'atteignit au bas-ventre, et ils moururent tous les deux quelques heures après, le 2 juin 1586.

1. Ces mots étaient en chiffres.

2. Le sieur de Lartigue est plusieurs fois cité dans les *Lettres missives*.

3. Négrepelisse (Tarn-et-Garonne), arr. de Montauban.

4. Taillebourg (Char.-Inf.), arr. de Saint-Jean-d'Angély.

Le laquais qui m'apportoit de vos lettres fut hier dévalisé à Brassault, près Pons, et vos lettres lui furent ostées.

XXIII.

A MON COUSIN MONSIEUR DE TURENNE.

25 juin [1586[1]].

Mon cousin, je vous veus bien advertir comme j'estois venu en ce lieu de Montguyon[2], en intention d'exécuter quelque chose que je vous manderay dans trois jours; mais le maulvais temps et les pluies ont tellement faict croistre la rivière de Dronne, que nous n'avons pas pu passer ce lieu. Nous faillismes hier la compagnie de Bois-Dauphin[3], qui estoit venu courre; nous la suivismes jusqu'auprès de Guistre, où elle se retira; ils estoient quelque cinquante chevaulx et presque autant d'arquebusiers à cheval. Je m'en retourne à Pons[4], d'où j'estois party. Je ne vous ay poinct encore dépesché Lartigue, pour ce qu'il estoit malade; ce sera aussitost que je seray de retour à Pons, et vous manderay toutes nouvelles. En attendant, mandés-moy des vostres, et me tenés adverty de tout ce qui se passera. A Dieu, cousin, aimez-moy tousjours; je ne seray jamais autre que

Vostre très affectionné cousin et parfaict amy,

HENRY.

Ce xxve juing.

1. *Lettres missives*, t. II, p. 226.
2. Montguillon (Maine-et-Loire), arr. de Segré.
3. Urbain de Laval, sgr de Bois-Dauphin, maréchal de France en 1595.
4. Le roi de Navarre était à Pons le 13 juin 1586.

Comme je voulois fermer celle-cy, il est venu quelques gens qui m'ont adverty que vous estes aux champs pour mesme entreprise que nous ; c'est pour ce que conduict Monsr d'Aubeterre[1]. J'eusse esté bien aise que nous nous fussions rencontrez, afin de parler ensemble.

XXIV.

A MON COUSIN LE VICONTE DE TURENNE.

[Juillet 1586[2].]

Mon cousin, j'avois délibéré de vous faire entendre de mes nouvelles, il y a quatre ou cinq jours, mais il s'est présenté une occasion qui m'a fait différer, laquelle s'est trouvée utile, tant pour vous que pour moy ; c'est que, voyant que Monsr le maréchal de Biron prenoit son chemin vers Cognac et Saintes, et que cela nous emportoit de l'empeschement à nos desseins, d'autant qu'il se mettoit entre nous deux, j'avisai un moyen pour faire retourner en çà ses forces, qui a bien succédé ; et heureusement il y avoit un chasteau, nommé La Constaudière[3], au delà de la rivière du Lay[4], en Bas-Poitou, où j'avois avis qu'il y avoit cinq à six mille écus de deniers royaux, destinés pour le payement des trouppes dudict sieur maréchal : j'envoyay pour l'investir ; le lendemain, je m'acheminay à Lusson[5] et fis

1. David Bouchard, vicomte d'Aubeterre, sénéchal de Périgord.

2. Cop. Bibl. nat., f. fr., Nouv. acq. 4533, p. 74.

3. Dans le canton des Moutiers-les-Maufaits (Vendée).

4. Le Lay est une rivière importante qui passe à Mareuil (Vendée) et se jette dans l'Atlantique, en face de l'île de Ré.

5. Le roi de Navarre était à Luçon les 16-18 août, les 11 et 13 septembre 1586.

15

mener une pièce pour le battre, laquelle eut cette vertu qu'aussitost que ceux dedans la virent, ils rendirent la place, lorsque ledict s[r] maréchal, qui tourna incontinent la tête de son armée vers moy, n'en étoit éloigné que de quatre ou cinq lieues. J'ai ramené toutes mes trouppes et l'artillerie en cette ville, sans qu'il demeurast sinon deux soldats et un bruslé, qui étoient demeurés dans ledict Lusson pour y coucher, contre le commandement que j'avois fait. Le lendemain, une heure après soleil levé, trente ou quarante chevaux arrivèrent, qui y trouvèrent aussi Loumeau, lequel, contre ma défense, y etoit demeuré, qui néanmoins se sauva sans perte, sinon de douze ou quinze petits chevaux, qu'ils avoient déjà tirés en rue pour partir. Ledict s[r] maréchal est à Chisay[1] et reprend son chemin; mais j'ai traité avec l'abbé de Gadagni[2] qu'il faut qu'il s'en aille vers la rivière de Loire et qu'il ne faut point parler d'entrevue ny de paix. Je garde encore un autre moyen de faire retourner ledict s[r] maréchal ou l'empescher de passer, si le moyen de Gadagni ne succède. L'armée du maréchal de Biron, qui est entre nous deux, empesche fort ceux de ce pays . . . . . sont étrangers; ils sont longs et malaisés à mener. J'y ay . . . . . quelque . . . . . Monsr le Prince et ceux qui sont auprès de lui, au lieu d'y encourager un chacun, font tout ce qu'ils peuvent pour les refroidir et arrester. C'est pourquoy je ne partiray tout

1. Chizé (Deux-Sèvres), arr. de Melle.
2. La négociation de l'abbé de Gadaigne est de juillet 1586; mais la cour ne voulut pas accepter le retrait de Biron derrière la Loire. (Voir *Lettres du roi de Navarre*, t. II, p. 237, « à Monsr de Saint-Geniès ».)

comme je désirerois; ce sera le plustot que je pourray. Je ne vous sçaurois dire, mon cousin, combien j'ay été aise de ce que vous avés si bien fait et conduit à Castillon[1]; vous avés fait un bien incomparable et y avés acquis grande réputation, tant pour le général que pour votre particulier; car ce sont des coups faits à propos et d'importance, si grands qu'ils doivent être estimés d'un chacun. L'abbé de Gadagni est venu sans apporter ce que j'avois demandé, qui est le recullement de l'armée du maréchal de Biron de la Loire; il a bien apporté l'assurance de l'entrevue, le tems et le lieu. Il ne veut pas rompre et a demandé un passeport pour retourner par deçà. Monsr de Montpensier a envoyé le comte de Caravas, qui est mieux que jamais. Le cardinal de Soissons ne demande qu'à exécuter ses entreprises. Ne différés de prendre argent où vous en trouverés pour la nécessité. Si je fais des deffenses, elles ne sont pas pour vous, mais pour ceux qui se licencieront à entreprendre et prendre sans pouvoir et sans nécessité. Je vous prie croire que je vous suis ami fort assuré et intime, et duquel vous pouvés toujours disposer, et de ce qui sera en mon pouvoir. Faites-en donc état perpétuel et aimés toujours

Votre très affectionné cousin et plus parfait amy à jamais,

Henry.

Cousin, j'avois déjà donné la compagnie de feu Crepiny au capitaine Roux[2], quand vos lettres sont arrivées et sa dépesche faite.

1. Où il résista brillamment à Mayenne en juillet 1586. — Voir plus haut les *Mémoires de Turenne*, p. 196, et la note 2.
2. Le capitaine Roux, employé tantôt par Henri de Navarre,

XXV.

A MON COUSYN MONS[r] DE TURENNE.

[31 mars 1587 [1] ?]

Mon cousyn, ce porteur m'est venu trouver de la part du s[r] de Savayllant [2], tant pour le gouvernement de deçà et pour les taylles que prend Monsr de Terrydes [3] en contrybusyons, que pour le droyt de quelques prysonniers et pour le regard du peage sur la ryvyère. Je luy mande que je remets le tout à vous, ayant tout pouvoyr d'ordonner, tout ainsy que je pourroys fère, sy j'estoys presant; mays, s'yl y a quelque fayct entr'eus trop aygre et dyfycylle, nous avyserons s'yl sera plus expedyent à le remetre à mon arryvée par delà, et neanmoyns, s'yl est possyble, vous y racommoderés toutes choses, ce quy ne se peut faire sans autoryté et presense entr'eus. Yl est certeyn que les lettres et depesches empyreroyent plustost le tout qu'elles n'y profyteroyent [4]. Je vous escryvy hyer assés partycu-

tantôt par le maréchal de Matignon, se rallia définitivement au Béarnais.

1. Autogr. Collection Alfred Morrisson, n° 53. *Catalogue*, etc., t. II, p. 268. — Cop. Bibl. nat., f. fr., Nouv. acq. 4533, p. 87.

2. Denis de Mauléon, sgr de Savailhan, gouverneur de Casteljaloux et plus tard de Mas-Grenier.

3. Géraud de Lomagne, sgr de Terride, après son frère.

4. Le 15 mars, le roi de Navarre écrit de la Rochelle que la reine mère est repartie sans qu'aucun arrangement bien fructueux ne soit sorti de la négociation. Elle avait envoyé chercher le vicomte de Turenne pour le prier de décider le roi de Navarre à se joindre à Henri III contre la Ligue. Au reste,

lyeremant. Je n'ay ryen entendu de nouveau, sy ce
n'est, pour tout certeyn, Monsr de Mayene est loyn de
la cour et a pryns le chemyn de Bourgongne[1]. A
Dyeu, mon cousyn, aymés tousjours

   Vostre très afectionné cousyn et parfet amy à jamès,

                                         HENRY.

A la Rochelle, ce dernyer de mars.

XXVI.

A MON COUSIN MONSIEUR DE TURENNE.

[Juillet 1587[2].]

   Mon cousyn, je vous envoye Lambert[3], qui est venu
me trouver avec l'homme du s[r] de la Tour d'Yviers[4],
pour ce que, sur la délivrance de la foy de Desborges,
pour laquelle il étoit venu, il y a quelques difficultés.

Turenne venait d'être nommé par le duc de Montmorency
lieutenant général en Haut-Languedoc, et le roi de Navarre
le regardait toujours comme son véritable représentant; il
écrivait, le 31 mars 1589, à Geoffroy de Vivans qu'il avait
envoyé « son cousin, Monsr de Turenne, afin d'arrester un peu
ceux qui s'avancent si avant dans nostre terroir, » tandis que
lui-même allait à Cognac. (*Lettres missives*, t. II, p. 279. —
Voir Bibl. nat., fonds Leydet.)

   1. L'hiver s'était passé en négociations, les hostilités ne
recommencèrent en Poitou qu'au commencement d'avril. Le
roi de Navarre s'empara de quelques villes.

   2. Cop. Bibl. nat., f. fr., Nouv. acq. 4533, p. 58.

   3. Le s[r] de Lambert fut souvent chargé de missions importantes par le roi de Navarre. — Voir plus haut, p. 214.

   4. Nous savons, par une lettre du 13 juillet 1587, que M. de
Meslon, l'un des meilleurs lieutenants du Béarnais, avait reçu
l'ordre de la mise en liberté du sieur de la Tour et que le roi
de Navarre avait chargé Turenne de cette affaire.

Ledict Lambert les vuidera avec vous; et, pour ce, je vous le renvoye.

Au reste, faites toujours estat de moy comme de Vostre très affectionné cousin et parfaict amy,

HENRY.

XXVII.

A MON COUSIN DE TURENNE.

[1587[1].]

Cousin, j'ay reçu vostre lettre. Je vous envoye ce porteur, il vous dira ce que je ne puis écrire; si les affaires ne vous empeschent, que je vous voye à Saint . . . . . Je vais loger demain à une lieue de mes ennemis; si nous les voyons, ce sera avec avantage. Je serai fort sage; croiés que nos affaires ne sont pas encore sans cure.

A Dieu, je suis l'homme du monde qui vous aime le mieux,

HENRY.

Ce porteur vous dira les avantages que Dieu nous a déjà donnés[2].

XXVIII.

[A MON COUSYN MONS[r] DE TURENNE.]

[Août-septembre 1587[3].]

Instruysés myeus vos ambassadeurs et ne vous fachés pas sy aysemant. J'ay une telle jalousye de

1. Cop. Bibl. nat., f. fr., Nouv. acq. 4533, p. 51.

2. Sans doute les petits succès en Poitou qui précédèrent la campagne de Coutras.

3. Autogr. Collection Morrisson, n° 37. *Catalogue*, etc., t. II, p. 266. — Cop. Bibl. nat., f. fr., Nouv. acq. 4533, p. 54.

ceste armée que je vous guarde, que je lesse toute
ostantasyou, pour ne la lesser eschaper. J'ay envoyé
Balyros[1] et Parabère[2] au Port de Pylles[3], pour par
leur arryvée ampescher le partemant de ces Fylystyns
efrayés; ancore è-je peur qu'yls ne partent ceste nuyt,
quy me fera partyr devant jour. S'yls sont ancore à
La Haye[4], je vous atandré au randés-vous; s'yls sont
partys, je me mettré à leur cu et vous an advertyré[5].
Vous etes tousjours vous-mesme. Bon soyr.

Vostre très afectyoné cousyn et parfayt amy,

HENRY.

1. Gaspard, s[r] de Baliros, en Béarn, gentilhomme ordinaire
de la Chambre.

2. Le fils de ce Baudéan de Parabère, massacré en 1578 dans
une émeute des protestants de la ville de Beaucaire, dont il
était gouverneur. Il s'appelait Jean et était lieutenant-général
en Poitou. Est-ce le même qui commandait l'année précédente
à Damazan et au Mas-d'Agenois?

3. Port-de-Piles (Vienne), arr. de Châtellerault.

4. La Haye-Descartes (Indre-et-Loire). La ville était alors
fortifiée, et le roi de Navarre ne put l'enlever.

5. Le manifeste du roi de Navarre, annonçant sa prise
d'armes conjointement avec ses cousins et Montmorency, est
daté de Fontenay-le-Comte, le 14 juillet 1587; la bataille de
Coutras est du 20 octobre. — Voir, dans les *Mémoires et correspondance de Duplessis-Mornay*, t. III, p. 536 : « Bataille de
Coutras et ce qui la précéda. » Au reste, dès que le Béarnais
apprit l'entrée des Allemands en France, il leva quelques
troupes et s'avança vers la Loire au-devant du prince de
Condé et du comte de Soissons, qui lui apportaient leur concours; puis il écrivit à Turenne, à peine remis d'une grave
blessure reçue près d'Aiguillon, pour lui demander d'amener
de Guyenne le plus de soldats qu'il pourrait. Le vicomte, en
peu de temps, rassembla 600 fantassins et 2,000 arquebusiers
à cheval, et les conduisit lui-même devant la Haye sur la
Creuse et jusqu'à Montsoreau sur la Loire. A la date de cette
lettre, il n'avait pas encore rejoint le roi de Navarre.

XXIX.

A MON COUSIN MONSIEUR DE TURENNE.

[23 septembre 1587[1].]

Les ennemis sont à Bourgueil[2]; je fais passer quatre cent cuirasses et douze cent arquebusiers pour, s'ils tournent à vous, me mettre au cul; s'ils viennent à moy, faites en de même. Les Bretons ne sont plus que six vingt, pour s'en estre allé une trouppe; le reste parle de les suivre[3].

Bonjour; ce XXIIIe à cinq heures[4].

Votre très affectionné cousin et parfait ami,

HENRY.

Que je sache à toutes heures de vos nouvelles.

XXX.

A MON COUSYN MONS[r] DE TURENNE.

[Nérac[5], octobre ou novembre 1587[6].]

Mon cousyn, je vous anvoye les nouvelles que j'ay

1. Cop. Bibl. nat., f. fr., Nouv. acq. 4533, p. 55.
2. Bourgueil (Indre-et-Loire), arr. de Chinon.
3. Joyeuse venait de s'arrêter là, en effet, avec le duc de Mercœur, attendant Turenne au passage de la rivière d'Authion. Lavardin, l'ancien ami du roi de Navarre, servait comme lieutenant général dans l'armée royale.
4. Le roi de Navarre était, du 13 au 26 septembre 1587, à Montsoreau.
5. Le roi de Navarre séjourna à Nérac du 30 octobre au 30 novembre 1587, en se rendant à Pau, après la victoire de Coutras.
6. Autogr. Collection Alfred Morrisson, n° 55. — *Catalogue*, etc., t. II, p. 269.

resu de Xayntes, par où vous verrés ce quy s'y est passé. Le tout est assés heureus pour nous; mays je playns extresmemant la mort de ceus quy sont comprys au dyscours que vous en verrés[1]. Nous avons eu nouvelles que nos reystres marchent. Lambert doyt demayn arryver d'où yl avoyt esté depesché, et en raporte bonnes nouvelles; je les vous manderay d'icy à un jour ou deus. Cependant, je vous prye, mon cousyn, vous souvenyr, quoy que je vous ay mandé de venyr à Nerac, n'a poynt esté en yntentyon de vous y fère demurer, et mesmes dans un syège, mays pour y pourvoyr, m'en venant par delà, et le secouryr, quand besoyn seroyt, et pour y ordonner ce que vous verryés estre à fère, suyvant les ocasyons. Vous savés l'estat que je fay de vous, l'amytyé que je porte, et le soyn que j'ay de ce quy vous touche; je vous prye fère ce que je vous ay mandé et aymer toujours

Vostre très afectyonné cousyn et parfet amy à jamès,

HENRY.

Mon cousyn, je vous prye anvoyer à Monsr de Fontraylles[2] une copye des nouvelles; je luy mande que vous les luy ferés tenyr.

---

1. Ce sont les morts de Coutras (20 octobre 1587) : Joyeuse et son frère Saint-Sauveur tués; de Batz et Vivans y avaient été blessés. (Voir de Thou, liv. LXXXVII; *Lettres missives*, t. II, p. 309.)

2. Le baron de Fontrailles, sénéchal d'Armagnac, avait été blessé à Jarnac.

XXXI.

A MON COUSYN MONS[r] DE TURENNE.

[Mars 1588[1].]

Mon cousyn, j'ay esté extresmemant ayse d'avoyr antandu l'assuranse de vostre gueryson, ayant esté la balle detachée de l'os, ce quy me fet esperer que vous serés byentost du tout guery[2]. Je suys sur le poynt de partyr d'ycy[3], et desjà une grande partye de mes troupes ont passé l'eau. Vous savés combyen en mon absence vostre presanse est requyse par desà. Je vous ay mandé le regret et deplesyr que j'avoy eu de la mort de feu mon cousyn Monsr de Bouyllon[4], et ce que j'avoy là-dessus delyberé et ordonné pour le byen, protectyon et conservasyon de ma cousyne mademoyselle de Bouyllon[5]; j'y ay depesché le s[r] de

1. Autogr. Collection Alfred Morrisson, n° 56. *Catalogue*, t. II, p. 269. — Cop. Bibl. nat., f. fr., Nouv. acq. 4533, p. 79.

2. Marsollier, dans son *Histoire du duc de Bouillon*, ne parle pas de cette blessure de Turenne, qui doit avoir été peu grave. Il venait de faire sans succès le siège de Sarlat et avait ensuite rejoint le prince de Condé en Angoumois.

3. Il était sans doute à Nérac.

4. Il laissait trois fils, qui tous périrent jeunes; l'aîné, Guillaume-Robert de la Marck, né à Sedan le 1er janvier 1562, mourut à Genève le 11 janvier 1588, après avoir institué sa sœur Charlotte comme héritière universelle. C'est celle que Henri IV devait faire épouser au vicomte de Turenne le 15 octobre 1591.

5. Charlotte de la Marck naquit, le 5 novembre 1574, de Françoise de Bourbon, fille de Louis, duc de Montpensier, et

Beauvoys, quy a esté nourry page an la mayson, et
mesmes pour voyr Monsr de La Noue et luy parler de
ma part, afyn de contenyr les choses en tranquylyté
audyt estat, sy possyble est, et neanmoyns preparer
toutes choses pour la guerre; car il est malaysé que
ou parens, ou voysyns, ou lygueurs ne troublent cest
estat-là. La foy de Monsr de La Noue est obligée, mays il
est pleyn d'yntegryté et de fydelyté, et en telles choses
et personnes favorables, à sçavoyr d'une pupylle quy
a esté commise à sa foy, il n'est pas lié[1]. Mouy[2] et
Monlouet, qui sont ses parens ou allyés, seront depes-
chez pour y aller: l'un est en sa mayson, auquel on
parlera pour cest efet; l'autre passera par Languedoc
et vous verra exprès, pour communiquer tout et
prandre avys et ynstructyon de vous et se conduyre
antyeremant par son avys. Il faudra que, pour ce com-
mansement, afyn de suvenyr aus nesessytés quy se
pourront presanter, il porte dix mille escus par papier
de change ou autrement; tenés-y la meyn et preparés
les choses avec Monsr de Mont[morency] et ceux de
Languedoc; c'est chose que je desyre extrememant pour

de Jacqueline de Longwy. Son père, Henri-Robert de la
Marck, duc de Bouillon, prince de Sedan, devait mourir un
mois après, le 5 décembre 1574.

1. La Noue avait accepté la tutelle de Mlle de Bouillon, qui
n'avait que treize ans, et, allant d'Heidelberg à Genève et de
là à Sedan, il put, non sans dangers, prendre possession de
l'administration des grands biens de sa pupille. (Voir la lettre
du roi de Navarre à La Noue de la fin de mars 1588, t. II,
p. 361.)

2. François de Quincampoix, sgr de Muy, ou Mouy, que
le roi de Navarre avait envoyé en 1585 à Sedan près le duc de
Bouillon.

vous et qui est utylle et de grande ymportanse pour le publyc. L'armée de M^r le maréchal de Matygnon et du grant pryeur de Tolose[1] se sont separées. Ils se sont contentés de venyr avec toute leur armée ataquer une escarmouche dedans les vygnes qui sont du costé d'Agen[2], quy a duré assés longuemant, et y a eu sept ou huyt mylle harquebusades tyrées sans qu'yl y en ayt eu aucun des nostres mort, synon deux blessés et un esgratygné. Des leurs, ils en ont layssé deus sur la plase, ils en ont emporté d'autres, et y en a eu aussy beaucoup de blessés. Mr de Castelnau[3] a esté contraynt par le s^r de Poyanne[4] de se retyrer avec sa troupe dedans Clermont[5], quy est à Berdoy[6]. Il a fet de belles sayllyes, où yl a esté blessé d'une harquebusade à la gorge, et n'y a eu qu'un des syens mort à ladyte escarmouche, quy a duré synq heures. Il a esté secouru par les Bearnoys, et est de retour au Mont-de-Marsan avec ses troupes. Les anemys ont emporté playne charrette de morts et de blessés. Mon

1. Le grand prieur de Toulouse était le troisième frère du duc de Joyeuse, qui venait d'être tué à Coutras : Antoine-Scipion de Joyeuse, chevalier de Malte, fils du vicomte et de Marie de Batarnay.

2. Dans une lettre du 1er mars, à Corisande, écrite de Clermont, le roi de Navarre parle en détail de cette affaire d'Agen, qui avait eu lieu la veille. (Voir *Lettres missives*, t. II, p. 341.)

3. Le baron de Castelnau, chambellan du roi de Navarre.

4. Bertrand de Baylens, sgr de Poyanne, d'une ancienne famille de Béarn. Il était sénéchal des Landes, gouverneur de Dax, et catholique.

5. Clermont-Dessous (Lot-et-Garonne), arr. d'Agen.

6. Berdoy, commune de Castelnau-d'Anglès (Gers).

cousyn Monsr le conte de Soyssons[1] estoyt sur les lyeus ; je croy qu'yl s'y sera fort employé. Les anemys se sont retyrés jusques à Pouyllon[2] et y ont esté poursuyvys. Sarzac a esté demy surprys et demy trahy. J'envoye les compagnyes quy ont passé la Garonne pour le reprandre ; le vyconte de Mervylle s'en fet fort ; pour le moyns, il assure qu'yl se peult fère et qu'yl s'y employera. A Dyeu, mon cousyn, je desyre avoyr souvant nouvelles de vous et de vostre santé. Fètes tousjours, je vous prye, très certeyn estat de l'amytyé de

Vostre très afectyonné cousyn et parfet amy,

HENRY.

Mon cousyn, vous ne sauryés croyre combyen yl y a de malades ycy. Je ne me trouve pas trop byen de ma part. Je vous prye, quant vous vous pourrés passer de Monsr d'Ortoman[3], le me ranvoyer. J'escry à Messieurs des dyocèses du Bas-Languedoc de ne fayllyr de se trouver à l'assemblée que j'ay convoquée à Sainte-Foy[4], pour le byen des Eglyses, et leur mande de se retyrer à vous, pour la sureté de leur passage.

1. Le comte de Soissons s'était rapproché du roi de Navarre, même avant la mort du prince de Condé, désirant alors vivement épouser Catherine de Bourbon, qui lui avait été presque promise. Les intrigues de Sully firent, dit-on, rompre ce projet d'union.

2. Pouillon, ch.-l. de cant., arr. de Dax (Landes).

3. Jean Hortoman, médecin ordinaire du roi de Navarre, qui resta à son service après son avènement et jusqu'en 1593.

4. A la fin de mars 1588, le roi de Navarre se plaignait au ministre La Roche-Chandieu de « la négligence des églises ou des depputez, qui ne sont encores arrivez à Saincte-Foy. » (*Lettres missives*, t. II, p. 357.)

XXXII.

A MON COUSIN MONS^r DE TURENNE.

6 novembre [1588[1]].

Cousin, j'ai reçu lettre des gens tenans la chambre de mon amirauté, par laquelle ils me donnent avis de certaines poursuittes contre eux faites en mon Conseil privé, pour raison de certain jugement par eux faits pour résoudre certaine prise faite par le capitaine Masson; et, pour ce que je sais que la plupart de ce qu'ils me mandent est vray, je vous prie de commander à Monsr Desmarets[2] et autres de mon Conseil de n'en faire aucune poursuitte, jusqu'à ce que je sois par delà, qui sera demain au soir, Dieu aydant. C'est

Votre très affectionné cousin, et plus parfait ami,

HENRY.

De Saint-Jean[3], ce dimanche matin 6e de novembre.

XXXIII.

A MON COUSIN MONS^r LE VICONTE DE TURENNE.

[Marigny, 1er juillet 1589[4].]

Mon cousin, desirant vous tenir adverty de ce qui se passe et vous faire part de noz bonnes nouvelles, j'avois delliberé vous envoyer ung gentilhomme exprez,

1. Cop. Bibl. nat., f. fr., Nouv. acq. 4533, p. 92.
2. Le chevalier des Maretz.
3. Saint-Jean-d'Angély. — Le 25 octobre, le roi de Navarre était à la Rochelle, et il s'y trouvait encore le 17 novembre 1588.
4. Orig. Collection Alfred Morrisson, n° 57. — *Autograph Letters*, etc., t. II, p. 270. — Cop. Bibl. nat., f. fr., Nouv. acq. 4533, p. 111.

sans les occasions qui se sont presentées et se pre-
sentent encore tous les jours de combactre, qui faict
que j'ay seullement depesché ce porteur, qui vous en
sçaura rapporter les particullaritez, oultre lesquelles
je vous diray qu'ayant sceu comme Monsr de Montpensier, commandé de s'en revenir avec ses forces,
marchoit assez lentement et s'arrestoit à certains vil-
laiges tenuz par les communes, estant necessaire, pour
prevenir les desseings de Monsr de Mayenne, de se
joindre tous ensemble avec Monsr de Longueville [1], les
s^{rs} de La Noue, d'Inteville [2], de Givry [3] et plusieurs
aultres, je vins dernierement trouver le Roy à Bau-
gency [4], pour prendre une bonne resolution avec Sa
Majesté et haster tout le monde ; où estant et me pro-
menant le soir sur le pont avec le maréchal d'Aumont [5],
je rencontray celuy que le s^r de Sansy [6] avoit depesché
pour advertir Sa Majesté de l'acheminement de l'armée
des Suisses, qu'il avoit laissée prez de Langres, comme
aussi le s^r de Guitry, maréchal de camp en icelle,

1. Henri d'Orléans, duc de Longueville, gouverneur de
Picardie, mort en 1595.

2. Joachim de Dinteville, gouverneur de Champagne.

3. Anne d'Anglure, de Givry, tué au siège de Laon, en 1594.

4. Le 21 mai, Henri écrivait de Beaugency à la comtesse de
Gramont : « Vous entendrés par ce porteur l'heureux succès
que Dieu nous a donné au plus furieux combat qui fut en cette
guerre, celui livré à Tours, dans le faubourg Saint-Symphorien, contre les ducs de Mayenne et d'Aumale, les 8 et 9 mai.
Il vous dira aussi comme Monsr de Longueville, de la Noue et
autres ont triomphé près de Paris. » (*Lettres missives*, t. II,
p. 488.)

5. Jean d'Aumont, comte de Châteauroux, maréchal de
France, adversaire acharné de la Ligue.

6. Nicolas de Harlay de Sancy, conseiller au Parlement,
envoyé en Suisse en 1589 par Henri III pour lever des troupes.

m'en donnoit advis par lettres, que le mesme courrier
me rendit. Soudain, je portay ceste bonne nouvelle au
Roy, qui la receut avecq beaucoup d'allaigresse, laquelle
il tesmoingna par plusieurs embrassemens, me disant
que j'estois son bon ange et qu'il n'estoit jour que je
ne luy donnasse quelque bonne nouvelle. A la verité,
Dieu a tellement beny noz armes qu'en quelque rencontre ou combat que ce soit noz ennemis ont esté
battuz, et, depuis quelzques jours encore, sept en ont
chargé quatorze, qu'ilz ont deffaict sans perte, sauf
deux fort blessez, l'un desquelz est le s[r] de Boissy,
gouverneur de Dourdan. Trente ou quarante chevaulx,
entre lesquelz estoient plus de vingt gentilzhommes
du Perche, qui s'estoient approchez d'Illiers[1], ont esté
la pluspart prins ou tuez, peu reschappez. Ledit
s[r] de Quitry me mande que le retardement de ladite
armée a proceddé de ce que les Suisses estoient entrez
dans les terres du duc de Savoye, avoient prins Sey-
bel[2], Tonnon[3] et leurs bailliaiges, le païs de Fossigny[4],
bailliage de Terny[5] et le chasteau de Ripaille[6], qu'ilz

1. Illiers (Eure-et-Loir), arr. de Chartres.

2. Peut-être Leyssel. Gex, ch.-l. d'arr. de l'Ain, cédé à la
France par le duc de Savoie en 1601, comme bailliage irait mieux.

3. Thonon, ch.-l. d'arr. de la Haute-Savoie, ne conserve
plus de ce temps que la belle terrasse du château.

4. Le Faucigny était l'ancienne province de cette partie de
la Savoie, entre le Chablais, le Valais, Aoste et la province de
Genevois; la capitale en était Bonneville (Haute-Savoie).

5. Terny, aujourd'hui Ternier; mais les paysans prononcent
toujours *Terny*. Il reste encore quelques ruines du château,
qui était tout près de Saint-Julien-en-Genevois, ch.-l. d'arr.
de la Haute-Savoie.

6. Du château de Ripaille subsistent toujours les sept tours;
il est situé à 2 kil. de Thonon. On y garde le souvenir d'Amé-
dée VIII, qui fut le pape Félix V.

ont demoly; le magazin des munitions pour assieger Geneve y estoit gardé par six cens hommes de guerre. Ledit duc y envoya son armée, conduicte par le conte de Martinenges[1], pour le deffendre, mais en vain; ledit conte y a été blessé, et y a perdu quelque noblesse. Toutesfois, lesdits six cens hommes sont sortiz par composition, et les gallères qui estoient sur le lac ont esté bruslées. Ladite armée s'achemine maintenant, composée de treize mil Suisses, avecq deux mil lansquenetz, environ trois mil François et quinze cens reystres, qui viennent du conté de Mont-belliard. Ce sera pour nous joindre bientost. Avec ce secours, nostre armée pourra estre de trente mil hommes, qui sera bien pour estonner Paris et tous les Ligueurs. Celle de Monsr de Mayenne se diminue fort et ne peult estre telle que la nostre, encor qu'elle soit renforcée de ce que Saint-Pol[2] avoit en Champaigne, Haultefort[3] et Rottigoty, qui sont environ quinze cens lansquenetz ou deux mil au plus, fort pietres, mil harquebuziers françois, trois cens chevaulx et deux cens harquebuziers à cheval. Aussi, ledit s[r] de Longueville[4], avec Monsr de Luxembourg[5], les-

1. Un Martinengo, piémontais, commandait les troupes du duc de Savoie.

2. Charles d'Orléans, comte de Saint-Paul, frère du duc de Longueville.

3. Edme de Hautefort, que nous avons vu plus haut (p. 185) l'adversaire acharné de Turenne, chevalier de l'ordre depuis 1579, devint lieutenant général en Auvergne, puis en Champagne et en Brie pour la Ligue.

4. Henri d'Orléans, duc de Longueville, gouverneur de Picardie, mort en 1595.

5. Le duc de Luxembourg-Piney.

dits s^rs de La Noue, de Clermont, de Saultour, Saint-Phalle[1], Praslin[2], La Vieuville[3], conte de Maulevrier, vicomte d'Auchy[4], La Chappelle, Esternay[5], Villemareul, Beauvais-Nangy, Victry[6], Givry, Montglat[7] et aultres, qui se rassemblent vers Chasteau-Thierry et Fère-en-Tardenoys, feront plus de mil bons chevaulx et aultant d'harquebuziers à cheval[8]. Monsr d'Espernon en peult avoir environ deux cens; ledit s^r de Montpensier a six cens bons chevaulx ; les quatre de la Relligion ; j'en ay à present plus de douze cens, plus ceulx qui marchent avec le Roy : j'estime que ce sera assez pour affronter ledit s^r de Mayenne, lequel, ayant reprins Montereau-Fault-Yonne et sçaichant comme nous marchons droict à Paris, redescent le long de la rivière de Seyne et y est de present. Cependant, le Roy a prins

1. Sans doute ce Georges de Vaudray, marquis de Saint-Phal, qui eut plus tard avec Duplessis-Mornay une affaire peu à son honneur.

2. Charles de Choiseul-Praslin, capitaine des gardes.

3. Robert de la Vieuville, baron de Rugle.

4. Le vicomte d'Auchie, qui fut blessé en 1586, dans le duel où fut tué le jeune La Vauguyon.

5. Esternay, de Compiègne, du parti des politiques.

6. Louis de l'Hospital, marquis de Vitry, neveu du maréchal de la Châtre, était gentilhomme du duc d'Anjou, et suivit le parti royal jusqu'à la mort de Henri III; il se déclara ensuite pour la Ligue et défendit Paris contre Henri IV avec Mayenne; mais il se rallia au roi après son abjuration et lui remit la ville de Meaux, dont il était gouverneur, le 1er janvier 1594.

7. Robert de Harlay, s^r de Montglas, plus tard premier maître d'hôtel de Henri IV.

8. Le 14 juillet 1589, le roi de Navarre écrit à la comtesse de Gramont : « Nous joindrons aux Souisses dans six jours. Monsr de Longueville et de la Noue les meinent. » (*Lettres missives*, t. II, p. 502.)

Jargeau, dont j'ay faict la composition à discretion, et depuis impetré de Sa Majesté que ceulx de dedans eussent la vye saulve. Pendant que nous y estions, Monsr de la Chastre[1] voulut enlever quelque logis, partist la nuict avecq cent cinquante chevaulx et deux cens harquebuziers à cheval, qu'il mit en ambuscade, mais il trouva M^{rs} les contes de Montbason[2] et de Sanxerre[3], de Créance et le baron de La Frette avec leurs compaignies, qui le receurent si à propos, qu'il n'y gaigna rien et fut ramené battant jusques aux portes d'Orléans, luy quelque peu blessé, et beaucoup des siens, comme aussi y en a des nostres; et, sans l'obscurité, je pense qu'il en fut bien tumbé par terre; car la charge recommencea jusques à trois fois et à peine se pouvoit-on recongnoistre. Monsr de Chastillon[4] a prins Pluviers, que j'ay aussitost faict remectre ez mains du Roy, lequel nous accommode encore de Jargeau, où j'ay mis le s^r de Courselles du Faur[5], que Sa Majesté y entretient avecq six compaignies de cinquante harquebuziers chacune. Gyen a envoyé rendre obeissance, Sully, Bois-Commun[6] et les petites villes qui sont en ce quartier. On dit aussy que la citadelle de Cambray s'est revoltée

1. Claude de la Châtre, gouverneur d'Orléans pour la Ligue.

2. Hercule de Rohan, comte de Rochefort, plus tard duc de Montbazon, lieutenant général de Paris et de l'Ile-de-France.

3. Jean de Bueil, comte de Sancerre.

4. François de Châtillon, s^r de Coligny, qui s'était distingué à Saint-Symphorien, défit entièrement les troupes de Saveuse et de Perceville à Bonneval, le 18 mai 1589.

5. Jean du Faur, sgr de Courcelles, près Châtillon-sur-Loire.

6. Boiscommun (Loiret), arr. de Pithiviers.

contre Balagny[1]. Nous nous acheminons vers Paris, et,
si tout le monde estoit aussi prest que moy, il y a
longtemps qu'eussions passé Estampes, laquelle ville
nous avons prise dez le premier de ce mois, et nous
a ce voyage très heureusement succeddé, contre l'oppi-
nion de plusieurs du Conseil de Sa Majesté que j'ay
combactuz pour l'entreprendre[2]. Dieu vueille conty-
nuer ses benedictions et vous avoir, mon cousin, en
sa très sainte et digne garde. De Marigny[3], ce premier jour de juillet 1589[4].

Vostre très afectyonné cousyn et plus parfayt amy,

HENRY.

1. Jean de Montluc, sgr de Balagny, gouverneur de Cambrai
en 1581, mort en 1603 maréchal de France.

2. L'entrevue du roi de Navarre avec Henri III au Plessis-
lès-Tours est du 30 avril 1589. Les mois de mai et de juin se
passèrent en marches et contre-marches dans la Touraine, le
Blaisois, le Dunois; le 18 juin, il était à Artenay, le 20, à Châteauneuf, le 22, à Beaune en Gâtinais, le 26, à Pithiviers, le
30, à Marigny, le 2 juillet, à Longjumeau, le 3, à Étampes, qui
venait de se rendre aux troupes royales et où il fit son entrée
avec Henri III.

3. Marigny, près Étampes (Seine-et-Oise).

4. Aucune lettre ne se trouve dans le t. II des *Lettres missives* du 24 juin au 14 juillet 1589.

LETTRES ET PIÈCES INÉDITES

14 juin 1568.

Monsr le viconte, voyant les grandes despences que,
pour raison des troubles et divisions qui ont naguières
esté en ce royaulme, j'ay esté contrainct de supporter,
tant pour l'entretenement de ma gendarmerye, des
estrangiers, tant de cheval que de pied, que j'ay
entretenuz jusques à ce que, ayant pleu à Dieu me faire
ceste grace que d'establyr la paix entre mesdicts subjectz, j'ay licentié la pluspart des compaignyes de gens
de pied[2], ensemble les reystres, et me restant ung si
grand nombre de gendarmerye que, oultre les vieilles
et anciennes, mes bons et affectionnez subjectz ont
faict lever, suivant ce que je leur en ay escript ou
commandé, il est impossible de les pouvoir entretenir
et faire payer de leurs estatz, sans une grande foulle,
oppression et dommaige de mesdicts subjectz ; qui a
esté cause que j'ay advisé de les réduyre, sçavoir est :
toutes celles qui sont de cent lances à soixante, et

1. Orig. Arch. nat., R² 51.
2. Après la bataille de Saint-Denis et la mort du connétable, sa compagnie fut partagée, et Turenne en obtint un
tiers, avec des archers ; c'est la signification de cette mesure
qui est l'objet de la lettre de Charles IX et de son frère le duc
d'Anjou, ami d'enfance du vicomte. (Cf. les *Mémoires*, p. 16.)

celles de cinquante à trante[1] : dont je vous ay bien
voullu advertyr, affin que vous les faictes tenir prestz
au nombre de ladicte réduction, lorsque je le vous
manderay, et qu'ilz soient montez et en l'équipaige
qu'ilz doibvent estre, pour me faire service, aussy tost
qu'il en sera de besoing. Et pour ce que, dès à présent, j'ay faict estat de me servir de la vostre en l'Isle
de France pour, avec les aultres forces que je y ay
envoiées et celles que je y faictz aller présentement,
tenir ceste province en seureté et enpescher que ceulx,
qui se vouldroient eslever ou entreprendre aucune
chose contre mon auctorité et l'obéyssance qu'ilz me
doibvent, n'ayent moyen d'exécuter leurs desseings
et mauvaise volunté, je vous prye d'envoyer incontinent vostredicte compaignye audict pays, la part que
sera mon cousin le duc de Montmorency, mareschal de
France, gouverneur en icelluy, pour s'en servir selon
qu'il verra et congnoistra estre bon pour l'exécution
de ce que je luy ay donné charge et commandé de
faire. Et m'asseurant que vous satisferez incontinant
à ma volunté et à ce que je vous mande cy-dessus, je
ne vous feray plus longue lettre que de prier le Créateur, Monsr le viconte, qu'il vous ayt en sa saincte et
digne garde. Escript à Paris, le XIIIIe jour de juing
1568.

CHARLES.

FIZES.

Suscription : « A Monsr le viconte de Turaine, cappitaine de
cinquante hommes d'armes de mes ordonnances. »

1. Le même Charles IX nomme plus tard Turenne capitaine
d'une compagnie de trente lances. (Lettres patentes du

LE DUC D'ANJOU AU VICOMTE DE TURENNE.

14 juin 1568[1].

Monsr le viconte, vous entendrés, par la lettre que le Roy, monseigneur et frère, vous escript présentement, la réduction qu'il a faict des compaignies de sa gendarmerie et la cause pourquoy, et pareillement comme il a ordonné et faict estat de la vostre, pour s'en servir en l'Isle de France, soubz la charge et commandement de mon cousin le duc de Montmorency, mareschal de France; ce qui me gardera de vous en faire aultre discours en la présente ne icelle plus longue, que pour vous prier de ma part satisfaire de la vostre incontinant, ou le plus tost que vous pourrés, au vouloir et intention dudict sieur Roy, mon frère, contenu par sadicte lectre; à quoy je ne doubte que vous faciés faulte, pour la bonne volunté et affection que vous avés tousjours monstré avoir à son service et au bien de ses affaires. Sur ce, je finiray la présente, priant le Créateur, Monsr le viconte, qu'il vous ayt en sa saincte garde. Escript à Paris, le XIIIe jour de juing 1568.

Vostre bon amy,

HENRY.

Suscription : « A Monsr le viconte de Turaine, cappitaine de cinquante lances des ordonnances du Roy, mon seigneur et frère. »

22 octobre 1572. (*Histoire généalogique de la maison d'Auvergne*, par Christophe Fustel. Paris, 1845, in-8°. *Preuves*, p. 260.)

1. Orig. Arch. nat., R² 51.

LE MARÉCHAL DE DAMVILLE AU VICOMTE DE TURENNE.

13 janvier 1574[1].

Mon nepveu, envoyant le s[r] de Belloy[2], présent porteur, devers Leurs Majestez, pour accompaigner le depputé que ceulx de l'assemblée de Millau, estans de la nouvelle Religion, ont depputé devers Elles, pour leur fère entendre les conditions soubz lesquelles ilz veullent condescendre à la paciffication, j'ay bien voullu accuser par luy la réception de la vostre, que m'a rendue le s[r] Janyn, du xiiie de novembre dernier, et vous mercie de l'affection et obéyssance que m'avez offert par icelle, vous priant de croire que ne la sçauriez vouer à personne de ce monde qui, avec plus de volunté, vous face paroistre de combien je l'auray aggréable et acceptable en toutes les occasions qui jamais se présenteront, faisant estat pour mon réciproque que vous n'avez parent ny amy en ce monde qui plus vous ayme, ny que désire s'employer pour vous que moy, qui m'estant remis audict de Belloy à vous conter mes nouvelles et tout ce qui se passe de deçà, en attendant des vostres, je prieray le Créateur, après mes recommandations, qu'il vous doint,

Mon nepveu, en santé bonne et longue vye. De Montpellier, ce xiiie jour de janvier 1574.

Depuis la présente escripte, s'estant résolu ledict s[r] d'Yolet de ne point faire le voiage, j'ay tout aussitost dépesché ledict s[r] de Beloy pour les occasions susdictes.

1. Orig. Arch. nat., R² 51.
2. Antoine de Belloy, gentilhomme de la chambre du roi.

Vostre meilleur oncle, parfaict et asseuré amy,
H. DE MONTMORANCY[1].

LE VICOMTE DE TURENNE A MM. LES SYNDICS
DU CONSEIL DE GENÈVE.

16 octobre 1576[2].

Messieurs, encore qu'il y ayt desjà quelque temps qu'il a pleu à Dieu m'appeler à sa cognoissance et retirer des superstitions où j'avoyt esté nourry[3], j'ay estimé qu'avec ceste occasion du sieur de Rezay, présent porteur, qui va par delà, il estoit encore assez à temps de m'en conjouir avec vous, comme avec ceux que je veux aymer et estimer et ausquelz je ne me sens pas moins obligé que ceux qui ont trouvé près de vous une tant honeste hospitalité et retraitte asseurée. Et vous diray sur cela, Messieurs, qu'ayant entendu dudict sieur de Rezay un affaire qui vous touchoit, et nous tous aussi, et qui dépend de l'exécution

1. François de la Tour, vicomte de Turenne, né en 1526, fait chevalier par le comte d'Enghien à la bataille de Cérisolles en 1544, gouverneur et lieutenant général de Bresse et de Bugey en 1557, fut blessé mortellement le 10 avril de cette année à Estigny, près Saint-Quentin. Il avait épousé, en 1545, Éléonore de Montmorency, fille du connétable Anne, grand maître de France, et de Madeleine de Savoye, qui mourut avant son mari et fut enterrée en l'église des Cordeliers de Senlis. Leurs deux enfants, Henri et Madeleine, restèrent donc orphelins de bonne heure et furent élevés par leur grand-père et leurs oncles, dont l'un était le second des Montmorency, Henri, maréchal, de Damville, gouverneur du Languedoc.

2. Arch. de Genève. Portefeuilles des Pièces hist., n° 1983.

3. Voir dans les *Mémoires* ce que dit Turenne de son adhésion au protestantisme.

du traitté de paix, j'en ay pris les mémoires, pour les présenter en la compagnye où je vays, affin que, s'il plaist à Dieu tant favoriser ce royaume que de voir exécuter l'édit de pacification, cela n'y soit oublié. En quoy je m'employeray de telle façon, que vous jugerez que je prendray grand plaisir qu'en toutes aultres affaires qui vous concernent et où j'auray quelque moyen, vous vous en adressiez doresnavant à moy, s'il vous plaist, qui les prendray en main comme les miens propres. Mais aussi vous priray-je de me faire ce plaisir de vous vouloir employer en l'effect des prières que je fay à Monsr des Isles, et interposer en cela et vostre crédit et les moyens que Dieu vous a donnez. Ayant esté fort ayse que le voyage du sieur de Rezay par delà se soit trouvé si à propos, qui vous dira plus particulièrement sur cela ce qui seroit trop long à descrire; auquel je vous prie adjouster foy comme vous voudriez faire à moy, Messieurs, qui, en cest endroit, me recommande affectionnément à voz bonnes graces. Priant Dieu vous tenir, Messieurs, avec toute prospérité et santé, en sa sainte garde et protection.

Escript à Turenne, ce XVIe octobre 1576.

Vostre antièrement et bien afectionné ami à vous faire service,

TURENNE.

CHAUMONT-QUITRY AU VICOMTE DE TURENNE.

19 avril 1578[1].

Monsieur, encore que je n'aye rien aprins de nou-

----

1. Orig. Arch. nat. Papiers des Bouillon, R² 53. La suscription est : « A Monsieur, Monsieur de Thureyne. »

veau qui mérite vous estre escript, néantmoingz, pour le désir que j'ay d'avoir cest honeur que de me continuer en voz bonnes graces, je n'ay vouleu perdre ceste occasion sans me y ramentevoir et vous supplier de croire que je suys vostre serviteur le plus fidelle que vous aurés jamais; et, avec ceste assurance, je vous présanteré mes très humbles recommandations à voz bonnes graces. Priant Dieu,

Monsieur, vous donner en sancté longue et heureuse vye. De Saint-Jehan-d'Angély, ce XIXe d'apvril 1578.

Vostre bien humble et obéyssant serviteur,

QUITRY[1].

LA COMTESSE DE TENDE AU VICOMTE DE TURENNE.

3 juin 1578[2].

Monsieur mon frère, Hugonis passant par icy, je ne l'ay voulu laisser partir, sans vous faire ce mot, qui

1. Si nous publions cette lettre assez insignifiante, c'est qu'elle est à peu près le seul autographe connu de ce Jean de Chaumont, célèbre comme ami de Henri IV et enragé huguenot, qui était surintendant de sa maison avec Lavardin (Arch. des Basses-Pyrénées, B. 155). C'est ainsi qu'on peut établir la date où Guitry quitta le Languedoc, après avoir joué un rôle important aux conférences de Nérac. Il s'était sans doute arrêté à Saint-Jean-d'Angély, pour voir le prince de Condé, se rendant dans le Vexin, d'où sa famille était de longue date originaire. Les *Mémoires de Turenne* parlent souvent de lui, ainsi que les *Mémoires de la Huguerie*.

2. Orig. Arch. nat., R² 53. La suscription porte : « A Monsieur mon frère, Monsieur de Turenne. »

me servira, s'il vous plaist, pour me ramantevoir à vostre bonne grace et pour vous suplier m'i vouloir continuer. Je suis tousjours en attandant de voz bonnes nouvelles, n'an ayant point eu despuis celle qu'il vous plust m'escrire par Pillon, de coy je suis en grand peine, n'en sçachant que pancer. Au reste, vous sçavés la puissance que vous avés sur moy estre telle, qu'ele ne peult estre altérée par coy que ce soit, ainsi que j'espère vous faire paroitre, en tous les endroitz où il vous plaira d'an faire preuve. En atandant que je soie si heureuse que d'avoir moyen de vous randre autant de taimoignage de mon affection et bonne volonté comme j'an ay de désir, je vous supliré de recevoir mes humbles recommandations à voz bonnes graces, avec prière que je fais à Dieu de vous donner,

Monsr mon frère, en toute perffection de santé, très heureuse et longue vie. De Joze[1], ce 3e de juin 1578.

Vostre bien humble et obéissante sœur,

Madelene DE TURENNE[2].

1. Joze (Puy-de-Dôme), arr. de Thiers, où était né Henry de la Tour, vicomte de Turenne.

2. Madeleine de la Tour, sœur de Turenne, était depuis quelques années veuve du comte de Tende, gouverneur et sénéchal de Provence, qui mourut à Montélimart, empoisonné, dit-on. Elle ne semble pas avoir vécu au delà de 1580. Par testament en date du 21 juin de cette année, elle instituait le vicomte son seul héritier. — Voir plus haut, p. 3, note 1.

MONSIEUR DE TORSAY AU VICOMTE DE TURENNE.

11 août 1578[1].

Monseigneur, je vous diray avec ceste ocasion que j'ay lettres de Monsr de La Noue, du depuis qu'il est arrivé en Flandre, par lesquelles il me mande que Monseigneur avoit envoié Monsr de Bussy[2] vers les Estas, et qu'il le leurs vouloit aussy envoier, si tost qu'il y a esté arrivé; ce que désiroient lesdis Estas et sur tous Monseigneur le prince d'Orange. Croiez que mondit s[r] de La Noue estoit nécessaire où il est, pour beaucoup de raisons qui seroient longues à déduire, mais entre autres, comme il m'a mandé, pour empescher la pratique du conte de Lalain[3] et autres Catholiques, par laquelle ilz vouloient faire déclarer mondit seigneur protecteur de la Religion Catholique contre la Reformée; et ne faut douter que le nonce du Pape et autres ambassadeurs, qui luy ont esté envoiés pour le ramener, s'il estoit possible, ne le povant obtenir, eussent approuvé ce dessin; car le diable ne se soucie pas beaucoup du lieu, pourveu qu'il face tousjours la guerre à Jésus-Christ. Jusques icy, on ne peut concevoir que bonne espérance

1. Orig. Arch. nat., R² 53. « A Monseigneur, Monseigneur le viconte de Turenne. »

2. De Mons, le duc d'Anjou avait envoyé Bussy aux États; il lui adjoignit bientôt Sorbier des Pruneaux, et le traité d'alliance en vingt-trois articles fut signé à Anvers le 13 août.

3. Son frère, Montigny, le comte de Lalaing, son beau-frère, le sieur de Monceaulx, comme beaucoup d'autres seigneurs du Hainaut, étaient catholiques; mais le duc d'Anjou ne pouvait se passer de leur concours dans sa lutte contre l'Espagne.

de l'entreprise de mondit seigneur, et y a apparence de mieux encore, quand une fois il se sera obligé en la protection d'une cause commune aux Estas de Flandre, la reine d'Angleterre, le duc Casimir et Monsr le prince d'Orange. Aussi, voians noz ennemis quel bien il en peut revenir au bon party l'ont traversé et traverseront encore, en tout ce qu'ilz pouront, et je pense, quant à moy, que toutes ces menaces et approches de guerre, que nous voions en Guienne et ailleurs, ne tendent principalement que à rappeler mondit seigneur; car, tous autres artifices estans réussis vains, il semble, estant le feu embrasé en France, mondit seigneur sera plus obligé d'y courir et la secourir que une province estrangère. Mais il y a moien de prévenir ceste nécessité et de éluder ce stratagème par un autre, sans domage ou ruine d'hommes et de païs et avec l'establissement du repos de ce povre roiaume, comme j'ay mandé à Monsr de La Noue[1], et croy qu'il sera de mon advis. On asseure icy, depuis un jour, que les Espagnols, voulant s'esprouver avec

1. La Noue était encore à Angers, près de Monsieur, au mois de juin 1578. A cette époque, des Pruneaulx, l'agent du duc d'Anjou aux Pays-Bas, lui écrivait : « Vous estes autant désiré de tous, je dis de chacune des religions, qu'homme qui y puisse venir. » Après la victoire de Don Juan à Gemblous, François de Valois se décide à intervenir et entre à Mons le 9 juillet. La Noue le suit de près, et, après le départ du prince, il reste au service des États de Flandre au commencement de l'année 1579, et est nommé, sur la proposition du prince d'Orange, maréchal général, avec le commandement des troupes françaises et écossaises. C'est seulement au mois de mai 1580 qu'il fut pris dans une escarmouche par le vicomte de Gand, marquis de Roubaix.

l'armée des Estas, ont esté malmenés par une embuscade de François et Escossois des vielles bendes qui estoient cy-devant en Holande.

Monseigneur, je vous baise bien humblement les mains, priant Dieu vous donner en parfaitte santé longue et heureuse vie. De Paris, ce XIe d'aoust 1578.

Vostre très humble et très obéissant serviteur,

DE TORSAY[1].

MONSIEUR DE TORSAY AU VICOMTE DE TURENNE.

19 août 1578[2].

Monseigneur, Monsieur de La Noue m'avoit envoié un discours de l'escarmouche de Don Juan contre le camp des Estas de Flandre, pour l'envoier au roy de Navarre, que Monsr de Strosse a enfermé en son paquet. Je vous prie, après l'avoir leu, le présenter de la part de mondit s[r] de La Noue à Sa Majesté, afin qu'il ne m'accuse de négligence. Il n'est riens succédé depuis audit païs, que nous ayons entendu. Par lettres du 10, que Monsr de La Noue m'a escrittes d'Anvers[3], on n'avoit encore résolu avec Monsieur; si tost que ce sera fait, il m'en doit envoier le traitté, dont je ne

1. Le sieur de Torsay, en 1608, écrivit la *Vie, mort et tombeau... de Philippe de Strozzi*, celui que, dans la lettre suivante, il appelle, comme les contemporains, « Monsieur de Strosse. »

2. Orig. Arch. nat., R² 53.

3. Le 18 août, La Noue écrit d'Anvers au duc d'Anjou pour lui annoncer la prompte arrivée des troupes de Casimir. (*Documents concernant les relations du duc d'Anjou avec les Pays-Bas*, t. I, p. 420.)

faudray de vous en envoier aussy tost la copie. Il y a
cuidé avoir du commencement quelques dificultés à
cause de la religion, voulans aucuns persuader mondit seigneur de se faire protecteur de la Religion
Catholique; mais je croy que Monsr de La Noue est venu
bien à point, pour oster cest empeschement d'une
bonne union et intelligence comune à repousser l'oppression[1]. Cependant, la Religion y augmente d'une
estrange façon. J'espère que nous nous en sentirons
par deçà et que Monsr de La Noue y sera allé fort à
propos et qu'il servira plus à noz affaires là qu'icy,
combien qu'il y soit aussy bien nécessaire.

Monseigneur, après vous avoir baisé bien humblement les mains, je priray Dieu vous donner en parfaitte santé longue et heureuse vie. De Paris, ce
19e d'aoust 1578.

Vostre plus humble et plus obéissant serviteur,

De Torsay.

LE ROI HENRI III AU VICOMTE DE TURENNE.

Paris, 6 décembre 1578[2].

Mon cousin, le pouvoir et crédit que je me suis
toujours promis qu'aviés parmis ceux de la Relligion,
et le témoignage que m'avés rendu de vostre dévotion au bien et repos de ce royaume m'ont tant fait
espérer de fruicts de l'établissement de la paix, meme-

---

1. Le 18 août 1578, à Mons, le duc d'Anjou signait une
« promesse » au prince d'Orange de ne rien entreprendre
contre la religion réformée. (*Documents*, etc., t. I, p. 424.)

2. Arch. nat., R[2] 53. *Suscription :* « A mon cousin le viconte
de Turene. »

ment en la négotiation de la Royne, Madame et mère,
que je cuidois à présent y veoir plus d'avancement et
qu'il ne s'y offriroit tant de difficultés et remises, comme
il fait chacun jour; et, pour ce que je désire estre
éclarcy de ce que j'ay pu espérer surmonter, s'il m'est
possible, toutes difficultés, et rendre plus capable le roy
de Navarre, mon frère, et vous autres de ma bonne
grace et de mon intention à l'entretenement de la paix,
j'envoye par delà le s[r] Maintenon[1], chevalier de mon
Ordre, conseiller en mon Conseil privé et grand mareschal de mes logis, auquel, ayant donné charge de
vous faire entendre l'occasion de son voyage, je vous
prie, mon cousin, autant que vous désirés me faire
jamais recevoir les effets de votre fidelle dévotion à
mon service, employer le crédit et la fiance que je sçay
estre en vous à ce que ma sincère intention soit au
plus tost exécuté; et croyés sur ce le s[r] de Maintenon
de ce qu'il vous dira de ma part comme moy-mesme,
qui prie Dieu, mon cousin, vous avoir en sa saincte
garde. Écrit à Paris, ce 6e de décembre 1578.

HENRY.

DE NEUFVILLE.

LE ROI HENRI III AU VICOMTE DE TURENNE.

Paris, 16 mars 1579[2].

Mon cousin, j'ay bien voulu vous témoigner, par la
présente, le contentement que j'ay receu de la résolution qui a esté prise à la conférence, ayant esté arresté

1. Louis d'Angennes, marquis de Maintenon.
2. Arch. nat., R[2] 53.

17

que l'on procéderoit par effet à l'exécution de mon édit de pacification, qui est la chose de ce monde que je désire le plus, affin de veoir mes sujects unis en repos par le bénéfice d'icelluy. Mon cousin, je sçay que vous me pouvés beaucoup servir en cette occasion; partant, je vous prie me faire connoistre par effet l'affection que vous portés à mon contentement et à la tranquillité de mon royaume, et croire que je recognoistray le devoir que vous y ferés, comme vous fera entendre de ma part le s^r d'Arques[1], en vous délivrant ou envoyant la présente. Priant Dieu qu'il vous ayt, mon cousin, en sa saincte garde.

Écrit à Paris, ce 16 mars 1579.

Henry.

CATHERINE DE MÉDICIS AU MARÉCHAL DE DAMVILLE[2].

Agen, 17 mars 1579.

Mon cousin, il y a quelque temps que, pour quelque leiger propos que le s^r viconte de Turenne et le s^r de Rozan eurent ensemble, il s'estoit meu aussy quelque débat entre lesdicts viconte de Turenne et de Duras, dont je les avois depuis deux jours mis d'accord, par l'advis des princes et s^{rs} du Conseil privé du Roy, Monsieur mon filz, et aultres s^{rs} et cappitaines qui sont icy : toutesfois, contre les défenses que leur avois faictes, de la part du Roy, mondict S^r et filz, et de moy, de ne se demander rien l'un à l'aultre, pour ce qui restoit à accorder entre ledict s^r viconte de Turenne et le frère dudict s^r de Duras, qui n'estoit lors icy, ilz se sont

1. Nom que porta d'abord Joyeuse.
2. Bibl. nat., f. fr. 3203, fol. 44.

appellez, sans que personne en ayt rien sceu, et combatuz ce jourd'huy de grand matin, sur la grève de ceste ville, s'estans blessez les ungs les aultres, dont je fais informer par la Chambre de Parlement establie en ceste dicte ville, pour en faire faire la justice exemplaire à l'encontre de ceulx qui se trouverront avoir failly, estant ce que l'on doibt désirer ; mais, affin que chacun entende comme le tout est passé et ne soit cela cause cependant d'interrompre ou retarder l'exécution de la résolution de nostre conférence tenue à Nérac au bien de la paix, je vous en ay bien voulu escripre ce mot de lectre, affin que vous sçaichiez comme ce que dessus est advenu et le faciez entendre à ceulx que verrez que besoing sera, tenant la main que, pour cela (qui est ung faict particulier et dont la justice se fera sur ceulx qui l'auront mérité), le bon œuvre de la paix et l'exécution d'icelle ne soit aulcunement différé ny retardé. Priant Dieu, mon cousin, vous avoir en sa saincte et digne garde. Escript à Agen, le xviie jour de mars 1579.

Vostre bonne cousine, CATERINE.

DISCOURS DE LA QUERELLE DU VISCOMTE DE TUREYNE
AVEC LE SIEUR DE ROZAN, 1579[1].

L'an mil cinq cens soixante et quinze, estant à Montauban, commandant en Guyenne à ceulx de la Religion et Catholicques, uniz soubz l'auctorité de Mon-

---

1. Bibl. nat., *Cinq cents* de Colbert, t. XXIX, fol. 231 v°. Ms. f. fr. 20153, fol. 177 r°. — Ce récit semble écrit par le vicomte de Turenne lui-même ; il est, d'ailleurs, le développement de deux pages des *Mémoires*. — (Voir plus haut, p. 141 et suiv.)

seigneur le prince de Condé et depuis de Monseigneur, il advint que ceulx de Castelzaloux jectèrent le s[r] de Savillan[1] hors de leur ville, lequel y commandoit, et lors, craignant que la ville ne se perdist, j'ay mis le sieur de Rozan pour y commander. Depuis, ayant receu commandement de Monseigneur de l'aller trouver avec des forces et veoir toutes les villes en passant, les laisser en bon estat et seureté, et luy en apporter au vray l'estat, tant desdictes villes que des hommes et deniers, pour commencer madicte charge, je m'acheminay à Clérac[2], où estant je sceuz que quelques ungs avoient assiégé un chasteau qui tenoit pour mondict seigneur, duquel désirant faire lever le siége, je feuz contrainct d'assembler quelques forces, où vint ledict s[r] de Rozan avec une trouppe. Je luy parlay alors, pour adviser de faire faire raison au s[r] de Savillan de quelque argent que luy retenoient ceulx dudict Chasteaujaloux, à quoy il m'assura de tenir la main; je luy dis aussi que je yrois audict Chasteljaloux : à quoy il me respondit qu'il m'y feroit tout l'honneur qu'il pourroit et que je y serois le très bien venu. De là, je m'en allay à Caumont, et, depuis, à Damazan, d'où j'escrivi au s[r] de Rozan que je m'en allois à Casteljaloux : ce que je fiz; mais quelques ungs de mes gens s'estant mis devant et s'estans présentés aux portes pour y entrer, elles leur furent refusées; ce que ayant entendu, je priay Monsr de Reniez d'y

1. Sur Savailhan, voir la note de la p. 118, et la *Monographie de Casteljaloux*, par Samazeuilh, publiée à Nérac en 1860, in-8°, p. 103.

2. Casteljaloux, Clairac, Damazan (Lot-et-Garonne), arr. de Nérac.

aller, lequel ayant parlé à ceulx qu'il trouva à ladicte
porte, les habitans, tous d'une commune voix, luy
crièrent que ce n'estoient poinct eulx, mais que c'estoient ceulx de Monsr de Rozan, qui avoient la force
en main, qui l'empeschoient. Sur quoy, ledict s[r] de
Reniez ayant parlé à ung nommé La Garenne, qui faisoit l'estat de sergent-majour dans ladicte ville, il luy
fut respondu par ledict La Garenne qu'il avoit commandement de Monsr de Rozan de n'y laisser entrer
personne et qu'il n'ouvriroit poinct, que ledict s[r] de
Rozan debvoit retourner le lendemain et qu'il s'assu-
roit qu'il seroit bien aise de m'y veoir. Ayant sceu
ceste responce, je m'en allay à Malevirade, où je
demeuré tout le reste de ce jour-là et le lendemain
encores, affin de l'attendre; mais, voiant qu'il ne
revenoit poinct, je m'en allay à Caumont[1], continuant
tousjours mon voiage pour aller trouver Monseigneur.
Depuis ce temps-là, je n'avois sceu trouver ledict
s[r] de Rozan, à cause des troubles, jusques ung peu
auparavant des troubles de l'année V[c] LXXVI, que,
revenant d'Agen, où j'estois allé veoir le roy de
Navarre, accompagné de quarente gentilzhommes et
environ de trente ou trente cinq arquebuziers, je le
trouvay auprès d'Éguillon avec huict ou dix chevaulx
en tout; et, passant près l'un de l'autre dans ung chemin estroict, je le recongneuz. Voiant ceste occasion,
je priay le capitaine Valirois, l'aisné, qui estoit avec
moy, de luy aller dire de ma part que j'estois dans
ung pré là auprès, où je le priois de venir, affin de
tirer raison de luy de quelque chose que j'avois à luy

1. Caumont est dans l'arr. de Marmande (Lot-et-Garonne).

demander, avec asseurance que pas un des miens ne luy démanderoient rien, ayant tiré la promesse de ceulx qui estoient avec moy d'ainsi le faire et protestant, si quelc'un y failloit, que je me rangerois de son costé pour luy courre sus. Ledict Valirois s'en revint à moy avec promesse dudict s^r de Rozan qu'il s'y en venoit; mais, incontinant après, il m'envoia un gentilhomme des siens me dire qu'il n'y pouvoit venir, d'aultant que la partie estoit mal faicte : ce que voiant, je lui renvoiay les s^{rs} de Milhac et de Dussac pour luy dire, affin d'oster tout soupson, il y avoit là un bateau dans lequel nous passerions de delà l'eau, avec chacun un cheval pour servir à qui auroit le dessus, et que cest offre là estoit hors de doubte et soupson. Il ne la pouvoit honnestement refuzer; nonobstant cela, il s'excusa, et, pour luy monstrer que je ne voulois, non seullement le prendre à mon advantage, mais luy oster toute occasion de soubçonner que je le voulusse faire, je tiray promesse de luy, entre les mains desdicts s^{rs} de Millac et de Dussac et de Valiros, que toutes fois et quantes que je l'envoyerois appeller par un gentilhomme, que ledict gentilhomme y pourroit aller à seureté et qu'il s'en viendroict me faire raison où je l'appellerois. Nous nous départismes ainsi; et, depuis lesdicts troubles, je ne peuz le treuver à commodité, tellement que cela demeura ainsi jusques dernièrement, Monsr de Laverdin estant à Agen, au logis de Monsr de Duras, il entendit que ledict s^r de Duras tenoit propos de moy, qui estoient telz, que le roy de Navarre luy avoit escript deux ou trois fois de le venir treuver, pour l'accorder avec Monsr de Turenne; qu'il estoit bien serviteur du roy de Navarre et que son

frère exécuteroit volontiers ses commandemens, mais
que, pour ce subject, s'il pensoit son frère luy ceder
en rien, qu'il le desgajeroit et que, si Monsr de Turenne
estoit plus riche, qu'il estoit d'aussi bonne maison, et,
s'il se plaignoit de luy, qu'il l'ameneroit tousjours en
crouppe pour luy faire raison. Monsr de Laverdin, à
la première fois qu'il me vit, ne fit faulte à me racomp-
ter bien au long lesdicts propos, par lesquelz me sen-
tans intéressé, tant pour la comparaison des maisons
que ledict s[r] de Duras avoit faicte, que pour l'offre
qu'il faisoit de m'amener son frère, je me résolus de
le faire appeller ; mais, pour m'en esclaircir davantage, sachant qu'il passoit par Nérac, pour aller trouver la Royne à Auch, je lui envoiay le s[r] de Sallignac,
pour sçavoir quelles parolles il avoit tenues de moy,
en un lieu où estoit Monsr de Laverdin, lesquelles luy
rapporta encores ledict s[r] de Sallignac. Ledict s[r] de
Duras les ayant ouyes, en pallia une partie, disant
qu'il avoit bien dict que si Monsr de Turenne faisoit
appeller son frère de Rozan, qu'il s'asseuroit qu'il yroit
et que, s'il le prioit de luy mener, qu'il en estoit tout
prest. Ayant entendu la responce par ledict s[r] de Sallignac, j'envoié incontinent un gentilhomme des miens
à Monsr de Laverdin, le priant de m'escrire les propres
motz qu'il avoit entenduz de Monsr de Duras ; ce qu'il
fit tous conformes aux premiers, par une lettre qu'il
m'escrivit, où lesdicts motz sont contenuz, me mandant au reste que si ledict de Duras s'en dédisoit, qu'il
estoit prest de luy soustenir.

Quelque espace de temps après, la Royne estant
à Agen, y estant aussi ledict s[r] de Duras, je m'y
en allay. Ung jour, entre aultres, que j'estois sorty

tout seul de bon matin hors de la ville, et y ayant demeuré long temps, on eut opinion que je l'avois faict appeller, qui fut cause que la Royne m'envoia quérir, et, après m'avoir dict qu'elle nous voulloit accorder, me commandant de sa plaine auctorité de demeurer amy audict s^r de Duras, je ne voullu prendre garde à quelque espèce de satisfaction qu'il me vouloit faire, disant que je ne prenois le commandement absolut à la volonté de Sa Majesté pour assez de satisfaction de ce que je me sentois offensé dudict s^r de Duras, par les propos qu'il avoit tenus à Monsr de Laverdin. Sur quoy ladicte dame Royne nous feit embrasser. Après quoy je m'en allai à Puymirol[1], par le commandement de ladicte dame Royne et du roy de Navarre, pour y exécuter l'eedict. Ce que ayant faict, et en estant revenu le lundi xvie mars, je feuz adverty que ledict s^r de Rozan y estoit arrivé aussi ; ce que la Royne ayant sceu, me feit deffence très expresse de ne faire poinct appeller ledict de Rozan et de ne lui demander rien : ce que je promis à Sa Majesté. Mais ledict jour au soir, m'étant retiré à mon logis, Monsr de Lesignan y vint, qui me dist que Monsr de Duras montoit. Je m'en allay au devant de luy ; et, estant en ma chambre, il me commença à parler tout hault que madame de Grandmont[2] me prioit de faire mectre Mussidan[3] entre ses mains. Après, il me dist si je voulois me tirer à part : ce que je feiz ; et, m'ayant

1. Puymirol (Lot-et-Garonne), arr. d'Agen.

2. Mme de Gramont était la belle-mère de Duras. On sait que sa fille fut la dame d'honneur et longtemps l'amie très malfaisante de la reine de Navarre.

3. Mussidan (Dordogne), arr. de Ribérac.

un peu continué le propos de Mussidan, il me dist
qu'il y avoit quelque temps qu'il avoit dict à Monsr de
Laverdin, qu'il me meneroit son frère de Rozan là où
je vouldrois; qu'il estoit à Agen, et que le lendemain
il le feroit treuver au gravier[1], qu'il seroit avec luy;
et je le remerciay, l'asseurant que ce seroit le plus
grand plaisir qu'il me pourroit faire, mais que je désirois que personne ne s'en mellast que luy et moy, et
que j'avois fort bonne querelle, qui me faisoit espérer que, après avoir faict à son frère, il me resteroit
prou de force pour luy faire raison, s'il se plaignoit
de quelque chose de moy. Il me dist qu'il vouloit que
je y menasse quelc'un; à quoy je luy feiz responce que
puisqu'il le vouloit ainsi, que je y menerois ung de
mes amys; qu'au reste il estoit fort tard et que, si
quelc'un le savoit, je luy en ferois reproche, l'assurant que pas un de mes amys n'en sçauroit chose du
monde de moy, qui peust estre occasion de nous en
empescher. Là-dessus, il me promist et me jura que
s'il venoit quelc'un qui feussent de ses amys qui me
voulust faire tort, que son frère et luy se rangeroient
avec moy pour les en empescher, me le promectant
sur son honneur. Je luy feiz pareille promesse, en
l'embrassant. Il commence à me donner le bonsoir :
je le conduisy jusques hors de mon logis, où, estant
rentré et Monsr de Lesignan y estant demeuré, je le
tiray à part et tiray promesse de luy de ne parler à
homme ny à femme du monde de ce que je luy dirois,
l'assurant que, s'il le faisoit, je luy demanderois rai-

---

1. Le « gravier » d'Agen était situé entre la muraille de la
ville et la Garonne : il est encore aujourd'hui un élégant lieu
de promenade et de fêtes publiques.

son de ce qu'il me promist. Je luy dis adonc ce que Monsr de Duras m'avoit dict, le priant de regarder le lendemain à la porte du gravier que personne ne sortist pour me faire supercherie.

Le lendemain, le jour estant venu, je m'en allay à la porte du Pin, par où j'avois dict audict s^r de Duras que je sortirois, avec Monsr le baron de Sallignac, un petit page et un lacquais qui menoient deux courtaulx, suivant ce que j'avois dict audict s^r de Duras de nous trouver sur un courtault chacun. Ladicte porte ne fut ouverte d'une grande demye heure après que nous feusmes arrivez. Cependant, je me promenois du long de la muraille, attendant qu'elle feust ouverte, ce que soudain qu'elle fut ouverte nous sortismes; et, estant arrivez sur le lieu, nous attendismes environ une heure et demye, de sorte que je envoiay à Monsr de Duras un page, pour luy dire qu'il y avoit fort long temps que je l'attendois et qu'il estoit fort tard. Mon page y allant les trouva comme ilz venoient; je commençay à les veoir venir sur deux chevaulx d'Espagne, l'un bay et l'autre gris. Cependant, Monsr de Lesignan, qui avoit veu venir mon page, pensant que je luy envoiasse pour le prier de se retirer, se retira loing, qui empescha qu'il ne peult veoir sortir lesdicts de Duras et Rozan et ceulx qui sortirent. Nous nous arrestames incontinant et vismes qu'ilz mectoient pied à terre : à quoy je priay Monsr le baron de Sallignac de s'avancer vers [eulx] et leur dire que c'estoit trop près de la porte. Ilz faisoient quelque difficulté de remonter à cheval; ce que voiant, je m'avançay vers eulx, d'aultant que je voiois venir quelques hommes qui couroient tant

qu'ilz pouvoient, n'estans pas deux cens pas de nous,
et leur dis que résolument c'estoit trop près. Et leur
dis : voilà des gens qui viennent, qui nous empesche-
roient de nous battre, et qu'il failloit aller plus loing;
cuidant à la vérité que ce feussent gens de la Royne
qui vinssent pour nous en empescher. Enfin, ilz
montent à cheval, et commenceasmes à galopper
comme qui yroit à la Gassagne[1]. En galoppant, je
demande au s^r de Rozan s'il avoit de dague, qui
me dist que ouy : à quoy je respondis que j'en avois
aussi, mais que je le priois que nous les gections là;
ce qu'il ne voulut faire. Le s^r de Duras commença à
dire qu'il n'en avoit poinct, et le s^r de Sallignac luy
dist qu'il en avoit une, mais qu'il la jecteroit là, ainsi
qu'il feit tout aussitost. Comme nous eusmes galoppé
environ trois cens pas, estans presque vis-à-vis d'une
chappelle qui est à costé du gravier, nous mismes
pied à terre; mais, voiant le s^r de Rozan botté et espe-
ronné, je le priay d'oster ses esperons, et que cela
l'empescheroit; ce qu'il feist. Là-dessus, ledict s^r de
Duras s'aproche et me dist : « Monsieur, vous plaist-il
pas que je vous visite? » A quoy je respondy que ouy;
ce qu'il feit. Et là-dessus je luy dis que je ne le voulois poinct visiter; et, parlant audict s^r de Rozan, qui
estoit à dix ou douze pas près de moy, s'il estoit
poinct armé : il leva son pourpoinct, qui n'estoit pas
attaché à ses chosses, et me dist : « Je ne le suis pas. »
Je luy respondz que je me reposois sur cela. Alors, le
s^r de Duras se retira quatre ou cinq pas en arrière,

1. La Cassagne est un château situé sur la commune de Pont-
du-Casse, à 7 kil. d'Agen.

et lors je mis la main à l'espée, d'aultant que le s[r] de
Rozan l'y avoit long temps auparavant.

Le s[r] de Duras me demande ce que j'avois à demander à son frère; je luy dis que, aux troubles
de l'an V[c] LXXVI, ceulx de Chasteljaloux jectèrent
Mons[r] de Savillhan dehors et que, ayant mis Mons[r] de
Rozan, son frère, pour y commander, qu'il m'avoit
faict reffuser les portes, et que, estant à Cleirac
quatre jours auparavant, il m'avoit promis de m'y
faire tout l'honneur qu'il debvroit et de m'y laisser entrer quand je vouldrois, et que, pour me
satisfaire, il failloit qu'il désadvouast ceulx qui
l'avoient faict. A quoy ledict s[r] de Duras me dist que,
s'en estant allé à Duras, il avoit commandé à ceulx
qui commandoient audict Chasteljaloux soubz luy de n'y
laisser entrer personne. « Ho! ce diz-je, cela ne me contente pas, et, s'il falloit me contenter, falloit que ce
feust la ville. » Là-dessus, ledict s[r] de Duras print la
parolle et dist : « C'est que vous aviez dict que vous y
vouliez mectre Savaillan. » Je respondiz que cela estoit
faulx et que je n'en avois jamais parlé, ny pensé
mesme de le faire. Je partz alors et m'envois droict
audict s[r] de Rozan et, du premier coup, je luy donne
une estocade dans l'estomach; il commença à reculer
le plus qu'il est possible. Je luy tiray cinq ou six estocades, qui tous portoient sur luy : toutesfois, pas
une ne persa le pourpoinct. Le poursuivant et le pied
m'ayant glissé, je tombay, et, estant à terre, il me
donna un coup dans la chausse, qui ne me blesse
poinct. Je me rellève soudain et commence à le rechar-
ger; il me tourne le doz et commence à fuyr tant
qu'il pouvoit courre. Cependant, je entendois le baron

de Sallignac qui disoit au s^r de Duras : « Prenez une espéc » ; lequel n'en voullut poinct prendre. Ledict Duras commence à crier à son frère : « Vous fuiez, vous faictes le poltron. » Il tourna, et, en tournant, ledict de Rozan tumba. Je luy diz adonc : « Lève toy. » Là-dessus, je me sentiz chargé de six ou sept, qui me baillèrent troys coups d'espée par derrière, et deux par le devant, tout en ung mesme temps sans que ledict de Rozan s'aprochast de moy. Incontinant, ledict de Duras commence à crier à ses gens : « Tuez, tuez le baron de Sallignac » ; qui dict que cinq ou six s'avancèrent pour le charger, et ung, entre aultres, qui est fort blond et avoit un manteau rouge doublé de vert, qui estoit cinq ou six pas devant eulx, lequel, voyant le s^r de Sallignac aller à luy, se retira jusques à ces compagnons ; et tous eulx ensemble se retirèrent plus de huict pas : ce qui empescha de veoir ce que ledict s^r de Duras feit. Depuis, lesdicts me laisserent, après m'avoir blessé de seize ou dix-sept coups d'espée, et estant tout en sang, je chargé encores ledict s^r de Rozan, lequel je feis encores fuyr et reculler devant moy. A ceste heure-là, ledict s^r de Duras luy cria encores les mesmes motz qu'il avoit faict auparavant, et, prenant une espée, s'en vint à moy et me tire une estocade qui ne fit que perser le pourpoinct. « Ha, ce diz-je, c'est une grande meschanseté ! Ce n'est pas la courtoisie que le baron de Sallignac t'a faicte et celle que j'ay faicte à ton frère à ceste heure, oultre celle que je luy feiz auprès d'Eguillon. » Là-dessus, je m'arrestay ; et vint un garson de la fruicterie de Madame la princesse de Navarre, qui me dist : « Monsr de Thureyne retirez-vous ; il vous tueront. Las, ce dis-je,

c'est trop estre armé et encores estre dix ou douze
sur ung homme ! » Je me mis adonc à main gauche et
eulx à main droicte ; et commençasmes à nous en aller
vers la ville. Comme j'euz faict environ deux cens pas,
je trouvay Monsr de Lesignan, avec deux de ses gens,
auquel je dis : « Vrayement, voilà de meschans hommes :
estre armés et encores estre dix ou douze sur ung
homme. » Il me demanda si j'en avois dans le corps : je
luy diz que non ; mais que je ne sçavois si une estocade
que Duras m'avoit donnée, luy monstrant l'endroict
où il m'avoit blessé. Là-dessus, je trouvay encores
Monsr le mareschal de Biron, auquel je tins mesme
langaige, et me retiray en mon logis.

RAPPORT EN FORME DE LETTRE SUR LE DUEL SURVENU
ENTRE JEAN DE DURFORT, VICOMTE DE DURAS, ET
SON FRÈRE JACQUES, D'UNE PART, ET HENRI DE LA
TOUR, VICOMTE DE TURENNE, ET LE BARON DE SALI-
GNAC, D'AUTRE PART. NÉRAC, 18 MARS 1579 [1].

Messieurs, d'aultant que le XVIIe de ce moys est
advenu que Monsr de Turene a esté blessé hors les
portes de la ville d'Agen et que plusieurs, ne sachans
comme le faict est passé, pourroient en prendre et
donner l'alarme en divers endroictz et en tirer des
conséquences préjudiciables au bien de la paix, laquelle
doibt estre stable et maintenue par tous les gens de
bien, comme estant nécessaire en ce royaulme à la

____

1. Bibl. nat., f. Dupuy 744, fol. 82 r°. — C'est une sorte de
circulaire faite sans doute par un des ministres protestants qui
étaient venus à Nérac pour traiter de la paix.

conservation des Églises; j'ay bien voulu vous tenir particulièrement advertiz par la présente de tout ce qui est faict, qui est tel que, d'aultant que, en l'année 1576, ledict s^r de Turene estant nommé et esleu général des églises de Gienne, se resentoict de ce que le s^r de Rausan, frère du s^r de Duras, avoict tenu quelque propos qui sembloict estre au désavantaige du s^r de Turene, le 13 de ce mois, estant le s^r de Turene allé à Agen de nostre part, pour faire dresser, avecques le conseil de la Royne mère du Roy, les commissions et instructions qui estoient requises pour l'exécution de l'eedict et de ce qui a esté arresté à la conférance, et, trouvant ledict s^r de Duras en ladicte ville, l'auroict faict appeller ledict jour pour se trouver delà la rivière, luy seul, et y seroict allé l'attendre de bon matin; mais, aiant esté cela descouvert et entendu de ladicte dame Royne, non seullement ledict s^r de Duras ne seroict sorty, mais aussy ledict s^r de Turene auroict esté mandé de s'en retourner en ladicte ville par Sa Majesté, laquelle n'auroict cessé jusques ad ce qu'elle les eust accordez et faict embrasser par après. Le 16 de ce moys, le s^r de Rausan estant arrivé à Agen, ledict s^r de Duras seroict venu trouver ledict s^r de Turene en son logis, luy parlant tout hault, le priant bien fort d'estre moien que le chasteau de Mucidan, qui auroict esté naguères surpris, fust rendu à Madame de Granmont, sa belle-mère, à qui il apartient; mais, après ce propos, il tira ledict s^r de Turene près de la fenestre de sa chambre, luy disant que son frère estoict venu et qu'il estoict prest de le mener par la main pour vuider le différent, ainsy qu'il l'auroict promis au s^r de

Lavardin : de quoy ledict s^r de Turene démonstra estre fort aise, le louant et luy faisant entendre qu'il le tenoict pour gentilhomme d'honneur et de valleur d'en user de ceste façon; sur l'heure, acordèrent d'un lieu hors la ville, sur le gravier, et, affin que leur entreprinse fust mieulx couverte, fut arresté entre eulx que ledict s^r de Turenne sortiroict avecq le baron de Salignac par la porte du Pin[1] et le dict s^r de Rausan, secondé de sondict frère par la porte du gravier. Le lendemain matin, ledict s^r de Turene, secondé dudict s^r baron de Salinac, se trouva à la porte du Pin, avant qu'elle fut ouverte, de peur de n'estre d'assés bonne heure à l'assignation, et, à l'ouverture, ilz sortirent et attendirent lesdicts deux frères environ une heure et demie sur la place, tellement que, s'ennuyans, mandèrent ung page pour les haster, lequel les rencontra montés sur chevaux d'Espaigne et galopans pour se rendre audict lieu; où, estans arrivez, ilz eurent ensemble quelque propos, et enfin, ledict s^r de Turene déclarant qu'il ne pouvoict estre satisfaict, si ledict s^r de Rausan ne confessoict qu'il n'avoict sceu que ledict s^r de Turenne feust général, lorsque les portes de ladicte ville luy furent fermées, ou qu'il ne sçavoict pas qu'il y debvoict venir, feut entre eulx promptement arresté de venir aux mains; et, par ce que ledict s^r de Turene advisa une troupe qui venoict après ledict s^r de Duras, fut d'avis de galopper encores jusques à quatre ou cinq cens pas davantage, pour

---

1. La porte du Pin existait encore il y a quelques années; elle était située à l'est d'Agen.

s'en reculer, ce qu'ilz firent; et, ayans mis pied à terre, comença ledict s^r de Turenne à charger si vivement ledict s^r de Rausan, qu'il le feict reculer environ quatre-vingtz ou cent pas, jusques à tourner le dos, ayant ung coup à la souris du bras, encores que ledict s^r de Duras luy criat de tenir bon; et, enfin, fut jecté par terre, sans que ledict s^r de Turenne le voulut charger lors; ce que voyans, dix ou douze cappitaine et soldatz, qui avoient suivy ledict s^r de Duras, meirent tous à l'instant l'espée à la main, pour charger ledict s^r de Turenne, auquel ilz donnèrent jusques à quinze ou seize coups sur la teste, au visaige, à l'espaule et aux reims, et presque tousjours par derrière, tellement qu'ilz l'abbatirent, luy ruant tousjours des coups qui portoict avecq la dacgue. D'autre costé, le baron de Salignac chargea ledict s^r de Duras, auquel ayant donné ung coup d'espée en la main, qui luy persa le bras, et, incontinent luy ayant saisy sadicte espée, luy donna une estocade soubz le bras, qui ne le blessa, et ung autre coup fort grand à la cuisse, et luy rompt son espée; et lors, ledict s^r de Duras, se voiant sans espée, le pria de le traicter en homme qui n'avoict poinct d'armes : à quoy le baron de Salignac respondict qu'il n'avoict jamais acoustumé de frapper gentilhomme qui n'eust de quoy se deffendre, le pressant de prendre une espée de ses gens qu'il voioict là près, ou qu'il le tueroict; ce que ledict s^r de Duras ne voulut faire, parce qu'il ne cognoissoict, comme il est à présumer, la bonté de l'espée de ses gens. Lors ledict s^r de Duras cria à son frère, qu'il voyoict reculer, de tenyr bon et de ne faire le poltron : mais ledict baron de Salignac le menaça de tuer, s'il ne se taisoict.

Aussitost, ledict s^r baron veid ledict s^r de Turenne abatu par terre et environ dix ou douze espées à l'entour de luy qui le chargeoient; ce qui le fit partir, pour l'aller secourir contre ceulx qui le traictoient si mal, lesquelz, estimans qu'il fut mort, le laissèrent; et ledict s^r de Duras, voiant ledict baron empesché après ceulx qui chargeoient ledict s^r de Turenne, print une espée et s'aproche dudict s^r de Turenne, estant encores par terre, luy rua ung coup. On tient que ledict s^r de Rausan avoict une maille soubz son pourpoinct, pour ce que, de deux ou trois grandes estocades que ledict s^r de Turenne luy donna, il n'y eust une seulle qui peut passer, comme il semble aussy qu'il soict à juger par la poincte de l'espée dudict s^r de Turenne, lequel fut alors remené à la ville par le s^r de Lusignen, qui s'y trouva sur la fin.

La Royne, mère du Roy, monstre en avoir grand desplaisir et mescontentement, pour la conséquence de telz faictz sur le commencement d'ung establissement de paix et après ung accord que avoict esté par elle faict entre ledict s^r de Turenne et de Duras. Une chose contente beaucoup de gens que ledict s^r de Turenne est hors de danger; de quoy il a semblé estre besoing de faire ce brief et véritable discours, affin que personne ne se serve de ce faict à quelque impostures et faulx bruictz et calomnies, et que, pour ce regard, le bien de la paix, auquel ledict s^r de Turene a tant travaillé, ne soict retardé ou empesché, laquelle tous les gens de bien doibvent maintenir ung chacun en unyon et bonne concorde.

Faict à Nérac, ce 18e mars 1579.

CLERVANT[1] AU VICOMTE DE TURENNE.

Sommières, 26 mars [1579[2]].

Monsieur, ceste n'est à aultre fin que vous dire combien les gens de bien sont en paine de sçavoir de vostre portement, par avoir veu lettres de la Royne, mère du Roy, mandant qu'elle feroit faire justice exemplaire de ce qui estoit advenu entre le sieur de Duras et vous, à quoy on a adjousté qu'estiés blessé en troys lieux ; aussy, pour vous assurer que, n'estoit le commandement et haste que j'ay pour le voyage où je suys, je retorneroys très volluntier pour vous faire service en tout ce que j'auroys de moyen et vous offrir moy-mesme ce que fera la présente : c'est que je vous supplie de disposer de moy et de mes amys en tout ce qu'il vous plaira, pour vous accompagner à prendre la raison de ce fait et aultre qui vous pourra jamays importer, autant gaimant[3] et volluntier qu'amy et serviteur que puissyés choisir : deux cent lieux de chemin, ne troys, que j'ay à faire, ne peuvent tant me retenir qu'il fault de temps à vous guérir. Faittes-moy cest honneur de croire que, si m'employés et commendés de vous venir trouver, que, laissant mes affaires particullières en la main de Dieu, je ne vous abandonneré, que celles où vous vous vouldrés servir de moy ne soyent faictes ; je le dis an pattoy et rondeur, que j'ay appris des gens de bien de nostre pays, qui ne sçavent

1. Jean de Vienne, sgr de Clervant.
2. Orig. Arch. nat., R²53. *Suscription :* « A Monsieur, Monsieur le viconte de Turene. »
3. *Gaimant* pour gaiement.

myeulx. Pour fin, je vous baise humblement les mains, suppliant l'Éternel,

Monsieur, vous renvoyer vostre santé, et donner bonne et longue vie. De Sommières, ce XXVIe mars.

Vostre humble, obéissant et tout à vostre service, qui désire vous en faire preuve,

CLERVANT.

ADVIS SUR LA QUERELLE DE MONSIEUR DE TURENNE.

23 mai 1579[1].

Monseigneur le duc de Montmorancy, pair et premier mareschal de France, gouverneur et lieutenant général pour le Roy en Languedoc, ayant veu, en présence des s[rs] de Rieux, de Lombez, de Vetizon, de Saint-Maximin, commandeur de Grillon et autres seigneurs et gentilzhommes, le discours à luy envoyé par Monsr le viconte de Turenne de la querelle et conbat advenu à Agen entre luy et les s[rs] de Duras et de Rozan, a considéré bien particulièrement ce qui y est représenté, et y ayant remarqué en premier lieu le tort qui a esté fait audict s[r] viconte par le s[r] de Rozan, ou ceulx qui estoient commis par luy à la garde de Casteljaloux, pour y avoir reffuzé l'entrée audict s[r] viconte, lequel l'y avoit introduict et chargé d'icelle place par le commandement qu'il avoit lors en Guyenne, d'ailleurs et voyant en icelluy discours l'avantage avec lequel ledict s[r] visconte avoit trouvé ledict s[r] de Rozan près de Guillon[2], pour luy en demander raison, et la promesse par luy faite de se treuver

1. Bibl. nat., f. fr. 20153, fol. 183.
2. Ou plutôt « d'Esguillon. »

au lieu où il seroit appellé par un gentilhomme ; et,
depuis, les propoz tenuz par le s^r de Duras au s^r de
Laverdin, l'offre par luy faite de se treuver seul avec
ledict de Rozan sur le grevier d'Agen[1], chacun sur un

1. On vient de lire les divers récits de l'affaire du 18 mars
1579 ; mais il n'est rien dit de la suite, qui se trouve relatée
tout au long dans un manuscrit provenant des Jacobins-Saint-
Honoré et portant aujourd'hui le n° 25176 du f. fr. de la
Bibliothèque nationale, sous ce titre : *Histoire de Henry de la
Tour d'Auvergne, premier duc de Bouillon.*

« Dès que le vicomte se vit hors de danger et qu'il se sentit
en état d'agir, il fit deux choses : il écrivit à la reine mère pour
la prier de faire cesser les poursuites qu'on avoit commencées
contre les deux Duras, et il écrivit encore à Damville (devenu
récemment duc de Montmorency) pour le consulter sur la
manière dont les lois de l'honneur lui permettoient d'en user
à l'avenir avec les deux Duras. Il traite d'assassinat ce qui se
passa entre lui et eux, il soutient qu'ils étoient maillés, comme
on parloit en ce temps-là, et n'oublie pas les gens apostés dont
on a parlé. Lorsque Damville eut reçu cette lettre, il ne voulut
pas décider seul d'un point qui lui paroissoit d'une si grande
conséquence ; il assemble à Agde la noblesse de Languedoc, et,
après l'avoir consultée, il répondit au vicomte, conformément
au sentiment de cette noblesse, que, puisqu'il avoit été traité si
indignement par les deux frères et contre toutes les loix de
l'honneur, il n'étoit plus obligé d'en venir au duel et d'exposer
sa vie contre eux, mais qu'il pouvoit s'en vanger, par quelque
autre voie qu'il jugeroit à propos, puisqu'il estoit en droit de
ne les plus regarder comme des gentilshommes, mais comme
des traîtres et des assassins. »

« On ne dira rien de cette décision par raport aux règles
de la religion, selon lesquelles on ne peut l'approuver ; mais
par raport aux loix de l'honneur et du monde, il y a bien des
gens qui ne voudroient pas la suivre et qui se croiroient
déshonorés s'ils avoient vengé une trahison par un assassinat. Aussi, le vicomte, qui se piquoit de la plus haute
générosité, ne se régla pas sur ce conseil. Non seulement il
écrivit à la reine mère pour arrêter les poursuites qu'on faisoit

courtault, contrevenant à laquelle ilz seroyent venuz
sur deux chevaulx d'Espagne; les courtoisies faites
par icelluy viconte de Turenne audict s^r de Rozan,
tant pour ne l'avoir voulu faire visiter que pour luy
avoir fait oster ses esperons et relever après estre
tombé; celle faite par le s^r baron de Sallignac au
s^r de Duras, pour luy avoir fait reprendre une espée,
la sienne estant rompue; au contraire desquelles ledict
s^r viconte prétend, par les estocades qu'il a tirées
audict s^r de Rozan, l'avoir treuvé armé et estre chargé
avec ledict s^r de Duras, avec lequel il n'avoit querelle,
et par six ou sept qui se trouvèrent prez ledict s^r de
Rozan, lorsqu'il recula et fuya, demeurant assasiné
devant et derrière, contre la foy et promesse donnée
entre eulx, avec supercherye et advantage, ainsy que
plus particulièrement est contenu par icelluy discours,
soustenu véritable par icelluy s^r viconte : mondict seigneur de Montmorancy, assisté des seigneurs que dessus, est d'advis que ledict s^r viconte a esté si indignement traitté, qu'il ne doit demander ny faire appeller
lesdicts de Duras ny de Rozan, pour les combattre
par la voye accoustumée et licite, mais, se resentant
des actes, assazinatz et manquementz cy-dessus, se
doibt délibérer d'en avoir raison avec tel advantage,
recherchant à cest effect tout ce qu'il pensera luy pou-

contre les Duras, il ne laissa point de l'en solliciter qu'il ne
l'eût obtenu. Une conduite si généreuse le réconcilia appa-
remment avec les deux frères; car, dans toute la suite de sa
vie, on n'entend plus parler de ce différend. » — Ce manuscrit
est simplement la reproduction, ou peut-être la minute, de l'*Histoire de Henry de la Tour d'Auvergne, duc de Bouillon*, par
M. Marsollier, 3 vol. in-12. Paris, 1719, t. I, p. 279 à 780.
Voir aussi, sur ce fameux duel, *Brantôme*, t. VI, p. 324 et 509.

voir servir pour s'en vanger, estant le tort à luy fait
tel et si grand, qu'on ne pourra trouver mauvais avec
raison les voyes desquelles il usera à l'encontre des
personnes qui se sont monstrées indignes d'estre
appellées avec les armes. Et pour faire foy de cest
adviz, icelluy seigneur duc de Montmorancy l'a signé
et pryé lesdicts s^rs y assistans de le signer avec luy.

En Agde, le XXIIIe may mil V^c soixante-dix-neuf.

LE ROI HENRI III AU VICOMTE DE TURENNE.

[13 juin 1579[1].]

Mon cousin, je vous ay cy-devant escript que j'estois
très content du bon et grand debvoir que la Royne,
Madame et mère, m'a tesmoigné que vous avez faict,
en tout ce qui s'est offert par delà pour mon service,
cependant qu'elle y a esté, et mesmement pour faire
exécuter ce qui a esté accordé en la conférence tenue
à Nérac. Et par ce que j'ay esté adverty qu'il s'est
despuis commis et commect encores journellement,
d'une part et d'autre, plusieurs insolences et contraventions, j'ay bien voulu vous faire la présente, pour
vous advertir que j'en recoiptz ung extreme regret et
desplaisir; que mon intention est qu'il en soict faict
justice exemplaire, comme je l'escris tous les jours à
mon cousin le mareschal de Biron, et que mes serviteurs ne sçauroit faire chose qui me soit plus agréable
que d'entreprendre le chastiment de telles désobéis-

---

1. Cop. Bibl. nat., f. fr. 3319, fol. 177 v°. *Suscription :* « A
Monsieur le visconte de Thurenne. »

sances, qui sont cause de nourrir le trouble et la def-
fience entre mes subgectz et retarder l'effect de mes
intentions à l'advancement de la transquilité publicque
de mon royaulme : vous priant, mon cousin, d'y voulloir, de vostre costé, employer les moyens que Dieu
vous a donnez, selon la fiance que j'ay en vous, et
vous asseurer que je recongnoistray à jamais le service
que vous me ferez, etc.

LE VICOMTE DE TURENNE A MONSIEUR D'USSAC [1].

Monsieur, ayant sceu que vous estiés de delà, je
n'ai voulu faillir de vous faire la présente, pour vous
dire combien j'en ay esté bien aise et vous prier me
faire tant de bien que de vous en vouloir venir, pour
l'occasion que je mande à Messieurs de Florac et de
Beaupré, laquelle finye, nous nous en retournerons
de delà incontinent, pour y faire tout ce qui sera de
besoin. Je me recommande bien humblement à vostre
bonne grâce, priant Dieu vous donner,

Monsieur, heureuse et longue vye. A Damasan [2], ce
XXe juin.

Vostre humble amy à vous obéir.

TURENNE.

1. Autogr. Coll. Baguenault de Puchesse. *Suscription* :
« A Monsieur, Monsieur de Dussac. » (Sans date.) Nous donnons ce billet de peu d'importance, pour indiquer la relation
que Turenne entretenait avec ce vieux gouverneur de la Réole,
dont il est plusieurs fois question dans les *Mémoires* et (p. 262)
dans le récit du duel, ainsi que plus loin, p. 282 et suiv.

2. Damazan (Lot-et-Garonne), arr. de Nérac.

LE ROI HENRI III AU VICOMTE DE TURENNE.

[24 juin 1579[1].]

Mon cousin, je m'asseure tant du zelle et affection que vous portez au bien de mon service et à la transquilité publicque de mon royaulme, que je suis certain que vous seriez bien marry qu'il s'entreprist rien pour vostre particullier, qui peust apporter retardement à l'establissement de la paix et troubler mes affaires. C'est pourquoy, ayant esté adverty des assemblées qui se commancent à faire, soubz prétexte du différent que vous avez avecques le s[r] de Duras, desquelles il ne peult advenir que beaucoup de préjudice et recullement à mondict service, mesmement sur l'exécution de mon eedict de paciffication, je me suis advisé vous faire la présente, par laquelle je vous prie, mon cousin, sur tant que vous désirés faire chose qui me soit agréable, ne permettre que telles assemblées se facent; et, d'aultant que j'ay deslibéré prandre moy-mesmes la congnoissance de vostre différent, auquel toutesfois je ne désire toucher, que la Royne, Madame et mère, ne soit de retour, affin de m'y conduire par son advis, estre content, pour l'amour de moy, prolonger jusques à ce temps-là la promesse que vous avez faicte à la Royne, madicte Dame et mère, de ne vous poursuivre et demander rien un à l'aultre; et je vous feray lors congnoistre par effect que je ne suis moings jaloux et soigneux de la conser-

1. Cop. Bibl. nat., f. fr. 3319, fol. 176 r°.

vation de vostre honneur et réputation que vous-mesmes. Et encores que ce soit chose que je vous prie de faire pour mon contentement, toutesfois, d'aultant qu'il y va de mon service, j'useray de la puissance que Dieu m'a donnée sur vous, en vous commandant très expressément de faire cesser lesdictes assemblées et de ne rien demander audict s^r de Duras, jusques à ce que j'en aye aultrement ordonné, et vous ferez chose qui me sera très agréable, etc.

DEFFENSE AUX SIEURS VICONTE DE TURENNE ET DE DURAS DE SE FAIRE ACOMPAIGNER POUR LEUR QUERELLE[1].

De par le Roy.

Estant Sa Majesté advertye qu'en son pays et duché de Guyenne et ès environs, soubz coulleur et prétexte du différent et querelle d'entre les s^{rs} viconte de Thurenne et de Duras, plusieurs gentilzhommes et autres sont montez à cheval avec armes, dont ne peult provenir aucun bien, et affin que de cela n'advienne quelque grand désordre, avec trouble et altération au repoz de ses subjectz et establissement de la paix, que Sa Majesté veult conserver sur toutes choses et pour laquelle la Royne sa mère a freischement prins tant de peine, Sadicte Majesté faict par ces présentes très exprès commandement ausdictz gentilzhommes et aultres de se séparer et au plus tost retourner chacun en leurs maisons, sur peine d'encourir son indignation et d'estre désobéissans à ses intentions et commandemens : leur

1. Bibl. nat., f. fr. 3319, fol. 163.

sont aussi faict deffenses très expresses, sur les peines
susdictes, que, soubz ledict prétexte de querelle d'entre
lesdicts s^rs viconte de Turenne et de Duras, ny autre
quelconque coulleur que ce puisse estre, ilz n'ayent à
eulx assembler ny accompagner les ungs et les autres
des parties, ains se contiennent, comme doibvent faire,
bons et loiaux subjectz, désireux du service de leur
prince et repoz de leur patrie, sans estre cause directement ou indirectement qu'il y advienne quelque altération ou changement; voulant Sadicte Majesté que
ceste sienne intention et ordonnance soit leue et
publiée par tous les lieux et endroictz qu'il appartiendra, à ce que aucun n'en prétende cause d'ignorance.

Donné à Paris, le XXIIIe jour de juing 1579.

NOMINATION DU VICOMTE DE TURENNE COMME GOUVERNEUR DE LA RÉOLE.

Commission du Roy de Navarre.

14 janvier [1580[1]].

Henry, par la grace de Dieu roy de Navarre, seigneur souverain de Beart, gouverneur et lieutenant
général pour le Roy, Monseigneur, en ses païs et
duché de Guienne, à nostre très cher et très amé cousin le viconte de Turenne, salut. Estant très requis
et nécessaire de commectre personnage d'auctorité et
duquel la fidellité et bonne affection au service du Roy,
mon seigneur et vostre, nous soit congnue, pour commander en la ville et chasteau de la Réolle, s'estant

1. Cop. Bibl. nat., f. fr. 15562, fol. 30.

le s^r de Dussac voluntairement [démis] de ceste charge,
nous avons advisé que nous ne sauryons faire choix
ne ellection de personnage qui plus dignement et avec
plus de contantement d'un chascun s'en puisse acqui-
ter que vous. A ses causes et à plain confians de vostre
grande fidellité, bonne conduicte et expériance au faict
des armes, vous avons commis et depputé, commec-
tons et depputons, par ces présentes, cappitaine et gouverneur d'icelle ville et chasteau de la Réolle, pour la
garder et conserver sous l'obéissance du Roy et y
faire observer ses édictz, avec pouvoir de résister à
tous ceux qui y voudront atenter aucune chose au
préjudice d'iceux; et, pour ce faire, la munyr de gens
de guerres, vivres et autres munitions que vous jugerez sagement y deffaillir. Si prions, et néanmoings en
vertu de nostre pouvoyr, enjoignons très expressément aux manans et habitans de ladicte ville, qu'ilz
ayent à vous obéir et respecter en tout ce que leurs
commanderez, et pour cest effect, et en vostre absance,
à celuy que vous y commecterez et députerez, lequel
nous voullons et entandons vous représenter, avec tel
pouvoir et octorité que si vous y estiez en personne,
faisant chastier et punir exemplairement ceux que
vous trouverés sédicyeux et rebelles, afin que les
aultres y prennent example, et générallement faire
en ceste charge tout ce que ung bon et sage capitaine
doit et est tenu faire en une place, de sorte qu'il n'en
puisse advenyr aucune faulte ny inconvénient : de ce
faire, vous avons donné et donnons plain pouvoir,
puissance et octorité, commission et mandement spécial; mandons et commandons à tous justiciers et offi-
ciers de la ville qu'à vous ilz obéissent et entendent

diligemment. Donné à Mazères[1], le xive jour de janvier 1580.

HENRY.

Par le roy de Navarre, gouverneur et lieutenent général,

BERZIAU.

Commission de Monsieur de Turenne.

15 janvier [1580[2]].

Henry de la Tour, viconte de Turenne, conte de Montfort, baron de Montgascon, Oliergues, Bouzoles[3], Croc, Fahy et Servissac[4], cappitaine de cinquante hommes d'armes des ordonnances du Roy, au s^r de Beauchamp[5], salut. Comme il a pleu au roy de Navarre, gouverneur et lieutenant général pour Sa Majesté en Guyenne, nous commectre et donner la charge de cappitaine et gouverneur de la ville et chasteau de la Réolle, remise entre ses mains par la dimision voluntaire que luy en a faicte le s^r de Dussac, dernier gouverneur et cappitaine de ladicte place, et que, pour les grandz affaires où sommes occuppez maintenant prez de la personne dudict s^r Roy, il ne nous soit possible d'y résider, ledict s^r roy nous a promis et accordé de comectre en nostre place ung gentilhomme duquel la

1. Mazères, un des fiefs du roi de Navarre dans le pays de Foix (Ariège), cant. de Saverdun, arr. de Pamiers.

2. Cop. Bibl. nat., f. fr. 15562, fol. 32.

3. Le château de Bouzolz était situé cant. de Coubou (Haute-Loire).

4. Voir une énumération un peu différente des fiefs de Turenne plus haut, p. 4, n. 2.

5. Thomas Vasselin, écuyer, sgr de Beauchamp.

fidélité et bonne affection au service du Roy, et si en nous, soit congnue; savoir faisons que nous, à plain confians de vostre fidélité, prudhomye, conduicte, expériance au faict des armes et bonne diligance, à ces causes, vous avons comis et député, comectons et députons par ces présentes, pour, en nostre absance, tant qu'il nous plaira et que nostre pouvoir s'estandra, commander en ladicte ville et chasteau de la Réolle, la garder et conserver sous l'obéissance du Roy et autorité du roy de Navarre, y jouissant des mesmes honneurs, privilèges, prérogatives, droictz, proufictz, gaiges et esmoluemans qu'avoyent acoustumé de jouyr et user les aultres cappitaines et gouverneurs, voz antécesseurs, et vous opposant à tous ceux qui viendront atanter au contraire. Mandons au cappitaine ordonné pour la garnison de ladicte ville, consulz et habitans d'icelle, et tous autres qu'il appartiendra, de vous y obéir et porter tout respec et ayde, confort et faveur, comme ilz feroient à nous-mesmes, si nous y estions en personne; de ce faire vous avons donné pouvoir, commission et mandement spécial. Donné à Mazers, le quinziesme jour de janvier.

Par mondict seigneur,
Turenne.
Certon.

CATHERINE DE BOURBON AU VICOMTE DE TURENNE[1].

[Sans date[2].]

Mon cousin, avec plus de sureté pouvés-vous lire

---

1. Catherine de Bourbon, sœur de Henri IV.
2. Cop. Arch. nat., R² 53. *Suscription :* « A mon cousin, Monsieur le viconte de Turene. »

mes lettres que je n'ay fait les vostres ; car vous estes tous pestiférés et nous sommes tous fort sains : croyés que vostre lettre fut bien purifié par le feu, devant que j'osasse la toucher. Je ne sçay qui vous a donné l'alarme si chaude que le chevreuil saute trop avant ; car il n'y a pas d'aparance : nous avons fort souvent des nouvelles qui nous témoignent le contraire, et n'y avoit qu'un jour que nous en avions sceus, lorsque mon homme m'aportat vostre lettre. Je vous prie, lorsque vos soupçons vous feront penser quelque chose comme ce que vous m'écrivés du chevreuil, mandé-le à vostre amis en chifre ; car il y a icy des personnes de qui les soubçons brouilloint si bien les fantaisies, que le moindre mot que vous en mandiés, au lieu de vous servir à ce que vous vous seriés proposés, n'y feroit que nuire ; prenés-y garde et ne montrés plus, par [vos[1]] lettres, que vous croiés ce que vous me mandés, mais plustost le contraire, car cela servira plus. Je crois que vous m'entendés bien. Montrés, lorsque vous écrivés à cette personne-là, que vous estiés trompé en cette opinion, mais que cela venoit de la crainte que vous aviés que cela fut. Je ne vous dis tout cecy sans raison ; je suis bien aise de ce que vous me promettés d'estre amis de Madame de la Barre, luy fesant de bons offices, lorsqu'elle en aura besoin ; je les tiendray comme à moy-mesme. Quant à Monsr de Panjas[2], vous m'avés fait un signalé plaisir de vous en souvenir, devant que je vous en usse écris.

1. Le ms. porte : *mes.*
2. Ogier de Pardaillan, sgr de Panjas, gouverneur de l'Agenais.

C'est nouveauté ; car vous avés quelquefois la mémoire un peu courte pour vos amis. A Dieu, je suis

Vostre plus affectionnée cousine et assurée amie,

Catherine DE NAVARE.

LE VICOMTE DE TURENNE A MONSIEUR DE BELLIÈVRE.

[21 janvier 1581 [1].]

Monsieur, par ce gentilhomme qui est à Monsieur et qui le va trouver, pour luy continuer son service, je vous ay bien voulu faire ce mot, pour vous donner tesmoignage de l'entière affection que j'ay de vous faire service et du desir que j'ay que vous faciez l'espreuve de moy, combien il y a peu de gentilzhommes en France sur qui vous ayez plus de puissance que vous en avez acquis sur moy, par tant d'obligations que je vous ay, pour l'amitié et bonne affection qu'il vous plaist de me porter. Et, pour cela, vous en parleray-je plus libremant sur ce qui me semble, Monsieur, que l'on deust se haster d'envoyer les exécuteurs de l'édit, d'aultant que j'ay veu en ce païs qu'en bien peu des villes catholiques la paix n'a point esté encores publiée, qui est mauvais commancemant pour l'observer et exécuter ; tellemant qu'il y aura, j'ay peur, de la contrariété pour les deux mois de la reddition des villes, s'il fault qu'on se désaisisse, quant les aultres n'auront quasi rien commancé ; tellemant, Monsieur, qu'il seroit meilleur de procéder à tout d'un

1. Autogr. Bibl. nat., f. fr. 15906, fol. 53. *Suscription :* « A Monsieur, Monsieur de Belièvre, conseiller au conseil privé du Roy et superintendant des finances de France. »

beau train, pour donner courage à tout le monde de vivre selon la volunté de Sa Majesté. Je m'asseure que votre sagesse y pourvoira, s'il luy plaist, en continuant la bonne réputation que vous avez acquise des un des principaux de qui nous tenons un tel bienfaict qu'est la paix. Je vous supliray pour la fin, Monsieur, me commander quelque chose pour vostre service, et je vous y obéiray de telle affection que je vous baise bien humblemant les mains; priant Dieu,

Monsieur, vous tenir en sa sainte garde.

A Turenne, ce 21ᵉ janvier.

Vostre bien humble et affectionné à vous faire service,

TURENNE.

LE VICOMTE DE TURENNE A MONSIEUR DE BELLIÈVRE.

28 mars 1581 [1].

Monsieur, vous verrez, s'il vous plaist prendre la peyne, la responce que m'ont faicte ceux de ce païs à ce que je leur ay proposé, suivant la charge que j'en avois de Monseigneur et du roy de Navarre, et semblablemant ce que je leur ay respondu. Ilz ne tendent en somme qu'à faire leurs remonstrance à mondict seigneur et obtenir de luy quelque chose davantage pour leur seureté et conservation : à quoy Son Altesse aura égard, s'il luy plaist. De moy, je fus tout prest de m'en retourner rendre conte de ma charge; mais, craignant d'empirer les choses davantage et les désespérer, j'ay mieux aymé envoyer en diligence ce por-

---

1. Autogr. Bibl. nat., f. fr. 15906, fol. 275.

teur devers Son Altesse, pour recevoir ses commandemans et les advis de vous aultres messieurs, et principallemant de vous, Monsieur, vous supliant me mander comme je m'y doy gouverner; car, de fidélité et d'affection, je vous jure devant Dieu que je n'en manqueray en chose du monde, et aymerois mieux perdre la vye, que je n'y marchasse avec toute la sincérité qu'un homme de bien y peult et doibt apporter. Je vous suplie me le renvoyer, le plus tost qu'il vous sera possible; car j'attendray son retour avec beaucoup de peyne. J'ay esté icy avec Monsieur de Montmorancy, à qui j'ay communiqué de mesmes tout ce que dessus, et eussions desjà beaucoup advancé. Quant à la despesche que vous m'avez envoyée pour le Dauphyné, je ne sçay bonnemant comme je m'y doys gouverner, d'aultant que je l'ay receue sans aulcunes lettres adressantes à Monsieur de Mayne, et ne sçay si je luy dois envoyer ladicte commission, ou si on luy en a faict tenir aultant par aultre voye, joint qu'il ne serviroit rien d'y aller, que nous n'eussions faict icy, d'où les aultres prendront l'exemple et le chemin pour se gouverner. Je vous remercye au reste bien humblemant de la peyne qu'il vous a pleu prendre de m'envoyer la rescription de mille esculz; mais je n'en ay rien peu toucher du tout, tellemant que, s'il ne vous plaist m'en donner une aultre, mieux assignée et pour plus grande somme que cela, je suis contraint de demeurer, d'aultant que tout l'argent que j'avois apporté de chez moy s'en est allé, et si n'ay en rien agrandy ma despence ordinaire, ainsi que ce porteur vous pourra faire entendre. Je vous suplie donc, Monsieur, y vouloir adviser et me faire ce bien de me tenir tousjours en la bonne amitié et affection qu'il vous plaist me porter, et je vous serviray de réciproque amitié, accompagnée de véritables effectz, en tout ce qu'il vous plaira de m'employer, d'aussi bon ceur que je vous baise bien humblemant les mains. Priant Dieu,

Monsieur, vous tenir en sa sainte et digne garde.

A Montpellier, ce XVIIIe mars 1581.

Vostre humble et affectionné amy pour vous faire service,

TURENNE.

Monsieur, j'avois oublié de vous dire comme Monsr de Montmorancy et moy, pour ne frustrer le hault Languedoc du bénéfice de la paix, puisqu'il la veult recevoir, nous avons député, chacun de sa part, des gentilzhommes pour l'exécuter, et mandons à Monsieur chacun trois villes pour la séance de la Chambre, affin qu'il plaise à Son Altesse nous faire entendre sa volonté. Aussi, Monsieur, j'ay une requeste à vous faire pour un de mes amiz, c'est qu'estant mort un conseiller de ladicte Chambre de la Religion, je suplie Monsieur vouloir accorder que Me Honoré Lerson, conseiller au présidial de Puylaurens, homme de bien, pacifique et capable, y puisse estre reçeu, et pour ce faire, en escrire au Roy. S'il vous plaist, Monsieur, accompagner ses lettres d'une des vostres, vous m'obligerez tousjours à vous faire bien humble service.

Sur une petite feuille séparée : Monsieur, je vous supliray de faire payer à ce porteur son voyage, d'aultant qu'il est fort raisonnable, et puis, Monsieur, que je ne puis fournir à tout.

Vostre humble serviteur,

TURENNE.

LE VICOMTE DE TURENNE A MESSIEURS DE GENÈVE.

30 avril 1581[1].

Très honorez Seigneurs, y ayant longtemps que, pour la malice du temps et le peu de moyen que je ay eu, je ne vous ay visitez d'aulcunes de mes letres, ny adverty de l'estat de noz affaires de deçà, j'ay bien voulu en recercher l'occasion par le voyage que j'ay prié Monsr de Loque de faire en voz cartiers, pour vous advertir par luy de toutes occurrences et particularitez qui se sont passées et qui sont encores à présent sur l'estat des affaires des Églyses, dont j'aurois à vous faire un grand discours, si la suffisance dudict s^r de Loque ne me jetteroit de ceste peyne. Lequel je vous supliray de croire en tout ce qu'il vous fera entendre, et me faire cest honneur que de vous asseurer qu'il n'y a gentilhomme en France de l'amitié et service duquel vous puissiez faire plus d'estat; estans acertenez que je n'espargneray ny moyens ne vye, quant l'occasion s'en offrira, que je ne vous face paroistre que les effectz en seront aussi certains comme les promesses en sont véritables, comme plus amplement led. s^r de Loque le vous fera entendre, sur lequel me reposant, après avoir salué voz bonnes graces de mes très humbles recommandatious, je priray Dieu, très honorez Seigneurs, vous avoir en sa très saincte garde et protection.

A Montpellier, ce dernier avril 1581.

Vostre afectionné serviteur,

TURENNE.

1. Autogr. Arch. de Genève. Pièces historiques, n° 2939. — *Suscription :* « A très honorez Seigneurs Messieurs les Syn-

LE VICOMTE DE TURENNE A MONSIEUR DE BOURNAZEL[1].

30 mai [1581[2].]

Monsieur, envoyant ce lacquay vers Monsr de Chastillon, pour apprendre de ses nouvelles, je n'ay voulu obmettre de vous fère ce mot, pour asseurance du souvenir que je garde de vous et tesmognage de mon affection, et aussy pour vous convyer à me mander de voz nouvelles par le retour de ce pourteur, que j'auray très-agréable, se trouvant conformes à mon désir, qui n'est tourné que à vostre bien et prospérité de voz affaires. J'estime que si ledict sieur de Chastillon vous donne quelque temps avec ses trouppes, que vous pourrez entyèrement remectre ceste province en l'obéissance du Roy ; ce que je désire infiniment, tant pour mon affection extrème au service de Sa Majesté que pour vostre contantement particulier et repos de ladicte province ; et sur ce, attandant ce bien d'avoir de voz nouvelles, je demeurerai pour jamays,

Monsieur,

Vostre humble ami à vous fère service,

TURENNE.

A Caumont, le XXXe may[3].

Suscription : « A Monsieur, Monsieur de Bournazel. »

diques de Genève. » — Lettre de Monsr le viconte de Turenne, aporté par Monsr de Loques, ce 13e may 1581.

1. Autogr. Bibl. nat., f. fr., Nouv. acq. 3532, fol. 84.

2. Antoine du Buisson, baron de Bournazel, gentilhomme ordinaire de la Chambre, fils de Jean du Buisson, sgr de Mirabel, et de Charlotte de Massip, dame de Bournazel en Rouergue ; il était capitaine de cinquante hommes d'armes, chevalier de l'ordre, sénéchal et gouverneur de Rouergue.

3. Cette lettre a dû être écrite après le traité de Fleix et

LE VICOMTE DE TURENNE A CATHERINE DE MÉDICIS.

[Hesdin, 2 mai 1583[1].]

Madame, si le pouvoir estoit cellon ma vollonté, g'irois estre moi-mesme cellui qui assureroit Sa Majesté, combien j'é ressantu l'honneur qu'il lui a pleu de me faire, et espère qu'elle connoitroit que mon plus grand désir seroit de lui randre le très humble service que je lui doibts naturellemant et par une très grande obligassion; mès, puisque le soing qu'il lui a plu avoir de moy, par les lettres que Sadicte Majesté a escrite en ma faveur par mon cousin de Limeul, n'a réussy[2], il faut que j'atande ce pouvoir, pour aller satisfaire à mon debvoir, la suppliant très humblemant de demeurer certaine que les commandemants dont il lui plaira m'onorer lors seroient suivis d'une fort prompte exécussion. Priant Dieu,

Madame,

Donner à Sa Majesté très heureuse et longue vie.

A Hesdin, ce 2e may.

Vostre très humble subject et très fidelle serviteur,

TURENNE.

avant le départ de Turenne pour les Pays-Bas, à une époque où, comme tous les Huguenots du Midi, il désirait sincèrement la paix. Il pensait d'ailleurs, depuis quelque temps, à prendre sa part de l'expédition des Flandres, témoin la lettre que François de la Noue lui écrivait de Malines et qui est publiée dans le *Catalogue*, etc., de la collection Morrison, t. III, p. 75.

1. Autogr. Arch. nat., R² 54.

2. Une première tentative pour obtenir la mise en liberté de Turenne échoua. Il ne sortit de captivité que l'année suivante. (Voir la note de la p. 174.)

LE ROI HENRI III A MONSIEUR DE LANSSAC[1].

16 octobre 1584[2].

Monsr de Lanssac, j'ay entendu que, pour voulloir assister le s[r] de Duras en la querelle qu'il a de long temps contre le s[r] viconte de Thurenne, vous vous préparez pour faire assembler des gentilhommes en armes et autres gens de guerre, dont je ne puis, si cella est, que je ne sois très mal content, pour ce que c'est contrevenir directement à mes ordonnances et aux deffences expresses que j'ay faictes sur telz pors d'armes, le violement desquelles deffences aporte mespris de mon auctorité. Et encores que je ne veille croire ny penser que telz amas de gens de guerres soient dressez contre mon service, si esse que, pour la conséquence et licence que ceulx qui ayment le trouble et la division pourroient prendre de faire le semblable, je ne veulx plus aulcunement permectre ny endurer telles assemblées et amas de gens de guerre, soubz quelque coulleur que se soit, sy n'est avec mon congé et permission ou commandement exprès, ou bien de mon cousin le mareschal de Matignon, qui est par delà pour mon service ; occazion pourquoy je vous faiz ceste lettre, vous commandant de vous déporter de telles choses et faire retirer et séparer lesdictz gentilzhommes et gens de guerre, sy les avez assemblez ou faict tenir prestz pour vous accompaigner soubz quelque coulleur que se puisse estre ; et, pour ce que

1. Guy de Saint-Gelais, sgr de Lanssac.
2. Bibl. nat., f. fr. 3306, fol. 33 v°.

j'ay pareillement entendu qu'il y en a qui font des praticques par forme d'associations du costé de delà, je vous ay bien aussy voullu exhorter, par la présente, de n'y entendre en quelque façon que se soit, car telles choses sont directement contre mon service, mais vous contenir tousjours, ainsy que je m'asseure que ferez, comme ung bon et fidèle subject, avec asseurance que, oultre que c'est chose qui deppend de vostre honneur et debvoir, vous me donnerez occazion de vous aimer davantage et d'ung singulier contentement, ainsy que j'escriptz à mondict cousin le s^r de Matignon vous déclarer et faire entendre plus amplement de ma part. Priant Dieu, Monsr de Lanssac, vous avoir en sa sainte et digne garde. Escript à Blois, le XVIe jour d'octobre 1584.

HENRY.

LE VICOMTE DE TURENNE A CATHERINE DE MÉDICIS.

[Octobre ou novembre 1584[1].]

Madame, suivant l'asseurance qu'il pleut à Vostre Majesté me donner à Fontaynebleau[2] qu'elle m'honoreroit de ses commandemans, si tost que je fus venu baiser les mains au roy de Navarre et que j'eus demeuré quelque temps près de luy, je m'en revins à Turenne, en intention d'exécuter de tout mon pou-

1. Autogr. Bibl. nat., V^c Colbert, vol. IX, fol. 98. *Suscription :* « A la Reyne mère du Roy. »

2. Sans doute au mois de juillet 1584, quand, revenant des Flandres, Turenne passa quelque temps chez sa grand'mère la connétable, à Chantilly, et eut occasion de voir à Paris le roi et la reine mère.

voir les commandemans de Vostre Majesté, si elle
m'en eust honoré; n'ayant affection au monde si
enracinée en mon ame que de luy faire paroistre
combien je luy suis très humble et très fidelle serviteur[1]. Ceste qualité-là, Madame, et l'asseurance qu'il
vous a pleu me faire cest honneur d'en prendre, m'en-
hardissent à représenter à Vostre Majesté le danger
qu'il y a, que ce commancemant de brouillemant, qui
est advenu en Languedoc, ne s'estende plus loing, au
grand préjudice du repos de ce royaulme, s'il n'y est
de bonne heure pourveu; et sçachant de combien
grande affection Vostre Majesté a tousjours embrassé
ce qui concernoit ce repos-là, et quels remèdes elle a
apportez plusieurs fois en choses aultant ou plus dan-
gereuses, espérant aussi de vostre bon naturel l'effect
de l'affection et bonne volonté qu'il vous a pleu porter de tousjours à Monsieur de Montmorancy, j'ay bien
osé suplier très humblemant Vostre Majesté de luy
vouloir estre aydante et favorable, et par quelque
bon moyen, dont sa prudence s'advisera, vouloir
assoupir ce brouillemant, qui, estant estendu plus
loing, ne pourra qu'altérer beaucoup ce qui est du service de Sa Majesté et du repos de son royaulme;
osant vous en parler ainsi, pour l'extreme affection
que j'y ay, et pour l'ennuy et déplaisir que c'est à

1. Nous n'avons pas reproduit plus haut une lettre de
Catherine de Médicis au vicomte de Turenne du 7 janvier 1578,
qui avait pour objet de faire appel à son dévouement, en lui
demandant « d'empescher que rien ne s'esmeuve pour ce qui
est advenu à Périgueux, » où il s'était rendu plusieurs fois
l'année précédente (*Mémoires*, p. 113 et 122). Cette lettre est
imprimée dans l'*Histoire généalogique de la maison d'Auvergne*, par Christ. Justel, Paris, 1645, in-fol., p. 262.

tous les gens de bien et fidelles serviteurs de
Sa Majesté de le voir en trouble et en commodité de
donner matière aux ennemis d'icelluy de s'en réjouir.

J'ose encores à remonstrer un affaire à Vostre Majesté,
lequel me concerne, et auquel j'implore sa faveur et
assistance. Vous sçavez, Madame, que j'ay eu cest
honneur d'avoir en ce royaulme une compagnye de
gendarmes des plus anciennes, tant pour sa première institution qu'elle a eue de long temps en ceux
desquels je l'ay eue, qu'aussi depuis le temps que
j'eu cest honneur qu'elle me fut donnée. J'ay toujours
esté cy-devant oublié aux reiglemans qui ont esté
faitz par Sa Majesté, et dernièremant que j'eus cest
honneur de la voir, et vous aussy, Madame, je n'osay
en parler à Vos Majestez, de peur de paroistre impor-
tun en ce commancemant-là. Mais, maintenant, j'ose y
employer la faveur et authorité de Vostre Majesté,
laquelle je suplie très humblemant, suivant la bonne
affection qu'il luy a pleu me faire cest honneur de me
prometre de m'y vouloir estre aydante et secourable,
à ce qu'au nouveau reglemant et estat qui se pourra
faire pour l'année suivante, j'y puisse estre compris,
pour l'entretenemant de madicte compagnye ; asseurant Vostre Majesté et la supliant très humblemant
de me faire tant d'honneur d'en asseurer le Roy
aussy, qu'elle ne sera employée en chose du monde
que pour son service et luy sera entièremant dédiée,
pour n'exécuter rien contre ses commandemans et
volonté ; ayant commandé à ce porteur de présenter
la présente à Vostre Majesté et recevoir là-dessus vos
commandemans, pour solliciter et poursuivre ce qu'il
luy plaira de faire commander ; supliant très humble-

mant Vostre Majesté croire et s'asseurer de moy, de tout ce qu'elle sçauroit jamais désirer de

Son très humble et très obéissant et très fidelle sujet et serviteur,

TURENNE.

LE VICOMTE DE TURENNE A MONSIEUR DES PRUNEAUX.

1er avril 1585[1].

Monsieur, j'ay receu vostre lettre, par laquelle je remarque comme vous me continuez la bonne amityé que vous me portez de longue main[2], me la tesmoignant ordinairement par tous les effectz et offices qu'on peult rechercher d'un vray et fidel amy, de quoy je vous ay d'aultant plus d'obligation que, pour ceste heure, le moyen et l'ocasion ne me sont offertz

1. Orig. Bibl. nat., f. fr. 3290, fol. 123. *Suscription :* « A Monsieur, Monsieur des Pruneaulx. »

2. Roch Sorbier des Pruneaux, que Turenne avait rencontré lors de son expédition en Flandre, était toujours représentant du roi aux Pays-Bas. C'est en cette qualité qu'à la fin de 1584, après l'assassinat du prince d'Orange, il conduisit une longue négociation avec les États et les décida à offrir au roi de France la souveraineté sans condition des Provinces-Unies. Une grande ambassade partit même au commencement de janvier 1585, conduite par Antoine de Lalaing, sieur de la Mouillerie, pour venir trouver Henri III à Paris. Elle fut reçue solennellement au Louvre le 13 février; mais on ne lui fit que des réponses évasives, et la crainte de la Ligue empêcha la cour de s'engager, d'autant qu'elle savait que le roi de Navarre était disposé à prendre le commandement de l'armée des Pays-Bas, renforcée par les troupes françaises. Le vicomte de Turenne avait une revanche à prendre sur les Espagnols, et il poussait vivement à ce projet, dont on ne trouve cependant point trace dans ses *Mémoires*.

pour vous rendre certin par l'expériance quelle est
la mienne en vostre endroict et combien est grand le
désir que j'ay de ne me laisser vaincre et surmonter
à voz courtoisies. Toutesfois, en attendant l'ocasion,
je vous puis asseurer que vous n'aymerez jamais gentilhomme qui vous soict plus inthime et affectionné
que moy, ainsi que vous l'expérimenterez tousjours,
où vous vouldrez m'en tirer en preuve.

Or, Monsieur, espérant que vous me ferez ceste
faveur de le croire et de vous contenter pour maintenant de ma bonne volonté, je laisseray ce discours,
pour vous dire que le roy de Navarre envoye
Monsr le baron de Salignac vers le Roy, pour le per-
suadder de prendre les Flamans en sa protection et
de leur envoyer des forces, affin de donner tousjours
d'avantage d'affaires et d'empeschemens au roy d'Espagne, pour, par ce moyen, tirer et repousser contre
luy l'orage callamiteux qu'il s'efforce de faire tomber
sur ce pauvre royaulme. Et, pour ce que ledict s[r] roy
de Navarre sçaict quel fruict vous pouvez apporter en
cela à l'advancement de leur service et à l'utillité
publique, il supplye Sa Majesté de vous y employer,
comme très digne de ceste charge, qui me faict vous
supplier humblement, par nostre sincère amityé, de
la recepvoir, et, selon la sagesse et vertu qui est en
vous, leur faire congnoistre, en ce temps principalle-
ment qu'il en est plus de besoing que jamais, qu'ilz
ne se trompent poinct de vous estimer et retenir du
nombre de leurs meilleurs et plus affectionnez serviteurs. Je pren telle confiance en vostre valleur et
piété, que vous ne vous espargnerez en cest affaire,
qui est de si grande conséquence et importance à

cest Estat et à nous tous en particullier, je vous prie derechef de vous asseurer que je vous aymeray et serviray toute ma vye, d'aussi grande affection que je vous baize humblement les mains, et prie Dieu vous donner,

Monsieur, en parfaicte santé, heureuse et longue vye.

De Montaulbans, ce premier jour d'apvril 1585.

Vostre humble ami à vous servir,

TURENNE.

TABLE ALPHABÉTIQUE

A

X

Y

TABLE DES MATIÈRES

Nogent-le-Rotrou, imprimerie DAUPELEY-GOUVERNEUR.